LA

VIE DES SOCIÉTÉS,

PAR

LE DR A. BORDIER,

PROFESSEUR A L'ÉCOLE D'ANTHROPOLOGIE DE PARIS.

PARIS,

C. REINWALD, LIBRAIRE-ÉDITEUR,

15, RUE DES SAINTS-PÈRES, 15.

1887.

LA

VIE DES SOCIÉTÉS.

DU MÊME AUTEUR :

La Géographie médicale. Un vol. in-12, avec atlas. — Paris, C. Reinwald. 1884. (Tome X de la *Bibliothèque des sciences contemporaines.*)

La Colonisation scientifique et les colonies françaises. Un volume in-8°. — Paris, C. Reinwald. 1884.

TYPOGRAPHIE FIRMIN-DIDOT. — MESNIL (EURE).

LA

VIE DES SOCIÉTÉS,

PAR

LE DR A. BORDIER,

PROFESSEUR A L'ÉCOLE D'ANTHROPOLOGIE DE PARIS.

PARIS,

C. REINWALD, LIBRAIRE-ÉDITEUR,

15, RUE DES SAINTS-PÈRES, 15.

—

1887.

PRÉFACE.

Les sociétés sont des êtres vivants : leur étude est donc une branche de l'histoire naturelle. On ne s'occupe cependant jamais de l'*histoire naturelle des sociétés,* par cette raison bien simple qu'on ne les observe jamais en naturaliste. L'homme, atome microscopique dans la société, n'en peut considérer l'ensemble ; il méconnaît la forme, la structure et jusqu'à la nature de l'être collectif dont il fait partie, comme un soldat ignore la forme que dessineraient sur un plan topographique le centre et les deux ailes du corps d'armée, dont il est un des éléments constituants.

D'ailleurs, pour faire l'histoire naturelle d'un être vivant, il faut connaître non seulement ses mœurs et sa manière de vivre, mais encore son anatomie, sa structure, sa composition; il faut le comparer, à ces divers points de vue, avec les êtres qui vivent en même temps que lui et avec ceux qui ont vécu avant lui.

Or l'histoire nous renseigne avec une certaine exactitude sur la vie de quelques sociétés; mais leur anatomie, leur composition, leur structure sont demeurées pendant longtemps complètement inconnues. L'anatomiste se sert depuis longtemps du scalpel, mais ce n'est que d'hier que le démographe, cet anatomiste des sociétés, est armé de la statistique, seul instrument qui permette de dissocier les éléments sociaux, de les compter et de les analyser.

Sans doute les économistes avaient bien compris que les sociétés doivent être étudiées dans l'ensemble de leurs manifestations; ils avaient bien deviné qu'il devait y avoir des lois derrière les phénomènes en apparence incohérents, capricieux et livrés au hasard, mais ces penseurs et, il faut bien le dire, ces précurseurs se trouvaient un peu dans la situation des astrologues et des alchimistes : les premiers se doutaient bien aussi qu'une étroite solidarité devait unir la terre aux autres astres; les seconds avaient également le pressentiment qu'en faisant chauffer les corps dans leurs cornues ils provoqueraient certaines transmutations, d'où sortiraient des corps nouveaux; mais tant que des journaux astronomiques n'ont pu être tenus, tant que la science du calcul et l'invention des lunettes n'ont pas permis l'observation et la déduction, tant que les Newton, les Kepler, les Laplace n'ont pas éclairé le ciel par la synthèse, tant qu'un Lavoisier n'eut pas découvert les lois générales de l'oxydation, les observations des astrologues comme celles des alchimistes étaient sans fondement. Les astronomes, les chimistes et les démographes ont aujourd'hui des éléments d'information qui manquaient à leurs devanciers. Les démographes notamment ont dans les renseignements statistiques sur tous les pays des documents qui leur permettent de réaliser ce que les économistes avaient entrevu.

Enfin les progrès de la géographie, la multiplicité des voyages, la naissance surtout d'une science spécialement consacrée à l'*histoire naturelle de l'homme,* l'Anthropologie, ont permis de comparer les sociétés entre elles et de comparer également entre eux leurs éléments constituants, les hommes. Les anthropologistes plus spécialement adonnés à la sociologie ont pu saisir des sociétés en voie de formation, d'autres en voie de dégénérescence ; ils ont pu ainsi dessiner le portrait d'une société à ses différents âges, découvrir cette loi sociologique en vertu de laquelle les sociétés, comme les individus, naissent, croissent, se développent, pour décroître plus tard et périr. Ils ont en un mot découvert que la loi de l'*Évolution* exerce son empire sur les sociétés comme sur les langues, comme sur les individus, comme sur tout ce qui est vivant.

Lorsque nous voyons certains phénomènes suivre constamment certains autres phénomènes, de telle sorte que les uns puissent faire prévoir les autres, la notion de l'effet succédant fatalement à la cause s'impose à l'esprit. Or il a été démontré, que les phénomènes présentés par la vie des sociétés s'enchaînent les uns aux autres d'une manière toujours constante dans le passé, par conséquent d'une manière qu'il est possible de prévoir dans l'avenir. Dans les phénomènes physiques ce rapport constant entre la cause et l'effet a reçu le nom de *Loi;* c'est là une simple image, au moyen de laquelle par un terme emprunté aux coutumes humaines on exprime l'idée de constance et de force aveugle. Lorsque nous constatons que tous les corps s'attirent entre eux *en raison composée des masses et en raison inverse du carré des distances*, nous voyons là quelque chose d'aussi inévitable que *devrait* l'être chez nous l'application de nos lois, et nous disons qu'il y a là une *Loi*, la loi de l'Attraction. C'est dans le même sens que nous exprimons l'ordre constant dans lequel se succèdent les phénomènes sociaux, en disant qu'ils se présentent *comme s'ils obéissaient à des lois,* en disant qu'il y a des *Lois sociales.*

Les lois sociales sont aussi inéluctables que celles de la mécanique, de la chimie ou de la biologie. Il est aussi aisé de prévoir l'évolution d'une société, qu'il l'est de prédire celle d'un homme ou d'un cheval ou la trajectoire d'une comète ou simplement la vitesse de chute d'une pierre. Cette science des phénomènes sociaux, c'est la Sociologie.

Elle constate que les sociétés se développent et qu'elles se déforment comme font tous les êtres vivants; elle étudie leurs maladies, car les sociétés ont leurs maladies, et les péripéties dont l'histoire nous raconte le détail et la succession sont comparables aux incidents de la vie d'un homme, dont on relaterait sous forme « d'observation médicale » les manifestations biologiques de la croissance, de la maturité et de la vieillesse en même temps que les accidents pathologiques survenus pendant sa vie : la dentition, la conséquence des excès de jeunesse, de l'abus du travail, de l'ambition excessive, les délires passagers, les accès de colère ou de désespoir, les périodes de paresse ou de mysticisme, les chutes, les plaies, les empoisonnements.

Mais l'observation des maladies sociales a été faite d'une manière tout opposée à celle des maladies du corps humain : les symptômes qui en médecine ont été observés les premiers sont ceux qui sautent aux yeux dès le premier regard jeté sur le malade, et qui résultent de son état général, de son *facies,* de son *habitus;* les premières lésions constatées sont celles qu'il est facile de voir, parce qu'elles s'étendent parfois à tout l'organisme, au moins à tout un système d'organes ou à tout un organe. Ce n'est que bien plus tard que, descendant dans l'intimité de la structure des tissus malades, on a reconnu que toutes les maladies, à commencer par celles qu'on ne croyait pas accompagnées de lésions matérielles, sont dues à un trouble initial dans la constitution des éléments cellulaires, visibles seulement au microscope. On a reconnu, de nos jours seulement, que les troubles grossièrement apparents, qui, présentés par l'individu tout entier, avaient jusqu'ici seuls frappé les yeux, n'étaient que secondaires et qu'ils étaient précédés d'altérations dans le nombre, dans le mode de groupement des éléments cellulaires constituants, ou dans la nutrition, la structure, l'état chimique de ces éléments. C'est de l'élément anatomique qu'il faut maintenant partir pour comprendre la pathologie.

Le processus historique de nos connaissances en pathologie sociale est précisément inverse : comme un micrographe qui, trop absorbé par ses études de détail, oublierait de déposer sa loupe et de regarder l'ensemble de l'organisme qu'il étudie, les historiens ont d'abord observé et décrit les lésions de l'élément anatomique, de l'individu, de l'homme, du citoyen ; ils ont étudié les différences dans le nombre, l'agencement, la hiérarchie, la superposition, présentées, dans les divers pays, par l'élément anatomique des sociétés, par le citoyen de ces pays; ils ont vu ces éléments périr ici de misère, ailleurs gorgés aux dépens de leurs voisins, ils les ont vus s'atrophier, s'user, se déformer de mille manières, mais ce n'est que récemment, que passant du simple au composé on a compris que ces troubles pour ainsi dire microscopiques, observés sur l'élément minuscule, c'est-à-dire sur l'individu, étaient en réalité les manifestations de maladies générales qui atteignaient l'organisme social tout entier.

Nous savons maintenant que les accidents individuels retentissent dans la société tout entière; nous savons que ce sont les questions personnelles qui font par leur somme une *question sociale;* nous savons que la santé, les maladies, la misère, la richesse, le travail, la paresse, la débauche, l'égoïsme, la vanité, la crédulité, la férocité de chaque homme en particulier intéressent l'organisme social dont il fait partie. En somme il n'y a que des questions sociales, et les questions individuelles, qui jusqu'ici attiraient seules l'attention, n'en sont que la manifestation. La maladie de l'élément anatomique du corps social, du citoyen, n'a d'intérêt que parce qu'elle nous révèle l'état de l'organisme social tout entier.

Le corps social est, en effet, seul intéressant : peu importent en eux-mêmes les atomes qui composent un organisme; ils se renouvellent incessamment. Leur étude n'a d'intérêt, que parce que leur santé assure celle de l'organisme entier. Peu importeraient les individus d'une société, si du bon état, du bon entretien de chacun d'eux ne dépendaient pas la santé, la longue vie de l'organisme social : dans la patrie, comme dans l'humanité, le bonheur de tous n'est que la somme des bonheurs individuels.

Tout le monde reconnaît qu'il y a des maladies sociales; tout le monde croit même les connaître; tout le monde prétend les soigner et les guérir. La médecine est d'ailleurs une science que chacun croit pouvoir appliquer sans l'avoir apprise : lorsque vous êtes malade, chaque visiteur vous recommande une recette infaillible, qui l'a guéri lui-même ou quelque personne de sa connaissance. De quelle maladie? est-ce la même dans tous les cas? est-ce la même que celle dont vous souffrez? Le donneur de conseils n'en a cure! Ainsi beaucoup d'hommes prétendent faire de la politique, c'est-à-dire de la médecine sociale, légiférer, gouverner, faire de la thérapeutique, parfois même hélas de la chirurgie sociales, sans avoir étudié la pathologie, ni la physiologie, ni l'anatomie des sociétés. « Les amateurs docteurs en choses sociales, dit Graham Summer, ressemblent aux amateurs médecins. Ils commencent toujours par la question des remèdes et ils y vont bravement sans aucun diagnostic, sans aucune connaissance de l'anatomie ou de la physiologie de la société. Ils n'ont jamais aucun doute sur l'efficacité de leurs remèdes et ne tiennent aucun compte des effets ultérieurs que ces remèdes peuvent avoir. »

Parmi nos législateurs actuels, qui font des lois pour ou contre le libre échange, pour ou contre la colonisation, qui, en d'autres termes, appliquent au corps social des médicaments obstruants parfois, désobstruants quelquefois, soporifiques souvent, qui appliquent même à cet organisme la saignée, combien y en a-t-il qui aient étudié l'action physiologique de ces médicaments, de ces lois dont ils rédigent la formule? combien se sont enquis de l'anatomie de cet organisme, des causes variables de ses diverses maladies, et de la valeur diagnostique des symptômes? Beaucoup d'avocats connaissent sans doute le répertoire des lois, comme un droguiste connaît le répertoire des drogues : le droguiste sait bien que l'huile de ricin est purgative, mais il ignore quelles sont les indications de son emploi, quelles en sont les conséquences éloignées, parce qu'il n'est pas médecin; aussi refuse-t-on au droguiste le droit de prescrire des médicaments. Il en est tout autrement, lorsqu'il s'agit « d'amollir, humecter et rafraîchir les entrailles » de l'organisme social, qui est cependant un Argan de bonne composition et ne discute pas trop la note de M. Fleurant.

« Supposons, dit Spencer, qu'un élève en pharmacie, après avoir écouté la description de certaines douleurs qu'il croit à tort être causées par la colique, mais qui, en réalité, sont causées par une inflammation du cœcum, prescrive une forte purgation et tue le malade ; on le déclarera coupable d'homicide par imprudence. On n'admettra pas l'excuse que son intention était bonne et qu'il espérait faire du bien. Il ne pourra pas se justifier en disant qu'il s'est simplement trompé dans son diagnostic. On lui répondra qu'il n'avait pas le droit d'exposer la vie du malade en se mêlant d'une matière dans laquelle il avait des connaissances tout à fait insuffisantes. Il ne pourra pas plaider le fait qu'il ne savait pas lui-même combien il était ignorant. Il est implicitement admis que l'expérience commune à tous aurait dû lui apprendre que même ceux qui ont étudié la médecine, à plus forte raison ceux qui ne l'ont pas étudiée, commettent des erreurs dans le diagnostic des maladies et dans les remèdes à prescrire : puisqu'il a négligé l'avertissement donné par l'expérience commune, il est responsable des conséquences.

« Les responsabilités encourues par les législateurs pour les maux qu'ils peuvent causer sont mesurées avec beaucoup d'indulgence. Dans la plupart des cas, loin de penser qu'ils méritent d'être punis pour avoir amené des désastres par des lois rendues par ignorance, nous pensons à peine qu'ils méritent être blâmés. — Il est admis que l'expérience commune aurait dû apprendre à l'élève pharmacien peu instruit à ne pas s'ingérer de la médecine; mais il n'est pas admis que l'expérience commune ait dû apprendre au législateur à ne pas se mêler de légiférer, avant qu'il soit instruit. — Quoiqu'il ait devant lui dans le recueil des lois de notre propre pays et des autres pays une multitude de faits, qui devraient lui faire voir les maux immenses causés par une mauvaise législation, il n'est point condamné pour avoir négligé ces avertissements contre une ingérence trop prompte. Au contraire, on regarde comme un acte méritoire de sa part quand, peut-être sorti récemment du collège, peut-être possesseur d'une meute de chiens qui l'a rendu populaire dans son comté, peut-être fraîchement arrivé d'une ville de province, où il a acquis une grande fortune, peut-être sorti du barreau où il s'est fait un nom, il entre au parlement et qu'il commence immédiatement à faciliter ou à empêcher, d'un cœur léger, le moyen d'opérer le corps politique. En ce cas il n'est pas nécessaire de plaider pour lui l'excuse qu'il ne sait pas combien il est ignorant; car le public, en général, est d'accord avec lui pour penser qu'il est inutile d'en savoir plus que ce que les débats sur les mesures proposées lui auront appris.

« Et cependant il suffit de jeter les yeux sur l'histoire des législations pour voir combien les maux causés par des législateurs ignorants sont plus nombreux que ceux causés par des ignorants qui se sont mêlés d'administrer des remèdes (1) ».

Au surplus, on n'a que trop fait prendre de remèdes au pauvre organisme social et il faut qu'une société soit douée d'un robuste tempérament, pour avoir résisté à toutes les expériences faites sur elle par les empiriques. La médecine n'a jamais donné si peu de drogues que depuis qu'elle est devenue scientifique et rationnelle, car les médecins ont compris, à mesure qu'ils étudiaient davantage la physiologie, que *l'hygiène* pouvait plus que la thérapeutique pour le bien des individus. Il en est de même pour la vie des sociétés : la politique doit renoncer à droguer les peuples et s'attacher surtout à faire observer les lois de *l'hygiène sociale.* Or il n'y a pas deux sortes d'hygiène : celle qui prend le nom de sociale ne doit pas différer de l'hygiène individuelle. Il n'y a pas plus deux sortes d'hygiène qu'il n'y a deux sortes de morale, pour les particuliers et pour les nations. « Le devoir de l'État,

(1) *L'Individu contre l'État,* par Herbert Spencer, traduit par Gerschel. — Paris, Alcan, 1885.

c'est d'être honnête homme », a-t-on dit récemment. Le devoir d'une société, c'est d'être un organisme sain et fonctionnant librement, sans entraves. Le moyen, c'est d'observer les lois de l'hygiène sociale.

Or cette science, appliquée à l'individu, nous enseigne qu'il faut que l'organisme s'accommode avec le milieu, qu'il faut favoriser la libre circulation et la libre évolution des éléments anatomiques, qu'il faut, en un mot, assurer le libre fonctionnement des lois physiologiques.

L'objet de ce livre est précisément de réunir, comme dans un traité d'*histoire naturelle,* un certain nombre de documents, qui permettent de déduire les lois physiologiques de l'organisme social. L'individu y est considéré comme simple élément anatomique du corps social et étudié successivement dans les modifications que le nombre des éléments similaires, leur structure, leur nutrition, leur reproduction, leur richesse ou leur pauvreté peuvent faire subir à cet organisme.

Après avoir étudié le *milieu social* et l'*organisme social*, je décris sous le nom de *sociabilité* l'affinité qui pousse les hommes à la vie sociale. La *domestication* et la *civilisation* étudiées parallèlement montrent combien à tort certaine philosophie sépare l'homme du reste des animaux. L'organisme social est ensuite suivi dans son *évolution,* soit au point de vue des modifications du *cerveau*, soit au point de vue des *maladies diverses*. L'*imitation*, la *suggestion*, qui font l'objet de deux chapitres, nous donnent l'explication d'un grand nombre de phénomènes sociaux. La *densité* de l'organisme social suivant qu'on l'étudie dans les *villes* ou dans les *campagnes*, l'influence de la *richesse*, du *travail*, sur l'organisme social, viennent ensuite. J'étudie enfin les différentes modifications apportées dans les éléments sociaux par les divers modes d'*union conjugale* étudiés au point de vue de leur influence sur les parents et sur les enfants. Dans tous ces chapitres j'ai procédé comme un naturaliste, qui étudierait l'état de densité, de pléthore ou d'anémie, la constitution chimique, la prolifération et la nutrition des tissus, dans les différentes régions d'un organisme.

Mais il ne suffit pas de considérer l'anatomie normale ou pathologique d'une société. — Il ne suffit pas de constater qu'un homme est goutteux ou anémique, que ses humeurs sont altérées, que la genèse de ses tissus, dans leur renouvellement incessant, se fait d'une manière imparfaite. Ce sont là des données capables d'asseoir le diagnostic, mais cette étude serait sans utilité, si le médecin ne devait en déduire un régime, une ordonnance d'hygiène.

Le diagnostic de la maladie sociale serait de même sans utilité, si l'étude de l'organisme social ne se terminait pas par celle des seuls modificateurs de cet organisme, des seuls moyens que nous ayons pour agir sur les éléments anatomiques déjà formés, je veux dire les citoyens adultes, et pour préparer et diriger dans la bonne voie les éléments qui, dans le renouvellement incessant de l'organisme social, viennent au jour pour remplacer ceux qui disparaissent, je veux dire les enfants. Ces deux moyens sont les *Lois* et l'*Éducation*, auxquelles sont consacrés les deux derniers chapitres.

Dr A. Bordier.

Paris, avril 1887.

LA

VIE DES SOCIÉTÉS.

CHAPITRE I.

LE MILIEU SOCIAL.

Le milieu. — Fatalité de son action. — La science sociale. — Définition du milieu social. — Association. — Ses avantages. — Division du travail. — Polymorphisme fonctionnel. — Solidarité. — Unité. — Formation d'un organisme par voie d'association de plusieurs organismes rudimentaires. — Colonies animales.

Lorsqu'un morceau de fer se trouve exposé à l'air humide, la moindre notion de chimie permet de prévoir qu'il s'oxydera : si l'on connaît son volume exact, celui de l'air qui l'entoure; si l'on tient compte du degré d'humidité, de la température et de toutes les conditions physiques faites à ce fer et à cet air ainsi mis en présence, on pourra prédire exactement quelle sera, dans un moment donné, la quantité d'oxyde de fer qui aura pris naissance, quels changements se seront produits dans le minéral, quelles modifications corrélatives seront survenues dans la composition de l'air mis en cause. — Pour désigner d'un mot les destinées de ce morceau de fer, l'écrivain qui prendrait la peine de s'en occuper et qui se proposerait d'en faire l'histoire, dirait que le fer subit l'influence du milieu.

L'homme n'échappe pas plus que la matière inerte à cette

influence du milieu : il lui est même soumis plus étroitement, parce que la complication, la finesse et la mobilité de son organisation offrent plus de prises. Son *devenir* est aussi intimement, aussi fatalement lié aux conditions physiques qui l'entourent, que le devenir du morceau de fer l'est aux conditions du volume d'air qui va l'oxyder. Sa volonté est aussi impuissante à empêcher cette action, que le serait celle du fragment métallique. — Je ne parle pas ici seulement de l'homme isolé : ces considérations s'appliquent également aux sociétés humaines, et celui qui connaîtrait les lois de la science sociale, comme nous connaissons celles de la chimie, pourrait prévoir, avec une certitude mathématique, les modifications que chaque société humaine doit attendre du milieu où elle évolue. — Mais cette science sociale nous ne la connaissons pas encore. Nous savons seulement qu'elle existe et que, suivant l'expression de J.-B. Say, ses lois seulement entrevues « gouvernent ceux qui gouvernent les hommes. »

L'objet de ce livre n'est pas d'ailleurs d'étudier toutes les conditions de milieu qui modifient les sociétés : *le milieu social* ne comprend pas l'ensemble de toutes les conditions de la vie humaine ; je donne ce nom uniquement à l'influence exercée sur chaque homme par la présence des autres hommes autour de lui. D'une manière générale le milieu social, dans la nature, est l'ensemble des conditions qui sont faites à chaque être par la présence autour de lui d'autres êtres plus ou moins semblables à lui.

Prenons un exemple au dernier degré de l'échelle animale ; choisissons une des plus petites masses protoplasmatiques qui existent dans la nature comme entité vivante, la *monère* : à un moment donné de son existence cette monère, atome microscopique, se divise en deux et il existe alors deux monères ; chacune d'elles en fait à son tour autant et l'on se trouve enfin en présence d'un groupe plus ou moins considérable, d'une société plus ou moins importante de monères. Les conditions ne sont plus alors les mêmes pour chacune de ces monères, qu'à l'époque où il n'existait qu'une seule d'entre elles : le fait d'avoir des voisins, de vivre en société a constitué pour chacun de ces êtres infimes un milieu nouveau, le *milieu social,* qui agira sur ses destinées d'une manière fatale et en quelque sorte mathématique.

Restons un instant devant ce petit monde et étudions sur lui, comme en miniature, l'action du milieu social, car les lois sont les mêmes de bas en haut de l'échelle biologique : Sous la sollicitation du voisinage chaque monère émet au-devant de celles qui l'entourent, des sortes de tentacules, des *pseudopodes,* qui lui servent également à se mouvoir, mais par lesquelles les monères associées s'attachent les unes aux autres, de manière à former, par la réunion de milliers d'êtres microscopiques, ces masses parfois considérables et en quelque sorte illimitées, que le savant naturaliste Haeckel a découvertes dans les obscures profondeurs des océans : tels sont le *Myxodictyum sociale* et le *Bathybius Hæckeli.* — Les avantages de cette simple association sont faciles à prévoir : on voit aisément, grâce à la transparence de chacune de ces monères, les molécules vertes de chlorophyle qui lui ont servi de pâture, passer d'une monère à la voisine à travers les tentacules qui les unissent. Il résulte de cette communication, de cet échange de matériaux nutritifs, que, dans cette colonie naissante, tout citoyen qui mange contribue à nourrir la société tout entière ; les corps qui servent à l'alimentation des associées, ont d'ailleurs d'autant plus de chances d'être capturés par l'une d'elles au profit de toutes, que le filet constitué par l'association traînera ou flottera plus large au sein des flots : la diminution du travail individuel et l'accroissement du périmètre de pêche sont déjà les premiers effet du milieu social.

Les avantages de l'association se retrouvent dans la nature entière, depuis ces roches dites *poudingues,* qui, constituées par un agglomérat de matériaux réunis l'un à l'autre, offrent aux agents de destruction une résistance dont aucun des matériaux qui les composent ne serait capable, s'il était seul, jusqu'aux plantes sociales, jusqu'aux troupeaux d'animaux sauvages, jusqu'aux premiers groupes humains eux-mêmes. Il est des plantes qui prennent d'autant plus de développement individuel, que côte à côte avec leurs semblables elles couvrent une plus grande étendue de terrain : un grand nombre sont fécondées principalement par l'intermédiaire des insectes, qui, tout en butinant, transportent avec leurs pattes inconscientes le pollen des fleurs mâles sur les fleurs femelles ; celles-là attirent plus sûrement leurs auxiliaires, lorsqu'elles forment un large tapis coloré, que si un seul individu végétait isolé ; la même disposition sociale attire également les animaux herbivores : Ces derniers viennent, il est vrai, dans la colonie végétale détruire des milliers d'individus, qui sont pour eux un excellent fourrage ; mais l'herbivore ne s'en va pas sans laisser un engrais, qui profitera plus tard à la collectivité ; Or qu'importent les individus dans ces sociétés rudimentaires, où le socialisme est la loi? Les premiers groupes humains, comme les troupeaux d'animaux sauvages, ne trouvèrent-ils pas eux-mêmes des avantages pour la lutte contre les animaux redoutables, comme pour la capture de ceux qui sont plus craintifs, dans les ébauches d'une première communauté ou plutôt d'un communisme primitif?

Le milieu social, tel que nous venons de le décrire, n'apporte pas encore de bien grandes modifications dans la structure des individus soumis à son influence. Il n'y a point encore, dans ces sociétés, de division du travail ; chaque membre de la colonie est égal et équivalent à tout autre membre de la même colonie ; aucun n'a pris pour lui une fonction spéciale, qui le rende indispensable à ses associés ; Il n'existe donc aucune solidarité entre ces êtres ajoutés l'un à l'autre, mais non fédérés par quelque spécialité acquise par chacun pour satisfaire aux besoins de tous.

Un degré de plus dans l'association nous montre la division du travail conduisant à une distribution en quelque sorte professionnelle des individus, qui étaient d'abord tous semblables entre eux, mais qui changent de forme au fur et à mesure des exigences organiques de leur fonction. C'est ainsi que la division du travail amène le *polymorphisme* des individus.

L'hydre d'eau douce est un animal extrêmement simple, constitué par un petit sac en forme de corolle, dont le pourtour est garni de cils vibratiles, destinés à entraîner dans la cavité du sac les corps étrangers, qui y seront digérés. C'est là tout l'animal. Le polype hydraire est un autre animal, qui, lui, résulte de l'association de plusieurs hydres. Mais chacune des associées qui composent le polype hydraire, au lieu de vivre comme l'hydre solitaire, se spécialise dans sa fonction et prend une forme propre : l'une renonce à digérer les aliments ; elle se borne à pêcher le gibier, et, comme la forme du sac ne lui est plus utile, elle s'allonge sous la forme d'une tentacule, qui, comme un doigt, s'étend à la recherche d'une proie ; d'autres hydres ne s'occupent que de la reproduction ; elles prennent une forme renflée, en bouteille, propre à recéler les œufs ; d'autres, renonçant à la reproduction comme à la chasse, ne s'occupent que de digérer et exagèrent la forme en ampoule de l'hydre solitaire primitive. Or, comme toutes ces hydres associées et réunies sont *unies* sur un pédicule commun, elles sont solidaires : l'hydre qui pêche, le fait au profit de celle qui digère et de celle qui reproduit ; elles-mêmes digèrent et reproduisent au profit de la communauté tout entière. Le polype hydraire est en somme un seul et unique animal formé par l'association de plusieurs hydres solitaires, qui, renonçant à vivre seules pour mettre leurs efforts en commun, ont revêtu des formes en rapport avec la fonction spéciale qu'elles remplissent dans la communauté. Cette association donne à la colonie animale, à l'animal unique qui en résulte, un aspect dans lequel le naturaliste a quelque peine, au premier abord, à reconnaître la forme primitive des hydres composantes, mais où le philosophe n'en reconnaît pas moins les effets de la division du travail et de la solidarité, qui fait d'associés, jadis séparés, un organisme désormais unique. Les hydractinies pourraient nous fournir un exemple analogue. M. Edmond Perrier, dans son beau livre sur les *Colonies animales*, a largement exposé cette doctrine, qui jette un jour si puissant sur la formation des organismes complexes par voie d'association d'organismes rudimentaires.

Tous les organismes, même celui de l'homme, sont en réalité une véritable colonie d'organismes rudimentaires, de cellules, qui pourraient vivre isolés, comme le font encore beaucoup de leurs semblables, mais qui ont renoncé à l'indépendance, pour prendre, dans l'organisme unique résultant de leur association, le rôle d'éléments anatomiques. L'association a amené la division du travail et la spécialisation des formes en rapport avec la fonction. La solidarité en est résultée, et l'*unité* de la colonie est la conséquence finale.

CHAPITRE II.

L'ORGANISME SOCIAL.

I.

Formation des sociétés. — Le corps social est un organisme. — Le citoyen est l'élément anatomique. — Organes du corps social. — Dans le corps social, comme dans l'organisme, on observe la naissance, la croissance, la lutte pour l'existence, la sélection, la reproduction, la transformation dans le temps, l'évolution, le déclin, la mort. — Histoire naturelle des sociétés : Aristote, Quesnay, Mercier de la Rivière, Quételet.

Le lecteur habitué aux spéculations de la métaphysique se demande, peut-être, quel rapport ces considérations d'histoire naturelle peuvent avoir avec l'histoire naturelle des sociétés, car c'est malheureusement en dehors des lois naturelles, que nous sommes habitués à voir les hommes politiques chercher leur orientation. J'espère que la suite de ce livre fera cesser l'étonnement et qu'on appréciera mieux, après l'avoir fermé, cette opinion émise par Condorcet : « qu'en méditant sur la nature des sciences morales, on ne peut s'empêcher de voir qu'appuyées comme les sciences physiques sur l'observation des faits, elles doivent suivre la même méthode. »

La méthode naturelle, que je viens d'employer pour exposer la formation des organismes, va me servir en effet à montrer la formation des sociétés.

Certains animaux vivent isolés, sans doute parce que leur force considérable ne leur a pas fait sentir le besoin de l'association : c'est le cas de l'orang et même du gorille. Mais cette supériorité a tourné à leur désavantage, car ils ont ainsi privé leurs descendants de tous les progrès que réalise la mise en commun des efforts individuels, et des conséquences favorables qui résultent de la division du travail. Les macaques, les magots, les cynocéphales vivent au contraire en sociétés nombreuses. L'homme enfin forme partout des groupes plus ou moins considérables ; mais ces groupes ne représentent d'abord qu'une juxtaposition d'individus, comme dans une société de monères, comme dans le *myxodictyum sociale* de tout à l'heure : on n'y connaît encore aucune division du travail ; chaque individu y exerce toutes les fonctions rudimentaires. Le corps social est alors comparable à ces vers, qu'on peut fragmenter en morceaux propres à vivre indépendants. Il n'y a point de centre ; la tribu s'ajoute elle-même à une autre tribu, par voie de juxtaposition ; des groupes plus considérables prennent ainsi naissance. Plus tard, comme dans l'association d'hydres que j'ai décrite, comme dans le polype hydraire, la division du travail amène la différence des fonctions : l'un fabrique des filets ; l'autre se livre à la pêche ; un troisième à la chasse ; d'autres font cuire les aliments ; d'autres construisent les habitations ; plus tard on voit les uns s'adonner à la guerre, d'autres à l'agriculture, au commerce ; plus tard d'autres se livrent aux arts ou aux sciences. A mesure que la société évolue, on voit s'accentuer la spécialisation, et, comme dans le polype hydraire, bien plus même que chez lui, la solidarité des individus, dont chacun est utile à tous, amène l'unité du groupe. C'est alors qu'on voit, dans une centralisation mesurée et non excessive, quelque chose de comparable dans le corps social à la formation d'un centre et d'une tête chez les animaux.

Le corps social est donc bien un réel organisme, réductible, comme tous les organismes, en une colonie animale : l'hydre composante du polype hydraire, l'élément anatomique composant de l'organisme anatomique, c'est ici le citoyen, véritable élément anatomique du corps social. Ce corps social composé d'éléments anatomiques, je veux dire de citoyens, est un tout, un organisme unique, composé, comme tous les organismes, d'organes différents pour la circulation, pour la nutrition, pour sa défense, etc. : ces organes ce sont les commerçants, les industriels, les agriculteurs, les soldats, etc.

Comme tous les organismes, le corps social ne se développe pas de toutes pièces : il commence par être embryon, puis il évolue, passant successivement par l'enfance, la jeunesse ; il a, comme tout organisme, sa période adulte et sa fonction de reproduction d'autres organismes, qui évolueront à leur tour ; la reproduction du corps social, c'est la colonisation. Il a, comme notre propre organisme, ses maladies ; mais n'a point encore de médecins, n'ayant encore eu, pour le soigner, que des empiriques et des rebouteurs. Comme tous les individus, l'individu social vieillit, se décrépit et meurt ; mais pas plus que pour eux, la mort n'est pour lui la destruction complète : les atomes, qui ont formé l'individu, vont, après la mort, se grouper dans d'autres individus ; il en est de même des débris épars des nations, qui sont mortes après avoir achevé leur évolution. L'individu assure son succès et la longue durée de son évolution, en s'astreignant à certaines lois, qui constituent l'hygiène ; le corps social, la nation, a également le devoir de suivre les lois de la science sociale. L'individu doit lutter avec d'autres individus, qui cherchent à se substituer à lui, et cette lutte est même une cause de progrès pour les forts en même temps que, par sélection, elle élimine les faibles. Le corps social doit également lutter contre d'autres corps sociaux, d'autres nations voisines ; la sélection, encore ici, élimine les faibles et assure la survivance des plus forts, des plus intelligents, des plus courageux, des meilleurs.

Tout cela est de l'histoire naturelle. En effet, n'est-ce pas marcher en aveugle, que chercher la route des nations dans je ne sais quelles conceptions dogmatiques et dans quelque idéal en dehors de la nature ? C'est à Aristote qu'il faut remonter pour voir cette féconde conception de *l'histoire naturelle des sociétés* : la politique ne consiste pas, pour lui, à savoir ce qui doit être, mais à connaître ce qui est; elle prend les hommes tels que la nature les donne, et tâche d'en tirer le meilleur parti possible. Malheureusement la notion de la science sociale comprise comme science naturelle disparaît après Aristote; elle est éclipsée par le mysticisme et le spiritualisme et elle ne revit, malgré le malencontreux et faux idéalisme de J.-J. Rousseau, qu'avec Quesnay, qui reprend l'idée de l'*ordre naturel* des sociétés, avec Mercier de la Rivière, qui écrit également sur l'*ordre naturel et essentiel des sociétés politiques,* surtout avec Quetelet, qui, suivant le conseil donné par Condorcet, intitule son livre *physique sociale,* afin de bien montrer que les conditions du progrès et de l'évolution des sociétés sont du domaine de la nature, et par conséquent soumises à des lois aussi inéluctables que le mouvement des astres.

II.

Sociétés animales. — Utilité de leur étude. — Polymorphisme fonctionnel dans les sociétés d'abeilles, de fourmis et de termites. — Persistance d'organes rudimentaires dans les organismes sociaux, preuve de transformisme chez eux. — Castes. — Esclavage. — Commensalisme. — Parasitisme. — Utilité de ces fonctions sociales. — Mutualisme. — *Do ut des.* — Symbiose.

Nulle part le polymorphisme résultant, dans le milieu social, de la division du travail et de l'adaptation aux fonctions, ne nous apparaît mieux que dans les sociétés formées par certains animaux. Les sociétés humaines peuvent prendre chez elles plus d'un bon exemple : « Tout serait même égal entre elles, a dit Condorcet, pour un être qui, étranger à notre espèce, étudierait la société humaine comme nous étudions celle des castors ou des abeilles; mais ici l'observateur fait partie lui-même de la société qu'il observe, et la vérité ne peut avoir que des juges ou prévenus ou séduits. » Est-il rien de plus curieux en effet que cette différence de forme imprimée par la fonction, chez les abeilles et chez les fourmis, aux mâles, aux femelles et aux ouvrières? Quel merveilleux spectacle que ces mâles et ces femelles munis d'ailes, de pattes, d'antennes et de faibles mandibules, êtres presque exclusivement faits pour l'amour et la reproduction; que cet essor nuptial pendant lequel, au haut des airs, l'accouplement se fait mystérieusement; que ce lendemain des noces, où les mâles, désormais inutiles, sont impitoyablement mis à mort par les femelles, dont la fourmilière attend le retour avec toute la sollicitude que mérite leur récente fécondation! c'est qu'elles représentent l'avenir de la cité, *spes gregis!* Pendant que se déroulent toutes ces scènes, que nos sociétés humaines nommeraient les drames de la passion, d'obscures ouvrières se livrent tout entières au labeur, pour lequel seul elles sont faites : plus logiquement construites que bien des humains, qui ont tous les appétits sans les moyens d'en satisfaire aucun, elles n'ont en effet point d'ailes pour voler, point d'organes pour le plaisir ou les devoirs de l'amour et de la maternité; des antennes robustes, des pattes, que nous nommerions calleuses, sont tout ce qui est nécessaire à ces travailleuses destinées à manier toute leur vie les matériaux des galeries de la fourmilière; à côté de ces ouvrières, d'autres fourmis, chez les *Pheidoles*, présentent un développement colossal des mandibules, qui broient la fourmi ennemie; leurs pattes sont plus habiles à la saisir, qu'à manier la motte de terre des souterrains; ce sont les soldats. Le recensement dans ces républiques, d'ailleurs peu athéniennes, constate que la population est conforme aux besoins de la cité; rien de plus : chez les fourmis *Colobopsis* on a observé la proportion de 450 ouvrières, 60 soldats, 65 femelles et 45 mâles. Chez d'autres espèces, le *Myrmecocystus americanus,* une véritable sélection zootechnique a chez quelques ouvrières développé l'abdomen aux dépens des autres organes; un suc visqueux s'échappe, à la moindre pression, des glandes engorgées qu'il contient, et ces nourrices de la cité sont à la disposition de la première fourmi qui vient, les titillant de ses antennes, boire le suc qu'elles laissent échapper.

La division du travail amène un polymorphisme analogue chez les abeilles, où la reine, les mâles et les ouvrières, cirières ou mielleuses, présentent une organisation différente et en quelque sorte des costumes professionnels.

Ces modifications sont plus considérables encore chez les termites : les mâles, petits, ailés ; les femelles, énormes sacs destinés à contenir des œufs ; les ouvrières aux pattes robustes ; enfin des soldats armés de mandibules et de pinces recourbées, forment ces immenses républiques, dont le voyageur soupçonne de loin l'existence, lorsqu'il voit apparaître les monticules de terre qui leur servent de villages. Leur hauteur égale en effet trois et quatre fois celle d'un homme, et leur résistance est assez grande pour en faire l'observatoire habituel des gazelles et des antilopes, lorsque ces animaux veulent sonder du regard l'horizon.

Nous admirons cette organisation dans les sociétés animales ; mais elle serait loin d'exciter chez nous le même sentiment, si elle existait dans nos États européens. Il ne faut cependant pas oublier, que le corps social, dont nous sommes actuellement les éléments, a passé par cette phase dans les premières étapes de son évolution ; il ne faut pas méconnaître, que ces abeilles et ces fourmis se sont immobilisées dans une phase dépassée par presque tous les Européens, que certaines sociétés humaines n'ont pas encore atteinte, que quelques-unes n'atteindront peut-être jamais, dont d'autres sociétés humaines réalisent aujourd'hui le type. L'existence des castes correspond en effet à cette phase : l'abeille cirière ne diffère pas plus du mâle et de la reine que dans l'Inde le Paria du Brahmane : la seule différence, et elle n'est pas à l'avantage de l'homme, c'est peut-être que les castes, chez les abeilles, ne professent les unes pour les autres ni le mépris, ni la haine, qu'on constate dans les castes humaines du haut au bas et du bas au haut de l'échelle.

L'idée de *caste* règne encore malheureusement dans nos

sociétés européennes ; elle n'a pas disparu complètement, mais c'est là un vieux reste des temps passés.

L'anatomie comparée montre, chez beaucoup d'animaux et chez l'homme comme chez les autres, l'existence d'organes rudimentaires, atrophiés, inutiles, qui n'ont plus leur raison d'être ; on explique leur présence par la permanence accidentelle d'organes, qui existaient chez les ascendants, qui leur étaient utiles autant qu'ils le sont peu aux descendants, parce que le milieu était différent, et qui, ayant alors leur raison d'être, prenaient chez les premiers un développement et une constance, qu'ils ne présentent plus chez les seconds. Il en est de même de beaucoup de nos institutions dans notre corps social. Ce sont autant d'organes devenus rudimentaires, atrophiés, inutiles, démodés, qui n'ont plus leur raison d'être, et qui ne sont plus chers qu'aux amateurs du passé, parce qu'en effet ils rappellent le passé, aux besoins duquel ils répondaient, et n'existent plus qu'à titre de reliquat fortuit, d'héritage du corps social primitif, dont descend celui dont nous sommes aujourd'hui les éléments constituants.

La caste est un organe de ce genre. Mais si l'idée de caste est aujourd'hui mauvaise, parce qu'elle n'est plus en rapport avec le milieu où nous vivons, elle a été, dans son temps, utile aux hommes, comme elle l'est encore aux abeilles et aux fourmis. Elle leur a été utile, alors qu'il était nécessaire que se fît la division du travail et qu'elle s'accentuât par l'hérédité. Bon chien chasse de race ! elle est encore utile aujourd'hui à certains peuples : les Bambaras, par exemple, ont deux grandes castes nobles, celle des forgerons et celle des ouvriers en cuir : ils ont parfaitement raison, et se montrent ici presque aussi intelligents que les abeilles, en honorant les professions qui manient les deux choses le plus utiles à la satisfaction de leurs besoins. Les Mandingues classent également les forgerons et les cordonniers dans les castes supérieures ; mais, aussi artistes qu'utilitaires, ils mettent sur le même rang les orateurs, les musiciens et les rapsodes. L'ancienne Égypte mettait dans ses quatre grandes castes les prêtres, les militaires, les agriculteurs et les commerçants; la Grèce primitive classait de même à part les laboureurs, les artisans, les prêtres et les guerriers.

Il n'est pas sans intérêt de remarquer dans quel ordre hiérarchique chaque peuple classe ces professions diverses, qui répondent toutes à un besoin plus ou moins durable de l'humanité, mais qui y répondent avec une précision et une intensité variables selon l'état pacifique ou guerrier, utilitaire ou artistique de la civilisation : l'Égypte théocratique et monarchique mettait les prêtres et les guerriers au premier rang; la Grèce, plus civile, plus laïque, comme nous dirions aujourd'hui, donnait la première place aux laboureurs et aux artisans! les castes du Japon jusqu'à sa récente révolution et celles de l'Inde sont basées, comme celles de la féodalité, sur un sentiment tout aristocratique, où l'utilitaire ne vient qu'au second plan : le Japon classait en tête de sa hiérarchie les princes et nobles de premier rang, puis les nobles de second rang, les prêtres, les petits nobles (*samouraïs*); venaient ensuite les médecins, les grands négociants, les petits marchands ou artisans, les paysans; enfin les parias et, tout à fait dans les bas-fonds sociaux, les autochtones, les gens du pays dépossédés, les Aïnos. L'Inde met les Brahmanes au premier rang, les Kchatrias ou guerriers au second, conformément au vieux précepte *cedant arma togæ;* enfin viennent les Vaicyas et les Soudras, véritables ouvrières de la fourmilière humaine.

Il semble même que, dans les légendes indoues sur la formation et l'origine des castes, la comparaison anthropomorphique du corps social avec le corps d'un homme se soit imposée à l'esprit du peuple, comme aujourd'hui à celui des sociologistes, car elles assurent que les Brahmanes sont sortis de la tête de Brahma; à eux donc le sacerdoce, la pensée! les Kchatrias sont sortis de ses épaules; c'est pour cela qu'ils soutiennent l'État et qu'ils portent les armes pour la défense de la patrie; enfin les Soudras doivent faire les travaux pénibles, parce qu'ils sont sortis des pieds de Brahma.

L'organisation par castes a toujours donné une grande supériorité, au point de vue de la division du travail, à la nation chez laquelle elles ont existé; c'est grâce à une caste de prêtres défendue dans ses loisirs par une caste de guerriers, que les sciences purent faire leurs premiers pas. Mais il en serait aujourd'hui chez nous bien différemment! les sociétés à castes ne progressent plus, car, comme le dit Bagehot, « dans la mosaïque de ces sociétés si singulièrement composées, chaque couleur a une nuance invariable et indélébile. »

L'esclavage, qui est lui-même une des formes de l'esprit de caste, se retrouve dans les sociétés animales, comme à une certaine phase des sociétés humaines. Il ne faut pas oublier d'ailleurs, que l'esclavage est précisément un organe du corps social, qui aujourd'hui, lorsqu'on l'y observe encore, constitue une anomalie, même une véritable monstruosité, mais qui à une phase antérieure, fut, à l'inverse de ce qu'il est aujourd'hui, un véritable progrès, cause, à son tour, de progrès nouveaux pour la société qui adoptait ce nouveau mode de division et d'organisation du travail.

Ce nom seul de l'esclave, *servus* (de *servare*, conserver), nous rappelle que le premier esclave fut un prisonnier de guerre, qu'on conserva pour profiter de son travail musculaire au lieu de le manger; au lieu de détruire le capital en un repas, il était en effet plus économique de toucher la rente journalière pendant plusieurs années.

Si monstrueuse que la chose puisse nous paraître aujourd'hui, il est certain que la possession d'esclaves a réalisé pour les sociétés une grande source de progrès : où eût-on trouvé, sans les esclaves, la force motrice considérable qu'ont nécessitée les constructions colossales dont les débris subsistent encore? L'esclave force motrice a du reste persisté jusque sur la dernière *Galère du Roy*. Il est même digne de remarque, que l'esclavage a pris et conservé son plus grand développement chez les populations les moins inventives, les plus paresseuses, et qui avaient précisément le plus besoin de cette force motrice aussi facile à se procurer qu'à entretenir et à remplacer : en Afrique, les quatre cinquièmes de la population vivent dans l'esclavage ; à Madagascar, l'esclavage comprend les trois quarts des habitants : Hovas, Malgaches et noirs forment d'ailleurs trois castes superposées dans la hiérarchie des esclaves. Il y a mieux : jamais Athènes et Sparte n'auraient pu parvenir au degré de culture intellectuelle, dont nous-mêmes nous récoltons aujourd'hui les fruits, si une grande partie de la population n'eût vécu dans l'esclavage et n'eût ainsi déchargé une aristocratie surtout intellectuelle des soucis et du labeur quotidien. Ainsi comprise, il est certain que l'habitude d'avoir des esclaves, qui nous semble aujourd'hui, et à bon droit, monstrueuse et contraire aux intérêts de nos sociétés, a cependant été un progrès à une certaine étape de la civilisation ; certaines sociétés, comme celle des Néo-Calédoniens, n'en sont pas encore là. Mais les désavantages de cette institution sont trop nombreux, pour qu'il ne soit pas de l'intérêt des sociétés de franchir cette étape le plus rapidement.

L'esclavage en lui-même n'est d'ailleurs guère plus avantageux pour le maître que pour l'esclave. Tout le monde sait que certaines fourmis ont l'habitude de réduire d'autres fourmis en esclavage et de leur faire exécuter les travaux dont elles ont besoin. Ces fourmis esclavagistes sont un exemple de la déchéance, que cette habitude implique pour le maître même : lorsqu'on dépose plusieurs de ces animaux dans une boîte suffisamment garnie de nourriture, mais seuls et sans leurs esclaves habituels, ils meurent de faim, incapables qu'ils sont de prendre la nourriture mise à leur portée, parce que leurs esclaves ont l'habitude de la leur ingurgiter par un mécanisme analogue au gavage des volailles. L'humanité nous fournit de même plus d'un exemple de l'incapacité dans laquelle tombent ceux qui, véritables parasites, vivent dans la paresse et dans l'oisiveté, nonchalamment appuyés sur le travail d'autrui. L'esclavage n'est guère meilleur pour l'esclave lui-même, chez qui il supprime toute lutte pour l'existence, toute indépendance, toute responsabilité. C'est ainsi que les nègres esclaves ont le cerveau moins développé que les nègres libres.

C'est encore chez les animaux inférieurs à l'homme, qu'il convient d'étudier les diverses autres combinaisons du milieu social, les divers modes d'association que les êtres vivants peuvent avoir intérêt à contracter les uns avec les autres; car tous ces modes se retrouvent dans les sociétés humaines, et le *milieu social* exerce son pouvoir également sur les hommes et sur les animaux; certains détails seuls diffèrent. Restons donc encore un instant en présence des sociétés animales, car, comme le dit Montaigne, « c'est par vanité que l'homme se tire soy-même et sépare de la presse des autres créatures, et qu'il taille les parts aux animaux ses confrères et compagnons. » Aussi bien les relations que nous allons étudier, pour être nouées entre animaux d'espèce différente, parfois entre certains animaux et l'homme, n'en sont pas moins les mêmes que celles qui existent d'homme à homme : dans tous les cas il s'agit d'une association plus ou moins équitable, plus ou moins onéreuse à l'un ou à l'autre des associés, mais d'une association véritable.

Les rapports des êtres entre eux peuvent se borner au simple *commensalisme*. Le fait de manger à la même table (*mensa*, table) est une association dite unilatérale; elle oblige généralement, je ne parle pas ici des relations mondaines, l'invité plus que le véritable amphitryon, qui est toujours, comme le dit Sosie, « *l'amphitryon où l'on dîne.* » L'hirondelle, le grillon du foyer sont de discrets commensaux de l'homme. Mais le mot table, *mensa*, est souvent pour l'homme lui-même un peu trop métaphorique. Une simple association en vue de rendre la chasse plus fructueuse est déjà une forme du commensalisme : c'est ainsi que certaine chouette suit un rongeur et que le pilote suit le requin : c'est ainsi que dans la Rome antique la foule, la *gens* des *clients*, se pressait derrière le riche et le puissant. A aucune époque, table bien servie chez les grands n'a été trop basse pour la colonne vertébrale de certains hommes! A quelque niveau de l'échelle des êtres que se place le philosophe, il voit l'intérêt dicter au faible un attachement plein de tendresse pour le fort : depuis la plante volubile qui enroule ses spirales élégantes autour du chêne robuste, jusqu'au *Remora* qui se fait véhiculer sur le dos d'un gros poisson à la façon des gamins derrière les voitures, jusqu'au bernard-l'ermite qui, après avoir spolié le mollusque de sa coquille, s'y installe et déclare que « *la maison est à lui* ». Est-il bien certain, que l'humanité soit exempte d'individus comparables à la *donzelle*, qui se tient toujours à portée de l'anus du poisson *fierasfer* et s'empresse de le débarrasser de tout ce qui pourrait gêner son puissant compagnon, ne demandant pour récompense que les parcelles alimentaires demeurées rebelles à la digestion, qui ont pu traverser l'intestin du poisson? Certains hommes ne jouent-ils pas un rôle analogue à celui de ce petit *Siluroïde*, qui fait l'empressé et l'importun jusque dans la bouche d'un poisson, pour lui rendre mille petits services dont le principal est de manger les reliefs de ses repas; ou bien à celui de l'effronté pluvier, qui vole jusque dans la gueule béante du crocodile, pour remplir dans sa vaste mâchoire l'office de cure-dent? Qui nous dit que ces commensaux et autres chambellans ne se regardent pas comme très honorés par ces petits services, dont l'humilité est compensée, à leurs yeux, par la hauteur des personnages auxquels ils sont rendus!

L'indiscrétion du commensal ne s'arrête pas là : elle le transforme facilement en parasite. Sans parler ici de la puce, du pou, du ténia ou de la trichine, nous devons nous arrêter un instant sur cette armée de parasites, que le microscope découvre avec peine, mais dont Pasteur nous montre la puissance redoutable, et qui semblent jouer dans l'évolution biologique de la matière un rôle considérable. Si quelques-uns vivent à titre de parasites dans le sang de l'homme ou dans celui de nos animaux domestiques, comme les ferments dans les liquides qu'ils transforment, d'autres plus nombreux encore s'attaquent à toute matière organique vivante ou non vivante ; tous, ouvriers invisibles, sont les facteurs inconscients des transformations organiques et les agents du circulus incessant de la matière engagée successivement et toujours momentanément dans des combinaisons minérales, végétales ou animales.

Le mode d'association, cette combinaison sociale que nous nommons parasitisme, n'est souvent qu'un expédient pris par certains êtres, pour s'accommoder aux changements survenus dans le milieu extérieur. Les vers, qui vivent aujourd'hui en parasites dans l'intestin des mammifères, où ils trouvent le vivre, le couvert et une température agréable, n'ont pas toujours été des parasites, car leurs ancêtres existaient à une époque où l'évolution des formes vivantes n'était pas encore parvenue jusqu'aux mammifères. Ils étaient libres alors, et d'ailleurs la température de l'atmosphère ou des eaux était, à ces époques reculées, assez élevée pour les satisfaire ; ce n'est que plus tard, lorsque les conditions du milieu changèrent, lorsqu'en particulier le milieu extérieur cessa d'être assez chaud pour eux et que, en même temps, un intestin de mammifère leur offrit de nouvelles conditions d'adaptation capables de remplacer celles qu'ils avaient perdues, que ces vers changèrent leur combinaison sociale et, d'animaux libres qu'ils étaient, devinrent des parasites. Il est de même des races ou des populations humaines, qui n'ont échappé à la mort et à la disparition complète, qu'en consentant, au moment opportun, à perdre leur indépendance ou leur autonomie, pour entrer, avec d'autres races ou avec d'autres populations, dans des combinaisons sociales inférieures.

Ce n'est pas toujours à un moment donné de la vie de l'espèce, c'est-à-dire à un point donné de la chaîne formée dans le temps par la série des individus issus les uns des autres, que se fait cette métamorphose de l'indépendance en parasitisme : c'est parfois à un certain moment de la vie de l'individu, à un certain âge, que s'opère cette transformation du milieu social. L'ichneumon prend naissance en parasite dans le corps d'une chenille; sa mère a déposé l'œuf, d'où il est sorti, au fond de la plaie faite par elle-même et dans cette intention dans le corps de la chenille; son enfance a été employée à manger le corps de la nourrice, à qui sa mère avait imposé cette redoutable adoption : une fois adulte il s'envole, oubliant son ancien métier de parasite; il ne s'en souviendra plus que le jour où, voulant à son tour assurer l'avenir des petits ichneumons ses enfants, il ira déposer ses œufs dans le corps d'une autre chenille, où ses fils exerceront à leur tour le métier de parasites comme leur père faisait lui-même à leur âge. Les mammifères eux-mêmes ne vivent-ils pas en parasite de leur mère pendant toute la période embryonnaire? certains jeunes gens vivent même plus tard encore en parasites de leurs parents.

Si l'ichneumon est un parvenu qui a conquis son indépendance, d'autres êtres sont des déclassés : d'abord libres, ils sont forcés de devenir parasites sur leurs vieux jours. Les *lernées*, les *cirripèdes* sont des crustacés, c'est-à-dire des animaux assez élevés; bien armés, libres, indépendants, ils parcourent la région qu'ils habitent en tyrans redoutables et redoutés; mais, vers le milieu de leur vie, lassés sans doute de peiner, combattre et travailler pour vivre, ils prennent leur retraite sur les branchies d'un poisson ou sur un crabe. Sous l'influence de l'inaction leurs organes s'atrophient, le brillant crustacé d'antan disparaît pour faire place à un animal gélatineux, que le naturaliste prendrait pour un mollusque, s'il n'avait assisté à sa déchéance. L'humanité n'a décidément pas le privilège des déclassés ni des paresseux!

Comme si le monde animal devait nous montrer la caricature de l'humanité, certains animaux nous montrent le parasitisme des mâles seuls, vivant, sans rien faire, du travail de leurs femelles ; celles-ci, complaisantes, présentent sur le dos une gouttière, un canal où se loge le prince-époux ; de là leur nom de *thécosomes* (θήκος, canal, σῶμα, corps).

Le parasitisme est, après tout, une forme naturelle du milieu social, puisque la nature nous le montre à tous les degrés de l'échelle biologique : il n'est pas de parasite qui n'ait lui-même ses parasites, lesquels font eux-mêmes des envieux jaloux de vivre à leurs dépens.

Il ne faut pas d'ailleurs, dans les relations humaines, prendre pour du parasitisme ce qui n'est qu'une adaptation cachée à d'autres fonctions que les nôtres, ce qui n'est qu'une exemption de certaines corvées, en vue d'un autre rendement ; il faut bien que le parasite ait sa raison d'être, puisqu'il est! Sans ces microbes, sans ces parasites microscopiques dont je parlais tout à l'heure, que deviendraient la faune et la flore? Qu'arriverait-il, si, n'étant plus débarrassés, grâce à leur petitesse et à leur vie parasitaire, des mille soucis qui occupent l'existence d'êtres plus nobles en apparence, ils ne pouvaient plus se consacrer tout entiers à ces fermentations, à ces putréfactions, qui constituent la lente, mais continuelle élaboration de la matière dans ce que les poètes appelleraient le grand alambic de la nature? L'Abyssin aime son ténia et il le garde, parce qu'il sent que l'irritation du parasite sur son intestin stimule son appétit et hâte sa digestion ; c'est de même que l'œstre du cheval sollicite dans son estomac la sécrétion des sucs digestifs! A bien prendre, le ténia de l'Abyssin et l'œstre du cheval sont donc des locataires utiles à leur propriétaire!

N'est-ce pas par suite d'un malentendu analogue que l'homme, qui, depuis vingt ans, tourne la même roue ou fait mouvoir le même marteau de ses muscles vigoureux, se prend, aux heures de lassitude, à regarder comme autant de parasites le peintre, l'artiste ou le savant? ne voyant pas leur cerveau travailler, comme il voit ses muscles se dessiner sous sa peau mouillée de sueur et noire de charbon, il oublie que, s'il exécute une corvée pour eux, ils effectuent, de leur côté, un travail dont il aura lui-même sa part de profit, soit qu'il s'instruise et se repose à la vue d'une peinture et à la lecture d'un livre, soit qu'il profite, dans sa vie de chaque jour, des découvertes du savant!

Sous ces formes variées que prennent les combinaisons sociales, on retrouve, en un mot, la *mutualité*, la *solidarité*.

Le *mutualisme*, c'est l'idéal de l'association bilatérale, celle où chacun des deux associés fait une bonne affaire et qui a pour principe cet axiome des économistes : *Do ut des*, Donne-moi ce que tu as, je te donnerai ce que j'ai. C'est le principe de l'échange ; c'est la condition *sine qua non* de la vie sociale, qui doit être basée sur la réciprocité des services : la violette demande aux grands arbres, à l'ombre desquels elle pousse, le demi-jour dont elle a besoin ; le tapis de verdure qu'elle forme à leurs pieds entretient, en retour, une humidité qui profite à leurs racines. Le *pique-bœuf* ou milan parasite vole autour des bœufs au pâturage ; il pique et perce de son bec les petites tumeurs qui se forment dans la peau des ruminants, sous l'influence d'une larve déposée par un insecte comme celle de l'ichneumon dans la chenille, et il ne demande d'autre payement que la larve même qu'il mange ! C'est le chirurgien payé en nature !

La division des fonctions n'a, dans l'humanité, d'autre fin que le mutualisme : le chapelier coiffe le bottier, qui le chausse ; tous deux habillent le médecin, qui les soigne. C'est elle qui, par la solidarité entre les individus, amène l'unité dans la cité, comme dans la nation, comme dans l'humanité : le bernard-l'ermite n'est pas seul dans la coquille qu'il a volée ; il a des complices, qu'il loge, sous réserve de certaines charges qu'il exige d'eux ; de telle sorte que, sous une coquille unique, comme dans le cheval de Troie, c'est une petite armée, c'est une société d'assurance mutuelle qui s'avance.

Le petit crabe qui habite la coquille de la moule, à côté de l'inoffensif propriétaire, paye son logement en mettant ses armes au service de la moule, laquelle devient ainsi, par son association avec son petit défenseur, un animal armé. Elle mange en outre les débris échappés de ses pinces, si bien que c'est l'amphitryon qui devient ici le parasite! Inversement, un certain crabe héberge volontiers sur son dos un rameau de polypiers : il s'avance alors, sans exciter la méfiance, car ses ennemis croient voir se mouvoir au fond de la mer un arbre rameux de polypiers, comme nous voyons s'avancer sur nos boulevards les grands arbres, qu'on transplante. C'est le même stratagème qu'emploie le Buschmann lorsque, pour s'approcher le plus possible des antilopes, auxquelles il va lancer la sagaie, il se cache derrière une branche d'arbre feuillue, qu'il a coupée et qui lui sert de bouclier contre le regard du gibier craintif.

Les naturalistes ne sont pas moins aisément trompés que l'antilope, par cette association de deux êtres différents et semblant n'en faire qu'un seul : une éponge du Japon, le *hyalonema*, s'est fixée autour d'un polype, le *polytea fatua*, d'une manière si intime, que les naturalistes ont cru longtemps n'avoir devant eux qu'un être unique. Ce n'est que récemment que Schwendener a découvert de même, que les lichens étaient en réalité le résultat d'une association entre une algue et un champignon, qu'elle nourrit. Cette unification intime de la vie de deux individus a été nommée *symbiose*. Les naturalistes commettaient une erreur du même genre, que si on attribuait à un seul littérateur les romans d'Erckmann-Chatrian!

Un autre exemple de symbiose montre combien l'erreur est fréquente : on avait depuis longtemps observé dans le corps transparent d'un grand nombre de *rhizopodes*, d'*infusoires*, des granulations jaunes ou vertes, identiques à la chlorophylle des végétaux; on avait même construit tout un thème sur la présence chez un animal d'une substance verdissant à la lumière : on donnait cet exemple comme un trait d'union entre les animaux et les végétaux. Or, Brandt a pu isoler ces globules de prétendue chlorophylle animale, et il a constaté que ces corps, qu'on voyait par transparence dans l'intérieur de l'infusoire, étaient des végétaux, des algues (*zoochlorella* et *zooxanthella*) ; il a pu les faire vivre seules dans un liquide exposé à la lumière. Ces algues sont en réalité, non des parasites de l'infusoire, mais bien ses associés ; c'est un nouvel exemple de symbiose. Elles nourrissent de leurs produits d'exhalation, matière organique, eau et acide carbonique, leur hôte, qui, sans elles, mourrait de faim et qui peut, grâce à elles, vivre dans l'eau filtrée. Ce sont quelque chose comme des végétaux domestiques !

Ce sont là en quelque sorte autant de schémas *du milieu social*, qui nous serviront à mieux comprendre le milieu social dont l'homme est le centre. Tous ces exemples nous montrent que l'intimité fonctionnelle réunit tous les êtres : suivant l'expression de Darwin, chaque animal, chaque végétal remplissent une fonction dans l'économie naturelle du pays où ils vivent. L'homme, plus que tout autre, a besoin de cette solidarité avec les autres hommes : chacun de nous a sa fonction à remplir dans le corps social dont il fait partie ; le progrès social n'a pas de meilleure garantie !...

CHAPITRE III.

LA SOCIABILITÉ.

Le milieu social est régi par la sociabilité, comme le milieu chimique par l'affinité. — Horreur de la solitude. — La nostalgie. — La sociabilité varie d'intensité chez les animaux. — La sociabilité chez les animaux est la condition de leur domestication.

Il n'est aucune des situations où l'homme puisse se trouver par rapport aux autres hommes, qui ne soit réductible à l'une des combinaisons sociales que je viens de passer en revue chez les êtres vivants; pour mieux dire, le *mutualisme* les englobe toutes.

Comme le chimiste explique toutes les combinaisons des corps par la mise en jeu d'une force à laquelle il donne le nom d'affinité, on peut de même expliquer cette tendance des êtres vivants, l'homme compris, à entrer dans une série évolutive de combinaisons sociales de plus en plus avancées, par une affinité spéciale, qui prend ici le nom de *sociabilité*. C'est elle qui pousse la monère à aller au-devant de monères semblables à elle, comme elle pousse l'homme à rechercher la compagnie des autres hommes et, à leur défaut, celle d'autres êtres vivants, plus ou moins éloignés de lui.

C'est parce que ce besoin de sociabilité veut, à tout prix, être satisfait, que la solitude absolue est si pernicieuse pour les individus soumis volontairement ou non à ce régime absolument contre nature. Il me suffit de mentionner la prison cellulaire, d'où le condamné sort fou ou idiot, à moins que la phtisie ne vienne abréger la durée de la détention, comme cela est fréquent. — Après les prisonniers je citerai les religieux, dont la discipline exige la vie solitaire ; ceux-là d'ailleurs marchent d'autant plus vite à l'aliénation mentale, que ce sont le plus souvent ses premiers symptômes qui les ont conduits dans ces *in pace* religieux.

C'est le même sentiment de sociabilité qui, faute de mieux, s'assouvit sur un seul être, souvent infime : tout le monde a vu, dans les ménageries, ces fauves épris d'amitié pour un petit chien, que dans toute autre circonstance ils eussent dévoré, et dont cependant la société leur est devenue indispensable à ce point, qu'ils meurent de chagrin, si on leur enlève leur unique compagnon ! Pellisson, pris dans sa prison d'attachement pour une araignée, obéissait au même sentiment. Mais, dans les conditions normales de la vie libre, la sociabilité est moins exclusive : son cercle s'étend d'ailleurs avec l'intelligence même de l'individu. Tel homme se sent attaché d'une manière impérieuse à sa famille ; tel autre à son village ; d'autres à leur patrie ; d'autres à l'humanité ; quelques autres embrassent dans leur sociabilité le Cosmos tout entier, progression qui semble se faire de telle sorte, que plus le sentiment d'attachement s'étend en largeur, plus il perd en profondeur et en ténacité : plus d'hommes sont morts de la nostalgie de la famille que de celle du clocher ; plus de celle du village que de celle de la patrie !

La nostalgie, véritable maladie sociale, s'observe chez beaucoup d'animaux sauvages arrivés à l'âge adulte, s'ils ont été pris jeunes ou sur ceux qui ont perdu tard leur liberté : témoin les loups et les renards ; les nègres, les Peaux-Rouges, les Polynésiens, les Lapons et les Islandais, quelque peu riant que soit leur pays natal, ne peuvent en supporter l'éloignement : ils souffrent jusqu'à mourir du besoin de revoir leurs semblables. Les hommes sans culture intellectuelle sont plus sujets à la nostalgie que ceux dont le cerveau est plus cultivé ; ces derniers emportent avec eux tout un monde sous leur crâne, tandis que les premiers n'emportent rien. Je ne m'étonne pas, dit je ne sais plus quelle épigramme, qu'un tel s'ennuie partout : c'est qu'il s'emporte partout avec lui ! Les mobilisés de la Bretagne ont, pendant la guerre, présenté de nombreux cas de nostalgie ; les montagnards y sont également sujets ; à Turin, la brigade de Savoie en présentait de nombreux cas.

La misanthropie n'est donc pas naturelle à l'homme, pas plus que le sentiment analogue n'est naturel aux autres animaux : ces derniers n'ont même pas peur de l'homme, dans les rares pays où ils n'ont pas encore appris à leurs dépens à se méfier de son intelligence : lorsque Darwin, dans son voyage à bord du *Beagle*, visita les îles Galapagos, encore peu fréquentées par l'homme, il fut frappé du peu de timidité des oiseaux : ils venaient manger presque dans son chapeau, comme dans nos prairies, ils viennent encore chercher leur nourriture sous les pieds des bœufs, qui ne leur ont jamais fait aucun mal.

Mais la sociabilité est un appétit, que tous les êtres ne peuvent pas satisfaire, comme la lionne amie du chien son compagnon, avec le premier aliment venu. Certains animaux ne sont pas assez sociables pour s'accommoder, faute de mieux, de la société de l'homme, alors même qu'il n'use avec eux que de bons traitements et qu'il ne les entoure que d'égards. Certains oiseaux refusent de manger en captivité ; un grand nombre ne s'accouplent pas, ou, s'ils le font, ne se reproduisent pas ; parfois, s'ils ont des petits, ils les mangent comme pour les soustraire au sort dont ils gémissent eux-mêmes : l'éléphant, la perdrix, le lièvre, sauf quelques exceptions individuelles, sont généralement dans ce cas ; les Polynésiens et beaucoup de races qui vivent près de nous, non pas en captivité, mais dans un état social qui leur semble, à tort, équivalent, présentent le même exemple.

La domestication des animaux a beaucoup plus de chance de réussite chez ceux qui ont le sentiment le plus large et le moins exclusif de la sociabilité ; la civilisation a de même plus de chance de se développer chez les races très sociables, que chez celles qui, dans leur sociabilité restreinte et exclusive, ne veulent vivre qu'avec leurs semblables, et surtout que chez les hommes qui vivent à l'état normal, sinon seuls au moins par petits groupes.

Les animaux que l'homme a le plus aisément ou au moins le plus tôt domestiqués, sont précisément ceux qui forment en liberté des associations nombreuses : le cheval, le bœuf, le chien, le mouton, le lapin, etc. Tous ces animaux vivent en troupe, sous la conduite d'un chef, qui veille à l'entretien, à la sécurité de ses sujets. L'homme n'a eu qu'à entrer dans le troupeau, à y prendre la place du chef, à usurper son pouvoir, à cacher la tyrannie sous des bienfaits apparents et perfides, pour transformer la république animale en une autocratie taillée suivant ses caprices et son bon plaisir. *Panem et circenses* : c'est la formule non encore oubliée d'une recette, qui n'a pas été employée uniquement pour réduire en servitude les troupeaux de quadrupèdes!

Certains animaux, j'allais dire certains hommes, trouvent d'ailleurs dans la servitude un plaisir et souvent un honneur. Le puceron (*aphis formicarum vacca*, disait Linné) paraît éprouver autant de plaisir que la fourmi, qui l'élève en troupeau pour traire le liquide sucré qu'il sécrète. D'autres fourmis se font non plus les vaches mais les abeilles d'autres fourmis : les *claviger* aveugles vivent en troupe, captifs dans les fourmilières ; chacun de ces animaux se gave de nourriture et rejette une sorte de miel dans la bouche de la fourmi. Une certaine punaise domestiquée par les fourmis leur sert de bête de somme : elle traîne les feuilles. Un grillon au service des mêmes maîtres leur sert de mineur et perfore leurs galeries. Sans l'attrait de la sociabilité, ces domestiques auraient dédaigné toutes ces places, et auraient préféré aux repas assurés de la servitude une vie plus aventureuse mais plus calme et plus solitaire.

CHAPITRE IV.

LA DOMESTICATION.

Modification du milieu social par la domestication. — Action de la domestication sur la fécondité. — Son action sur le système nerveux. — Langage chez les animaux domestiques. — La domestication annule les lois de la concurrence vitale et de la sélection naturelle. — Ses avantages pour les animaux sont détruits par la fin toute humaine que l'homme lui donne.

Quoi qu'il en soit, la domestication crée un milieu social trop analogue à celui qui résulte de ce que l'homme appelle la civilisation, pour que nous ne cherchions pas à connaître les effets de ce nouveau milieu sur l'organisme.

Un des premiers effets de la domestication est de supprimer les dangers de la lutte pour la vie, et d'augmenter la nutrition de l'individu : une plante sauvage, arrachée de son milieu et plantée dans un jardin, prend un développement plus considérable qu'elle n'eût fait, si elle avait été livrée à elle-même. Pour la même raison, les races domestiques d'animaux arrivent à la maturité plus tôt que celles qui sont demeurées sauvages : la dentition se fait plus tôt. Comme la chaleur, la domestication semble hâter l'évolution biologique; aussi pourrait-on dire d'elle, comme de la civilisation, qu'elle représente la zone équatoriale dans le milieu social.

Le rut est plus fréquent, parfois même continu chez les animaux domestiques; on a même observé dans les naissances chez les populations que nous nommons sauvages, une périodicité plus marquée et plus exclusivement en rapport avec les saisons, que chez les peuples civilisés; encore ceux-ci présentent-ils néanmoins un certain accroissement dans le nombre des conceptions à l'époque du printemps.

La fécondité des animaux domestiques est notablement plus grande que celle de leurs semblables restés sauvages ; c'est ainsi que le lapin sauvage n'a que 4 portées annuelles, de 4 à 8 petits chacune, tandis que le lapin domestique a 6 et 8 portées de 4 à 11 petits. Le sanglier de 4 à 8 petits par portée; le cochon domestique en a 8. La canne sauvage pond de 8 à 10 œufs; la canne domestique en pond de 80 à 100. Tandis que l'oie sauvage pond 5 à 8 œufs, l'oie domestique en pond 13 à 18. Les pigeons de volières sont beaucoup plus prolifiques que le pigeon de colombier. Partout la poule est plus féconde que la femelle de *Gallus Bankiva*. L'asperge cultivée donne elle-même beaucoup plus de grains que l'asperge sauvage.

La domestication diminue même la tendance à la stérilité, qu'ont souvent les métis : ainsi Dureau de la Malle assure, d'après l'étude de la littérature classique, que dans l'antiquité romaine le mulet commun était beaucoup plus difficile à produire qu'il n'est de nos jours. Des hybrides d'*ægylops* et de *blé*, qui sont généralement stériles, se sont cependant, depuis 1857, sous l'influence d'une culture attentive, propagés avec une progression rapide dans la fertilité, à chaque génération; de telle sorte qu'à la quatrième génération ces plantes, tout en gardant leurs caractères mixtes d'hybrides, étaient devenues aussi fertiles que le froment cultivé. Darwin pensait, de son côté, que nos diverses races de chiens aujourd'hui fécondes entre elles, descendent de plusieurs espèces sauvages, qui sont cependant peu fécondes entre elles tant qu'elles restent à l'état sauvage.

La domestication ne modifie-t-elle pas les humeurs et l'intimité même du milieu intérieur, de manière à changer la couleur des tissus charnus, aussi bien que leur goût et leur fumet ?

Mais la domestication, comme la civilisation, agit d'une manière bien autrement importante et capitale sur le système nerveux : l'absence de lutte et le fait d'être à l'abri des heurts trop violents, empêchent la sensibilité d'être émoussée par le rude frottement des concurrents ; cette propriété semble s'affiner. Certains sens perdent, il est vrai, de leur acuité, parce que la domestication, comme la civilisation, leur donne des loisirs : l'oreille de l'animal domestiqué devient tombante, parce que l'animal n'est plus toujours sur le qui-vive, comme dans la vie sauvage ; le sens de la vue perd également un peu de sa profondeur et de sa pénétration ; il en est de même de l'odorat. Si les sens perdent en puissance, ils semblent, en revanche, éprouver des sensations moins intenses, mais plus variées, plus nombreuses : le goût, le tact s'affinent ; les sens sont, en un mot, moins violemment irrités que dans la vie sauvage, mais ils sont, pour ainsi dire, à chaque instant, chatouillés par quelque sensation nouvelle ; or l'action réflexe transforme toutes ces sensations en autant d'idées, suivant ce vieil adage, *Nihil est in intellectu quod prius non fuerit in sensu* : l'idéation augmente donc. Les idées deviennent plus abondantes ; les moyens ordinaires d'expression ne suffisent plus à leur écoulement, et l'animal finit par décharger sa pensée sous forme de nouvelles émissions de force, de nouvelles expressions rendues par de nouveaux organes : le chien domestique seul aboie. C'est sous la même pression des idées, accumulées dans son cerveau par les premières ébauches de la civilisation, que l'homme, cessant de trouver dans les grognements simiens un canal d'échappement suffisant pour sa pensée, utilisa les mouvements de sa langue, les fit servir à des gestes supplémentaires et franchit, sans se douter de l'importance de l'innovation qui venait d'être faite, cette barrière considérable du langage articulé, qui devait être la première et qui est restée jusqu'ici la seule séparation capitale entre les autres animaux et lui.

La domestication a sur le devenir des espèces une action qu'il était aisé de prévoir : tandis que, dans la nature, la sélection et la survivance des plus aptes assurent le développement de toutes les modifications utiles à leur porteur, et au contraire l'extinction de toutes celles qui lui seraient nuisibles, ici il en est tout autrement. Il n'y a point de lutte, puisque l'homme suffit à nourrir, à loger ses animaux domestiques, à les défendre contre leurs ennemis, et que tous, d'ailleurs, sont égaux entre eux sous le même joug de la servitude. Il n'y a donc point de caractère utile ou désavantageux dans la lutte, parmi toutes les modifications qui peuvent accidentellement se présenter. Qu'il plaise à l'homme, maniant la sélection artificielle, de développer un caractère quelconque, ce caractère, fût-il désavantageux dans la lutte naturelle, ne manquera pas de se perpétuer dans l'espèce, tant que le caprice de l'éleveur en décidera ainsi. — L'espèce domestique se trouve alors affolée ; elle n'est plus maintenue et réglée, comme dans la nature, par la loi *du plus utile*. C'est ainsi qu'ont été en quelque sorte créés par l'homme ces lapins, *lopes* ou *demi-lopes* caractérisés par deux oreilles tombantes ou par une seule, les pigeons à grosse gorge, etc.

Ces modifications dépassent d'ailleurs les limites que l'homme se proposait d'atteindre, parce que, en vertu de la loi des *variations corrélatives* si bien reconnue par Darwin, il arrive que le caractère spécial auquel l'homme s'attache, entraîne avec lui d'autres et quelquefois plus importantes modifications, sur lesquelles il n'avait pas compté. — C'est ainsi que chez les lapins *lopes* et *demi-lopes* le crâne se déforme des deux côtés ou d'un seul côté correspondant à l'oreille allongée et tombante ; que chez le pigeon grosse-gorge, le nombre des vertèbres augmente ; que le crâne se perfore chez la poule de Padoue ; que les caroncules, le jabot se modifient chez quelques oiseaux ; enfin, que chez plusieurs végétaux, où le jardinier s'était uniquement appliqué à modifier la fleur, des modifications corrélatives sont survenues dans la graine ou dans le fruit.

Le milieu social créé par la domestication serait toujours

un avantage pour l'animal domestiqué, comme la civilisation est évidemment avantageuse pour l'homme, si la première offrait comme la seconde à l'individu la garantie des lois naturelles agissant dans leur libre fonctionnement; mais il n'en est pas ainsi. Cette Providence follement ou cruellement capricieuse, que l'homme a inventée et qu'il croit maîtresse de modifier ses destinées, n'est heureusement qu'un produit de son imagination et, heureusement pour lui, ses destinées sont réglées par son milieu, en vertu de lois naturelles, qui sont immuables. Il n'en est plus de même pour la domestication : ici l'homme lui-même joue très réellement le rôle de Dieu; il manie capricieusement mais réellement ses sujets, comme il se croit lui-même modelé par la main capricieuse d'un Jéhovah! Ainsi chez le bœuf la domestication n'aboutit pas à éveiller les idées, à le placer en un mot, par rapport au bœuf sauvage, dans la même situation que l'homme civilisé par rapport à l'homme sauvage. La domesticité n'aboutit ici qu'à faire de la viande de boucherie, le plus rapidement et le plus économiquement possible; l'homme-Providence en a décidé ainsi : mais cela n'a rien d'avantageux pour le bœuf, qui se trouve être, en résumé, très inférieur à son congénère sauvage. Il en est de même du porc et de beaucoup de nos animaux. Chez le cheval lui-même on ne développe que les organes de vitesse ou de traction. Un seul animal a eu la chance de n'être que peu comestible, peu propre au trait; l'homme a développé son cerveau et la domestication est devenue pour lui une véritable civilisation : cet animal, c'est le chien!

CHAPITRE V.

LA CIVILISATION.

I.

La civilisation est à beaucoup d'égards, pour l'homme, l'analogue de la domestication pour les animaux. — Son action sur le milieu social. — Son action sur la durée de la vie. — Vie moyenne et âge moyen; Assézat. — Action de la civilisation sur la fécondité. — Erreur de J.-J. Rousseau sur l'homme primitif.

La *civilisation* va nous apparaître comme un modificateur social du même ordre que celui que nous venons d'étudier.

Sauf quelques restrictions, qui auront leur place lorsque je parlerai du milieu social étudié spécialement dans les villes, on peut dire que la civilisation augmente la durée de la vie de l'homme. Ainsi, les documents que nous possédons sur le mouvement de la population de Londres accusent, en 1730, un chiffre de 17.118 naissances et un autre de 10.368 décès survenus dans les deux premières années de la vie. Cela fait presque une mortalité des deux tiers des enfants dans les deux premières années. Aujourd'hui le chiffre de la mortalité des enfants de un à deux ans est tombé à un cinquième. C'est là un progrès : on sait cependant combien la mortalité infantile est encore considérable en Europe, notamment en France, et quels progrès nous avons encore à réaliser sous ce rapport.

La vie moyenne augmente avec la civilisation : elle est en Europe, aujourd'hui, d'un peu plus de quarante ans; tandis qu'en Australie les femmes ne dépassent guère vingt-cinq ans et les hommes trente ans. Il n'est guère prouvé que le nombre des centenaires augmente avec la civilisation ; du reste cela n'est pas un bon criterium. Assézat a même fait, au sujet de l'influence de la civilisation sur la durée de la vie, une remarque fort judicieuse : si, dans un pays comme la France, il y a, dit-il, pas mal de vieillards et peu d'enfants, la nation, considérée comme un seul individu social, sera, en réalité, un individu vieux ; un pays qui comptera peu de vieillards et beaucoup de jeunes gens sera un corps social, un individu jeune. Aujourd'hui, continue Assézat, l'âge moyen des vivants est en France de trente et un ans et la vie moyenne, ce qui est différent de l'âge moyen des vivants, d'un peu plus de quarante ans ; le pays devient sénat. En Allemagne, ajoute-t-il, la vie moyenne est plus courte ; le pays moyen est plus jeune.

Lorsque l'âge moyen des vivants est élevé, disait Assézat en terminant, on constate du bien-être, du contentement de soi, mais de la mollesse et une certaine prudence : la jeunesse en minorité est raisonnante et calculatrice. Si au contraire l'âge moyen des vivants est faible, on constate la misère, l'envie, la rudesse ; les soldats sont nombreux ; la force est divinisée ; l'ambition est grande et l'extension nécessaire.

J'ai déjà dit que, chez l'homme civilisé, les saisons semblaient avoir moins d'influence sur le nombre des conceptions, que chez l'homme plus primitif ; cependant leur influence n'est pas encore annulée ; mais la fécondité semble croître avec la civilisation, comme elle fait chez les animaux avec la domestication : on peut opposer la Belgique, qui compte 151 habitants par kilomètre carré, à la Russie qui en compte 3. Il convient cependant de faire une restriction à cette loi : il est certaines étapes de la civilisation, pourtant très avancées, qui semblent au contraire amoindrir la fécondité ; la France serait un exemple à citer. Mais c'est là un phénomène très complexe : il y a là des questions de races et d'économie politique. L'étude abstraite du milieu social ne permet pas d'en donner actuellement la loi.

S'il est une idée fausse, brillamment soutenue, c'est bien celle que Jean-Jacques Rousseau se faisait de l'homme primitif. L'ethnographie et l'anthropologie ont montré qu'il en fallait rabattre de cet idéal de l'homme de la nature; elles ont montré que l'homme « tel que le Créateur l'a fait », à son image, paraît-il, pour employer l'expression consacrée dans la doctrine théiste, est un assez vilain animal, légèrement supérieur à son cousin l'anthropoïde. Ses qualités morales sont aussi peu développées que ses qualités physiques : les unes et les autres se développent, au contraire, à mesure que la sélection naturelle amène le progrès, la civilisation. C'est dans l'imagination de Rousseau et des philosophes de son école qu'il existait ce sauvage aux mœurs pures, aux formes herculéennes, dont les muscles vigoureux bandaient l'arc, que les mains débiles de ses fils civilisés ne savent plus utiliser! La vérité est que le civilisé obtient au dynamomètre des chiffres très supérieurs à ceux du sauvage : dans tous les concours de ce genre auxquels les élèves du laboratoire de Broca ont pris part avec les différents spécimens de populations plus ou moins sauvages montrés par le Jardin d'acclimatation, nous avons toujours fait monter plus que le sauvage l'aiguille du dynamomètre! c'est que les civilisés sont mieux nourris, mieux musclés, et surtout que leurs muscles, à volume égal, sont mis en jeu par un système nerveux plus excitable, par une force nerveuse plus puissante! Ils sont plus adroits, plus exercés pour lancer un boomerang ou une sagaie, mais ils sont moins forts et résistent moins que nous à la fatigue. C'est parce que leur système nerveux est moins excitable, qu'ils résistent davantage à la douleur!

II.

Appareil digestif du sauvage. — Influence de l'alimentation sur le milieu social. — Formule dentaire. — Nécessités du climat. — Le feu. — Coction des aliments. — La viande et la civilisation. — Exemples de l'influence modificatrice de l'alimentation fournis par les animaux.

Lorsque l'on considère les misérables représentants d'une époque primitive de l'évolution sociale, aujourd'hui attardés dans la sauvagerie, quand on examine ces spécimens en quelque sorte fossilisés d'une couche sociale qui était celle de nos pères, mais au-dessus de laquelle nous nous sommes élevés lentement, grâce aux progrès réalisés par une longue succession de générations, on est surtout frappé par la grosseur du ventre et par l'aspect grêle des jambes. Toutes les forces de l'organisme sont en quelque sorte absorbées, chez eux, par la recherche et par la digestion d'un aliment aussi variable qu'incertain. Les dents sont grandes, larges, usées par la mastication d'aliments grossiers et rebelles, comme on le constate lorsqu'on examine les débris des hommes qui ont vécu dans nos contrées au même état de civilisation : l'habitude de se servir des dents comme d'outils contribue encore à les user et à augmenter le prognatisme, c'est-à-dire le développement du maxillaire en avant.

La civilisation a pour effet de diminuer la capacité et le volume de l'appareil digestif : le sauvage ne mange pas tous les jours ; mais, lorsqu'une bonne occasion se présente, il répare le passé et assure l'avenir. Tous les voyageurs parlent de la gloutonnerie des sauvages, gloutonnerie qui n'a d'égale que le calme avec lequel ils supportent la privation de nourriture. Je ne sais plus quel est le voyageur, qui raconte avoir vu, chez les Yakoutes, un enfant de cinq ans absorber devant lui, avec rapidité, trois chandelles, plusieurs livres de beurre aigre et un morceau de savon jaune. On sait que les Fuégiens se roulent, se vautrent dans la carcasse faisandée d'une baleine échouée sur leurs côtes et se gavent de viande pourrie, jusqu'à atteindre une sorte d'ivresse due autant à la joie qu'à l'indigestion. Les Esquimaux s'emplissent la bouche, jusqu'à étouffer, de lard de phoque arrosé d'huile rance.

« Le sauvage digère, » dit Spencer. Au moment où il lui faut digérer d'énormes repas, la réplétion s'accompagne d'inertie et, au moment où, faute de nourriture, ses forces tombent, toute son activité est employée à assouvir sa faim. C'est ainsi que tout progrès qui assure la régularité de l'alimentation, qui égalise en quelque sorte le niveau alimentaire, en effaçant les orgies et en comblant les lacunes profondes qui leur succèdent parfois, devient lui-même une source de progrès nouveau; c'est ainsi que l'alimentation est la question capitale dans l'évolution du progrès social.

On ne peut donc se dissimuler que le *milieu social* dépend d'une manière intime du milieu alimentaire. Kant a dit avec raison : « L'homme est ce qu'il mange ». Or l'homme est organisé pour vivre de fruits et de graines : il suffit de regarder ses dents pour s'en convaincre; car si l'on peut répéter après Brillat-Savarin : « Dis-moi ce que tu manges, je te dirai ce que tu es, » on peut ajouter : « Montre-moi tes dents, je te dirai ce que tu manges », et par conséquent : « Montre-moi tes dents, je te dirai qui tu es. »

Les Primates comprennent : les Hommes, les Anthropoïdes (gorille, chimpanzé, orang, gibbon), les Pithéciens (semnopithèque, guenon, magot, cynocéphale), les Cébiens ou singes du Nouveau Monde (hurleur, atèle, sajou, ouistiti), les Lémuriens (maki, galéopithèque). Après avoir rappelé cette classification, qui englobe l'homme et les singes sous le nom de Primates, il est bon de remarquer que les Hommes, les Anthropoïdes et les Pithéciens ont seuls, parmi les animaux, la même denture, et que tous trois diffèrent, sous ce rapport, des Cébiens et des Lémuriens : il y a donc plus de différence, sous le rapport de la denture, entre les singes comparés entre eux qu'entre les hommes et les grands singes. Or, qu'on ne l'oublie pas, on a vu dans la denture un caractère zoologique tellement important, qu'on a cru devoir faire de l'hippopotame fossile, qui avait douze incisives (*H. Hexapotodon*), une espèce différente de l'hippopotame actuel, qui a huit incisives, en se basant uniquement sur cette différence de la formule dentaire. Si l'on suivait cet exemple et qu'on appliquât la même méthode aux Primates, on mettrait donc une partie des singes avec l'Homme dans une section séparée de celle des autres singes Cébiens et Lémuriens.

Quelles que soient les conclusions philosophiques qu'on puisse tirer de ce fait, qu'il m'a suffi d'indiquer ici, l'homme, comme les singes supérieurs, possède trente-deux dents, qui se décomposent en huit incisives, quatre canines, huit prémolaires et douze molaires. De cette disposition ainsi que de la forme des dents il est permis de conclure que l'homme, comme les grands singes, est un animal granivore et frugivore.

Nous savons, en outre, que les premières sociétés humaines se sont constituées dans un climat chaud. C'était le seul milieu où l'homme primitif pût vivre ; il n'y avait point ailleurs de *milieu social* qui fût possible, car, dans les pays chauds, on a besoin de moins de nourriture, parce qu'on a moins besoin de faire de la chaleur et, d'un autre côté, les climats chauds sont seuls capables d'enrichir les graines et les fruits d'une matière alimentaire suffisamment réparatrice : ce n'est que dans ces pays, que les végétaux accumulent, sous forme de sucre ou de matière grasse, les quantités considérables de carbone qui suffisent à produire la chaleur et, par tranformation de cette dernière, la force dont l'évolution sociale a besoin.

Qu'on ait moins besoin d'alimentation dans les pays chauds, c'est là un fait incontestable : les Indous, qui vivent de riz, les Arabes, qui se nourrissent avec quelques dattes et du café, mourraient s'il leur fallait suivre un pareil régime au Groënland. Les Anglais, qui sont gens pratiques, donnent à leurs troupes, chez eux, une ration de matières solides de 11^{kil},175 d'aliments par homme et par semaine, tandis que la ration du soldat n'est dans l'Inde, pour le même temps, que de 8^{kil},117 de matières solides.

Quant à la puissance productrice d'éléments carbonés propre aux pays chauds, il suffit, pour la prouver, de citer les graines oléagineuses de l'arachide, au Sénégal ; le palmier à huile (*Elaïs guineensis*), dont le fruit donne, par la pulpe, l'huile de palme, par le noyau, de la stéarine pure, et qui fournit, en somme, 900 kilogr. de matière grasse par hectare ; au Gabon, l'oba, le djavé, le m'poga donnent également de l'huile ; le palmier-dattier nourrit, sans culture, non seulement les hommes, mais souvent les chameaux ; en Égypte, le dhourra rend 250 pour 1 ; le maïs donne, au Mexique, 400 graines pour 1 ; enfin, d'après Humboldt, la banane, qui est dans une grande partie de l'Amérique la base de l'alimentation du plus grand nombre, peut nourrir 50 personnes par arpent, tandis qu'un arpent de blé n'en nourrirait que deux. D'après lui, le produit de la banane, comme richesse en matière nutritive, serait à celui du blé comme 133 est à 1, et à celui de la pomme de terre, comme 44 est à 1. En Colombie, les indigènes se nourrissent presque exclusivement d'un suc végétal aussi nourrissant que le lait, c'est celui du *Brosimum galactodendron*, arbre à la vache, ou *palo de leche*. Ce suc, qu'on obtient en le faisant couler d'incisions faites au tronc, contient, d'après Boussingault, 84 % de matières grasses, 3,40 % de sucre et 4 % de caséum. L'avantage de toutes ces substances végétales produites dans les pays chauds, c'est qu'elles contiennent beaucoup de carbone et beaucoup d'hydrogène. La combustion de ce dernier corps dans l'organisme donne quatre fois plus de chaleur que celle du carbone ; or la chaleur devient de la force musculaire et cérébrale, et sans elle il n'est point de progrès dans la civilisation.

L'homme n'a pu étendre son milieu social en dehors des limites tropicales, que le jour où il a su produire et conserver le feu; il a eu en effet, ce jour-là, le moyen de se garantir du froid et cette précieuse découverte, dont les anciens avaient divinisé le légendaire auteur, lui a permis en outre de se contenter d'une alimentation moins réparatrice par elle-même, mais à laquelle la coction donnait des qualités nouvelles : les expériences de Dudgeon, en Angleterre, ont en effet montré que des porcs, nourris d'une certaine quantité d'aliments crus, ont augmenté de 40 livres en 100 jours, tandis qu'un second lot de porcs, nourris avec la même quantité d'aliments cuits, a augmenté dans le même temps de 89 livres par tête.

Ce progrès n'était pas suffisant : l'humanité ne pouvait évoluer qu'en se faisant carnivore. Sans doute les principes nutritifs fournis par les végétaux sont chimiquement identiques à ceux qui sont fournis par les animaux; les substances quaternaires, fibrine, albumine, caséine, glutine, sont les mêmes; les matières ternaires, glucose, amidon, inosite, zoo-amyline, tunicine, sont les mêmes; mais leur quantité varie, dans l'aliment, et il n'est pas indifférent de trouver la même alimentation chimique dans une botte de foin, dans un panier de graines ou dans un petit morceau de muscle : les vétérinaires ont remarqué que les animaux carnivores sont plus résistants que les herbivores; les médecins et les voyageurs savent que dans l'humanité les végétariens sont moins forts que les autres hommes.

Au sujet des avantages qu'une société pouvait retirer de l'utilisation alimentaire de la viande de cheval, Isidore Geoffroy Saint-Hilaire faisait remarquer avec raison que « sans la viande il n'y a point de travail cérébral, pas de grande civilisation ». Les apiculteurs savent eux-mêmes que la nature et surtout la quantité de l'alimentation des larves décident du sexe des insectes : en variant la bouillie qu'elles donnent aux larves, les ouvrières produisent en effet, à volonté, des ouvrières comme elles ou des reines.

L'homme est donc devenu carnivore, par sélection, les carnivores ayant partout pris sur les végétariens une supériorité due à leur alimentation. « Que de grands faits dans la vie des « nations, dit Isidore Geoffroy-Saint-Hilaire, auxquels les « historiens assignent des causes diverses et dont le secret « est dans l'alimentation ! L'Angleterre régnerait-elle paisi- « blement sur un peuple en détresse, si la pomme de terre « presque seule n'aidait celui-ci à prolonger sa lamentable « existence? Et par-delà les mers, 140.000.000 d'Indous « obéiraient-ils à quelques milliers d'Anglais, s'ils se nour- « rissaient comme eux? Les Brahmes, comme autrefois Py- « thagore, avaient voulu adoucir les mœurs ; ils y ont réussi, « mais en énervant les hommes. »

Ce qui est vrai de l'alimentation animale l'est, à un certain degré, pour le sel : les populations qui l'ont à leur portée ont eu de tout temps un avantage considérable, et les collections de bronze, que nous trouvons chez les populations préhistoriques des environs de Salins, nous indiquent quelle richesse était pour elles le sel gemme déjà exploité par elles.

En résumé, les civilisations les plus élevées sont liées à cette question d'alimentation. Le travail d'une machine dépend de la quantité de charbon qu'on lui donne à brûler, et Kant avait bien raison de dire : « L'homme est ce qu'il mange. »

III.

Modifications nerveuses. — Maladies liées aux changements du milieu social.

Ceux qui s'obstinent à regretter l'antique sauvagerie de nos pères, accusent la civilisation d'augmenter le nombre des maladies de l'homme. Il est bien clair, en effet, que la sélection élimine de bonne heure, dans la vie sauvage, les valétudinaires, qui dans nos sociétés civilisées augmentent le nombre des malades; il est également certain que l'atmosphère sociale est un milieu d'autant plus favorable à certaines maladies, aux maladies d'encombrement par exemple, qu'elle est plus dense; ainsi on a constaté que la fièvre jaune notamment avait envahi l'Amérique du Sud depuis que de petites bourgades sont devenues des villes. On accuse également la civilisation d'avoir rendu l'homme moins rustique : le fait est que les voyageurs sont unanimes à reconnaître que les populations sauvages sont beaucoup moins sensibles que nous : le voyageur Lichtenstein regarde les Boschimans comme absolument insensibles aux variations brusques de température; Gardiner a vu les Zoulous toucher au feu comme nous touchons à l'eau; « ce sont, dit-il, de véritables salamandres ». La sélection a dû depuis longtemps en effet éliminer tous les Boschimans, qui ne peuvent supporter, vivant nus, les brusques changements de température de leur pays; mais il ne faut pas nous plaindre de l'excès de sensibilité que nous laissent les conditions plus faciles et plus douces de l'existence civilisée, car c'est précisément cette sensibilité extrême qui, comme nous l'avons vu pour la domestication des animaux, éveille nos idées par un exercice plus fréquent de l'action réflexe : plus les sens sont nombreux et raffinés, plus intime et fréquente est par conséquent notre communion avec le monde extérieur et avec les autres êtres qui nous entourent; plus intense et plus rapide devient l'idéation : c'est par la réception et l'accumulation de toutes ces sensations que le cerveau se développe.

Cette sensibilité peut cependant être portée à l'excès : on accuse les peuples qui marchent actuellement à la tête de la civilisation de devenir nerveux; leurs maladies, au dire de bien des médecins, se compliquent plus souvent que par le passé de phénomènes nerveux et de délire; l'aliénation mentale est plus fréquente qu'au temps passé ; d'après le Dr Beard (de New-York), les Américains présentent, à un haut degré, ce nervosisme pathologique, conséquence de l'activité et de la rapidité avec laquelle ce peuple jeune se lance sur la route du progrès. Il semble, en résumé, que le télégraphe, les chemins de fer, la presse, tiennent beaucoup de nos contemporains dans un état de surexcitation maladive.

IV.

Sélection naturelle dans les sociétés primitives. — Sélection sociale inverse. — La philanthropie.

Quoi qu'il en soit des accidents de la civilisation, on peut dire que, si dans certains milieux elle développe la concurrence intellectuelle, elle a généralement pour effet d'amortir les coups de la lutte pour l'existence. Un peuple sauvage ou seulement d'une civilisation encore quelque peu primitive n'a point d'infirmes ; il n'est point encombré par des non-valeurs : tout homme impuissant à résister par lui-même au milieu physique, incapable de gagner sa vie par la pêche, la chasse ou la guerre, dans une société brutale et égoïste, est, comme toute non-valeur, condamné à disparaître de bonne heure, sans avoir eu le temps ou même l'occasion de faire souche. Dans les sociétés plus avancées, comme à Sparte, où tout enfant mal constitué était mis à mort, où l'éducation, consacrant tout le temps au gymnase, à la course ou à la lutte, faisait rapidement périr les organisations trop faibles pour supporter ce régime d'entraînement, il ne pouvait point non plus exister d'infirmes, l'État socialiste ne prenait à sa charge que ceux qui pouvaient le servir et non lui coûter. Aristote, Sénèque ont vanté les avantages de cette véritable sélection naturelle et artificielle : « Pour ce qui est de l'éducation, dit Aristote, voici la loi qui subsiste : Qu'on n'élève point d'enfants faibles et contrefaits ; pour ce qui regarde le nombre des enfants, qu'on ne conserve que ce qui est nécessaire » ; on voit que les doctrines de Malthus remontent loin ! « Si les institutions du peuple défendent d'exposer les enfants, lorsque leur nombre surpasse celui qui convient, il faut les faire avorter, avant qu'ils aient commencé à sentir et à vivre. » Quant à Sénèque il légitime et excuse l'usage de noyer les enfants faibles et contrefaits par les considérations suivantes : « Cela ne se fait pas d'ailleurs autant par méchanceté, que pour *séparer* (c'est le mot *sélection*) les enfants cacochymes de ceux qui sont robustes et bien conformés; ce n'est pas la colère, mais la raison qui nous prescrit de retrancher de la société un membre dangereux. » Chez les Bechuanas et chez beaucoup d'autres populations africaines, tout enfant qui présente quelque monstruosité ou seulement une anomalie, est également déclaré *tlolo* et mis à mort. On n'observe donc jamais de difformités dans une société semblable.

Il en est tout autrement dans les sociétés policées : là, l'enfant chétif finit par végéter tant mal que bien, mollement emmailloté dans le milieu artificiel que lui a préparé la philanthropie. Si son cerveau seul est débile, il devra renoncer sans doute à affronter la grande concurrence intellectuelle, mais la société a, dans les alvéoles secondaires de sa ruche, des places assez petites pour lui, qui l'empêcheront d'être éliminé, qui lui permettront même de se marier, d'avoir des enfants semblables à lui. Il y a mieux : la sécurité qu'il trouvera dans ces modestes conditions, le mettra hors de portée des coups qu'on reçoit dans le combat livré dans les sphères plus élevées ; si bien que, non seulement il sera garanti contre la sélection, qui, dans toute la nature, choisit les plus forts et rejette les plus faibles, mais de plus il sera protégé par une sélection en sens inverse, la *sélection sociale,* qui expose les forts et ménage les faibles. C'est ainsi qu'à côté d'individus supérieurs, vingt fois retrempés par la bataille de la vie, notre société renferme des non-valeurs, qui, pour le philosophe calculant la somme des capacités de la nation et divisant ce chiffre par le nombre des individus, abaisseraient singulièrement le chiffre de la moyenne ainsi obtenue.

La philanthropie peut être une vertu, mais ce n'est pas une force sociale ; si tout l'argent que dépensent les pays civilisés à entretenir les malingres eût été employé d'une manière préventive et les eût empêchés de naître malingres, je crois que la vertu eût été aussi grande mais le bénéfice plus considérable. La question sociale ne se résoudra pas par l'aumône mais par l'amélioration des conditions du travail.

Spencer n'a d'ailleurs pas craint d'affirmer que la philanthropie exagérée et mal comprise devient antisociale et qu'il vaut mieux, pour une société, laisser disparaître les paresseux, les criminels et les imbéciles que de les soutenir. Sans doute cela répugne à notre sentimentalisme ; mais, si l'on étudie froidement les conditions du milieu social, on est forcé de convenir que la protection ne convient qu'aux sociétés dans leur enfance comme aux hommes dans leur jeune âge. Dans cette période, chaque individu obtient soins et bienfaits en raison même de sa faiblesse. Il en doit être autrement pour les hommes et les sociétés adultes : les bienfaits et les soins doivent être en raison du mérite. « Si les bienfaits reçus par chaque individu étaient proportionnels à son infériorité, si, par conséquent, la multiplication des individus inférieurs était favorisée et la multiplication des individus supérieurs entravée, il en résulterait une dégénérescence progressive... tandis que le bien-être de l'humanité existante et le progrès vers la perfection finale sont assurés l'un et l'autre par cette discipline sévère mais bienfaisante, à laquelle toute la nature animée est assujettie, discipline impitoyable, loi inexorable, qui mènent au bonheur, mais qui ne fléchissent jamais. » En résumé, continue Spencer, « la pauvreté des incapables, la détresse des imprudents, le dénûment des paresseux, cet écrasement des faibles par les forts, qui laisse un si grand nombre dans les bas-fonds, est une nécessité. »

Je ne voudrais cependant pas que le lecteur, trop pressé de conclure, tirât de ces lignes une conséquence qui ne serait autre que la cruauté envers les faibles. Je montrerai, dans une autre partie de ce livre, comment les devoirs de la philanthropie et les intérêts de la société peuvent être en même temps sauvegardés par l'éducation.

CHAPITRE VI.

ÉVOLUTION DE L'ORGANISME SOCIAL.

I.

L'évolution de l'organisme social est comparable à celle que la linguistique, la paléontologie et l'embryologie nous montrent dans les langues et dans les êtres vivants.

La civilisation, dont j'ai parlé dans le chapitre précédent comme d'une puissance toujours identique à elle-même, n'est cependant pas une entité. C'est quelque chose d'extrêmement relatif et variable : un Nubien est très civilisé par rapport à un Australien; il ne l'est plus par rapport à nous; nous-mêmes, nous ne serons peut-être pas regardés comme très civilisés par les populations qui tiendront la tête du mouvement social vers l'an 2000!

Toute langue se transforme dans la série des temps. Elle est d'abord *isolante* ou monosyllabique : chaque mot exprime une idée invariable; chaque mot est une racine et la phrase n'est qu'une succession de racines. Plus tard, la langue devient agglutinante : le mot est formé de plusieurs autres, dont un seul conserve la fonction de racine, les autres ne servant plus qu'à indiquer quelque nuance, quelque modification secondaire. Plus tard encore, la langue devient à *flexion* : la racine elle-même, jusque-là rigide, s'infléchit, se modifie, changeant ainsi sa propre signification. Dans ces trois phases, c'est toujours la même langue : toute langue à flexion a passé par les deux phases précédentes et toute langue monosyllabique est susceptible de parvenir aux deux grades plus élevés, s'il est dans ses destinées d'évoluer. C'est de même que, ainsi que nous le démontre l'embryologie, tout animal, l'homme par exemple, traverse, pendant sa vie d'embryon, toutes les étapes du règne animal : c'est d'abord une simple cellule, une amibe, une monade, puis un mollusque, puis un vertébré inférieur, une sorte de poisson, puis un mammifère s'élevant progressivement à la dignité d'homme. La paléontologie nous montre de son côté que la même marche, la même évolution ont été suivies par la série des êtres vivants depuis les débuts de la vie, dont les traces fossiles sont écrites dans les couches alluvionnaires les plus profondes, jusqu'aux temps actuels.

Les sociétés n'échappent pas à cette loi de l'évolution : la société la plus avancée est fille d'une société primitive ; en un mot, de la sauvagerie on passe à la civilisation la plus élevée par une série de transitions, d'étapes ; chaque phase se ressent de celle qui précède et est la préface de celle qui la suivra. Comme l'a dit Turgot, « tous les âges sont enchaînés par une suite de causes et d'effets, qui lient l'état du monde à ceux qui l'ont précédé ». Malgré tout la civilisation ne s'arrête jamais.

II.

Phases de la civilisation : nutritive — sensitive — psychique intellectuelle — scientifique.

Comptons donc les degrés de cette échelle de la civilisation. Tout à fait dans le bas, les groupes humains qui sont la première ébauche d'une société future sont représentés aujourd'hui par les Fuégiens, à l'extrémité de l'Amérique méridionale, et par les Boschimans, dans l'Afrique australe. Ils errent à la recherche d'une nourriture incertaine, et cette recherche suffit à employer toute leur force. C'est la période *nutritive* des sociétés. Les seuls souvenirs durables que laissent ces populations sont les débris d'os, de coquilles, qu'elles rejettent après les avoir fait servir à leur alimentation et dont l'entassement dans un même lieu produit, avec le temps, ces sortes de monticules qu'on connaît sur le nom de *kjökenmedings*. Là, où les populations de la Suède et de la Norwège élèvent aujourd'hui des palais, des universités, des musées et des bibliothèques, leurs ancêtres formaient, comme aujourd'hui les Fuégiens, des *kjökenmedings*, que leurs petits-fils recueillent aujourd'hui précieusement. La nutrition est tout dans cette première phase sociale ; quand les racines, les insectes, les petits rongeurs ou les poissons viennent à manquer, on mange les vieilles femmes, parce qu'elles ne peuvent plus servir à rien autre qu'à assouvir l'appétit des estomacs vides. Le langage se compose d'un petit nombre d'interjections, dont chacune répond à l'une des peu nombreuses idées qui traversent le cerveau ; le verbe n'existe pas à cette phase du langage et aucun mot ne répond à cette conception de notre propre existence, que nous désignons pas l'infinitif *être;* aucun mot ne correspond à nos mots *amour* et *aimer;* à cette phase de la civilisation, le volume du cerveau ne s'élève pas considérablement au-dessus de celui du gorille : la capacité du crâne est environ de 1.100 centimètres cubes.

Au-dessus de cette phase, mais ne lui succédant qu'après que de nombreuses générations ont lentement dépassé de quelque peu celles qui les précèdent immédiatement, la civilisation entre dans une phase qu'on peut nommer *sensitive*. Le cerveau est déjà plus considérable : il cube de 1,250 à 1.350 centimètres ; manger n'est plus le seul but ni le seul idéal : l'homme trouve un plaisir dans la parure ; une plume, une coquille inutile, un bout de ruban sont la source de plaisirs nouveaux pour l'humanité, qui à cette phase peut être considérée comme un enfant de huit ou dix ans. Elle aura même beau grandir par la suite, longtemps encore elle continuera à jouer avec ces hochets, dont le goût n'est pas encore passé dans nos vieilles sociétés, qui se croient pourtant blasées. Chez l'enfant, la peur, la timidité et le sentiment de la décence sont déjà un progrès; car aucun de ces sentiments n'existe chez un enfant de quelques mois, et ce n'est qu'en grandissant qu'il acquiert ces idées, qui, pour être fausses, n'en sont pas moins des idées. Il en est de même dans l'humanité enfant : la peur naît chez elle au moment où s'éveille une certaine curiosité, au moment où pour la première fois elle observe et où elle constate pour la première fois l'immensité de l'inconnu, ce qui suppose déjà un domaine inverse de faits déjà connus et plus ou moins appréciés par l'esprit. Cette première peur engendre les premiers dieux dans l'esprit de l'homme; Croquemitaine entre dans la tête de l'enfant, au moment qu'il éprouve pour la première fois le sentiment de la peur. L'humanité grandie brode plus tard sur ce thème inépuisable du Croquemitaine; elle lui prête une forme, une existence tout humaines; elle lui suppose les passions, les colères, les caprices de l'homme; elle lui parle, l'implore, le flatte, l'adore : le fétichisme et les religions ont pris naissance et l'humanité sera déjà vieille, qu'elle écoutera encore, avec la même naïveté qu'un bambin écoute les contes et les menaces de sa bonne, les contes et les légendes éclos, un jour de frayeur, dans le cerveau de ses pères. Mais telle naïveté sied à l'enfance, qui devient triste ou grotesque chez le vieillard! Les Tahitiens, les Peaux rouges, les Cafres sont actuellement les principaux représentants de cette phase sociale.

L'humanité grandissant toujours arrive ensuite à la phase *psychique* : l'intelligence est éclairée par mille conceptions nouvelles; tous les vastes horizons que peut sonder le regard humain sont déjà en vue; mais l'intelligence, déjà cependant brillamment développée, ne prend pas encore d'autre thème que les grossières conceptions léguées par les ancêtres des périodes précédentes; elle les poétise, elle leur donne une élégance, un charme parfois, qui les transfigurent, mais qui n'en détruisent pas l'esprit. Ce sont toujours les vieilles assises du lourd monument construit par les pères et les arabesques, les fines ciselures, toute l'ornementation, ne servent malheureusement, en l'embellissant, qu'à le rendre plus durable. L'antiquité classique a répondu à cette phase, qui n'est pas, on le voit, incompatible avec une civilisation déjà très avancée : l'Inde est actuellement dans cette période, où le fétiche est plus ou moins détrôné par le symbole.

Ce n'est que plus tard, que l'humanité entre enfin dans la phase *intellectuelle* et *scientifique*. Alors seulement on se lasse de broder des arabesques sur l'antique forteresse de l'ignorance et de la superstition. Pour la première fois la science arrive et montre qu'il ne s'agit pas d'embellir, de modifier et d'accommoder à de jeunes idées de vieux monuments, mais de les démolir jusque dans leurs fondations et de reconstruire sur de nouveaux plans avec des matériaux neufs. Cette période-là brûle les fétiches, les idoles, comme le cultivateur doit brûler les antiques racines qui empêcheraient son champ de produire une riche moisson. Cette période-là revient à la réalité ; elle prend comme unique guide les lois naturelles, dont tant de conceptions du passé l'ont si dangereusement éloignée. Nous sommes au début de cette phase : les conceptions métaphysiques du passé sont en ruines ou tombent rapidement, mais la route sera longtemps encore jonchée de leurs débris, qui ralentiront notre marche ; la science n'a pas de temps à perdre pour déblayer la voie le plus tôt possible. La science ! voilà la grande, la seule réformatrice ! voilà la seule puissance, la seule force à laquelle rien ne résiste ! Les politiciens, les conquérants s'évertuent ; ils s'imaginent que c'est sous leur aiguillon que les chevaux tirent lentement le coche du progrès ! profonde erreur ! l'impulsion vraie, ce sont les découvertes scientifiques qui la donnent. « La désolation d'un pays, le carnage, voilà, dit Bukle, des pertes qu'on répare toujours ; laissez s'écouler quelques siècles et tout vestige est effacé : les crimes gigantesques d'un Alexandre ou d'un Napoléon sont privés, après un certain temps, de tout effet, et les affaires du monde reprennent leur premier équilibre. C'est le flux et le reflux de l'histoire, le double courant, auquel nous soumettent les lois de notre nature. Au-dessus de tout cela il y a un mouvement bien plus haut, et à mesure que la marée se déroule, tantôt s'avançant, tantôt reculant, il est, au milieu de ces fluctuations infinies, une chose, une seule, qui dure à jamais : les découvertes des grands hommes ne nous quittent jamais! »

III.

Influence de l'évolution parallèle de l'outillage sur le milieu social.

Toutes ces périodes se succèdent d'une manière insensible, par une lente évolution. Les modifications de la pensée, c'est-à-dire du cerveau se succèdent aussi lentement mais aussi sûrement que celles qui sont depuis longtemps admises dans l'outillage de l'homme, dans la matière première dont il arme sa main.

Est-il besoin de dire quels avantages l'homme, au fur et à mesure qu'augmente sa civilisation, retire des instruments qu'il invente et qu'il perfectionne? La flèche, le boomerang, la sagaie raccourcissent la distance entre le chasseur et sa proie, entre le guerrier et son ennemi, en attendant que la poudre à canon la supprime presque complètement. Les canines, qui servirent de moyen de défense aux ancêtres de l'homme, les griffes, qui ont pu leur servir, n'ont plus eu leur raison d'être le jour où il a su inventer des armes; elles ont disparu. Il en fut de même du poil, qui disparut, lorsque de la peau des animaux qu'il, avait mangés, l'homme s'est su faire un vêtement. C'est ainsi que le milieu social, selon ses variations change l'organisation même de l'homme. L'imprimerie n'a-t-elle pas fait subir à notre cerveau une augmentation considérable? L'emploi des machines dans l'industrie n'a pas eu, nous le verrons, une moins grande influence sociale ; qui peut dire quelles conséquences auront dans l'avenir le téléphone, le télégraphe et la direction des ballons ?

Lucrèce, ce précurseur de notre période scientifique égaré dans l'antiquité, ou mieux dont l'influence a été si malheureusement annulée jusqu'à nous par la philosophie spiritualiste et par les métaphysiciens, a exposé la succession des inventions humaines en termes que la science moderne ne peut que sanctionner :

> Arma antiqua manus, ungues dentesque fuerunt
> Et lapides, et item sylvarum fragmina rami ;
> Posterius ferri vis est, ærisque reperta ;
> Sed prior æris erat quam ferri cognitus usus.

Nous ne connaissons pas, pour le moment, de populations qui soient à l'âge du bois proprement dit ; mais nous avons vu en pleine période de la pierre taillée les Australiens, dont la civilisation n'égalait certes pas celle des fourmis blanches qui vivent à côté d'eux sur le même continent, les Tasmaniens, les Boschimans, les Dokos d'Abyssinie, les Veddahs de Ceylan, les indigènes de Sumatra.

La période de la pierre polie est représentée par les Peaux-rouges, les Brésilo-Guaranis et les Polynésiens.

Les Grecs du temps d'Homère étaient à l'âge du bronze ; enfin il n'y a pas extrêmement longtemps, que l'âge de fer était dans le nord de l'Europe dans tout son plein.

La période actuelle ne pourrait plus être aujourd'hui désignée par le nom d'une substance quelconque : est-ce la poudre, la vapeur ou l'électricité qu'il faudrait prendre comme caractère ? Nous sommes à l'âge de la science : la puissance de l'homme sur la nature a atteint un degré colossal, qui sera pourtant dépassé dans l'avenir, comme nous avons nous-mêmes dépassé la limite où s'étaient arrêtés nos devanciers.

IV.

Action de plus en plus considérable du milieu social, à mesure que se fait l'évolution des sociétés. — Évolution dans la structure, le type et la forme du corps social.

État nomade, — agricole, — monarchique, — despotique-aristocratique, — féodal, — constitutionnel.

Type guerrier : centralisation pour la guerre, — unification du corps social pour la guerre, — analogie avec la centralisation nerveuse. — Despotisme monarchique ; — État-Providence, — socialisme d'État.

Type pacifique ; — individualisme ; — l'autonomie de l'élément anatomique et des organes, sous la réserve de l'unité de l'individu organique, a pour pendant l'autonomie individuelle et celle des organes sociaux, sous réserve de l'unité du corps social.

Tous les types d'organisme social sont représentés dans les sociétés animales. — Évolution fatale et illimitée de l'organisme social.

Grâce aux progrès successifs de ses inventions, l'homme a vu successivement décroître l'influence des lois physiques ; l'influence du milieu social, comme milieu principal, s'est successivement dégagée et est devenue de plus en plus prépondérante. « Diminution de la pression extérieure ; augmentation de la pression sociale, » c'est là, comme le dit Bukle, la caractéristique de l'évolution des sociétés humaines.

L'évolution nous apparaît encore comme une loi du développement social, si nous considérons non plus les armes de l'homme, mais les formes successives du corps social : ce sont des étapes aussi fatales que celles que nous montrent la linguistique, l'embryologie et la paléontologie, que celles qu'a parcourues toute société. Elle est d'abord nomade et vivant de chasses, comme les Australiens, les Fuégiens, les Peaux rouges ; elle est plus tard nomade mais élevant des troupeaux, comme les Tongousses, les Kaffirs d'Afghanistan, les Bouriates, les Kirghisses, les Hottentots ; plus tard, fixe et agricole, comme les Cafres, adonnés à la culture du sorgho, de l'arachide et de la canne à sucre ; plus tard encore, monarchique et despotique, comme la population de l'Afrique centrale, où le bourreau soutient également le trône et l'autel; comme le Siam, où l'on se prosterne devant les crachats que le roi daigne laisser tomber de son auguste bouche, sans même s'y disputer le tabouret, comme à la cour de Louis XIV; plus tard encore, aristocratique et féodale, comme la France et l'Allemagne au moyen âge, comme le Japon il y a quelques années seulement; plus tard enfin, constitutionnelle et parlementaire, comme les États-Unis, l'Angleterre et la France.

C'est encore par une évolution fatale, en montant lentement la même route, tant qu'elles vivent et qu'elles s'élèvent successivement à des niveaux semblables, que, d'abord guerrières, amies du pillage et de la déprédation, les sociétés deviennent avec le temps pacifiques et industrielles.

Le type guerrier est en effet indispensable aux débuts de l'existence de la nation : c'est pour la guerre que les citoyens se forment à la discipline, c'est pour elle qu'ils se groupent autour d'un chef, c'est pour elle qu'ils se centralisent. Les dispositions prises en vue de la guerre font sentir leur effet même en temps de paix; cette centralisation amène l'unité organique et fonctionnelle du corps social, ou, du moins, elle donne plus d'ensemble, plus de netteté à tous les mouvements qu'il exécute.

Cette unification du corps social autour d'un centre unique est comparable à l'évolution qui se fait dans la série animale : l'individu est composé d'abord d'une série d'anneaux indépendants, cousus bout à bout, capables de se suffire, à tel point qu'on peut couper un ver en deux ou plusieurs fragments, et fabriquer ainsi deux ou plusieurs vers, qui continueront à vivre; plus tard apparaît un système nerveux central, qui commande à tout l'organisme et tient toutes les parties sous son empire tellement étroit, que toute division opérée sur l'individu devient une mutilation.

C'est grâce à cette centralisation, qui groupe tous les citoyens autour d'un chef, comme tous les soldats autour du drapeau d'un régiment, que les États jeunes s'accroissent par la guerre, s'imposent à leurs voisins par la force et donnent à l'organisme social, rendu ainsi de plus en plus compact, une solidité inébranlable. Mais la guerre ne dure pas toujours ; si la nation centralisée n'a pas assez de souplesse pour se défendre de cette rigidité, lorsqu'elle a mis bas les armes ; si la centralisation l'a coulée dans un moule qui ne permet plus de modifier sa forme et de rendre aux parties l'indépendance relative à laquelle, dans l'intérêt de la discipline, elles avaient momentanément renoncé les citoyens supportent alors les conséquences de cette structure sociale, devenue vicieuse autant qu'elle était d'abord utile : le despotisme monarchique devient alors la règle ; le citoyen est destitué de tout droit de contrôle, de toute initiative, au même titre que le soldat devant l'ennemi ; la consigne est d'obéir sans murmurer ; le souverain règle le luxe, la dépense des ménages, édicte des lois somptuaires ; c'est lui qui règle l'époque des semailles, la nature des cultures ; c'est lui qui règle la journée du travail ; c'est lui qui se charge de tout, même du bonheur, de la santé, de la propreté de ses sujets réduits à l'état d'ilotes, dont il est décidé à faire le bonheur, même par la force ! Le Japon, l'ancien empire du Pérou, l'ancienne Égypte, Sparte ellemême, nous donnent, dans l'histoire, l'exemple des conséquences d'une centralisation outrée.

Même en dehors du principe monarchique, alors qu'aucun roi ni aucun empereur ne représente le centre et que le régime républicain s'est substitué au monarchique, la même conception d'une centralisation en quelque sorte géométrique a été et est encore souvent appliquée à l'État. Il devient une entité, comme une personne séparée des citoyens et supérieure à eux ; de sorte qu'au lieu que l'État soit simplement la somme des citoyens, pour qui il est fait et dont il est le fonctionnaire, le chargé d'affaires, il semble, dans cette doctrine, que ce soient les citoyens qui sont faits pour l'État. C'est dans ces conditions qu'on voit appliquées les doctrines du communisme : l'État est propriétaire de tout, même des enfants, qui sont pour lui et qu'il élève ; l'État ainsi compris se croit obligé de protéger tout le monde et toutes choses ; c'est lui qui vous empêche de courir de peur que vous tombiez ! Sous l'influence de ce socialisme d'État on voit fondre et s'évanouir, petit à petit, l'originalité, l'indépendance, le sentiment de la responsabilité et tout ce qui fait la grandeur et la force des citoyens, comme celles de la cité résultent de leur ensemble.

Mais, fort heureusement, l'évolution des sociétés du type guerrier au type pacifique est la règle ; cette évolution est souvent lente ; mais elle se fait. L'état purement sauvage est celui dans lequel la gloire militaire est le plus estimée et où les guerriers sont le plus respectés. « De cet affreux avilissement, dit Buckle, jusqu'au sommet de la civilisation, il y a une longue série de degrés consécutifs, des gradations, à chacune desquelles quelque chose se détache de l'empire de la force, pour retourner à l'autorité de la pensée. Lentement, une par une, les classes intellectuelles et pacifiques commencent à s'élever, regardées d'abord avec souverain mépris par les guerriers, mais n'en gagnant pas moins peu à peu du terrain, croissant en nombre et en force et, à chaque pas progressif, affaiblissant ce vieil esprit militaire, où venaient autrefois s'absorber toutes les autres tendances. Négoce, commerce, manufactures, lois, diplomatie, littérature, science, philosophie, tout cela, originairement inconnu, finit, en s'organisant, par former des sujets d'étude différents..... » Successivement, avec le temps, « à mesure que s'est avancée la civilisation, il s'est formé dans la société certaines classes, qui ont intérêt à la conservation de la paix et dont l'autorité réunie est suffisante pour dominer les autres classes, qui ont intérêt à poursuivre la guerre. » Sous l'influence de cette tendance vers le type pacifique, l'esprit de casernes ou de couvent disparaît : l'individualisme succède au communisme ; au travail forcé, réglé, réglementé, comme l'était celui des indigènes du Paraguay sous la direction des jésuites, succède la coopération volontaire ; au caporalisme et au respect de la consigne succèdent le libre examen et le respect de la loi consentie par la majorité des citoyens. L'État devient la somme des citoyens : il vit pour eux et par eux ; ils ne vivent plus pour lui et par lui. Il les réunit, les englobe en une unité vraiment organique.

L'organisme animal avec son système nerveux central et unique, avec son cœur unique, sa personnalité unique et indivisible, est formé d'organes relativement autonomes, qui sont eux-mêmes composés d'éléments cellulaires autonomes et indépendants. Cette autonomie, cette liberté des cellules, ont pour limites l'autonomie et la liberté des cellules voisines. Il en est de même de l'organisme social : l'unité de l'État n'empêche pas l'autonomie relative de ses grands systèmes organiques, le département, la commune, et encore moins l'autonomie des éléments composants de ces systèmes organiques, c'est-à-dire celle des citoyens. Ici encore la liberté n'a d'autres limites que la liberté des voisins !

L'évolution est donc partout dans la nature et dans les sociétés, comme dans tous les organismes, dans les sociétés humaines, comme dans celles des animaux : il y a des guêpes qui vivent solitaires ; d'autres espèces sont simplement agrégées. Les abeilles vivent en sociétés monarchiques d'ordre élevé. Les fourmis nous montrent plusieurs degrés dans leur civilisation : les unes sont purement sociales, elles se bornent à associer leurs efforts ; d'autres sont esclavagistes : elles ont compris l'importance de la division du travail, l'utilité de l'épargne, en conservant leurs prisonniers de guerre pour les faire travailler. D'autres évoluent, non plus en suivant le type guerrier, mais le type pacifique : elles sont pastorales et élèvent des pucerons dans leurs galeries, pour traire leur suc, comme nous élevons les vaches ; d'autres sont agricoles (fourmis glaneuses). Actuellement il n'y a pas, chez les animaux autres que l'homme, de milieu social plus élevé que celui des fourmis, et on peut, dire que si l'homme est actuellement le premier des *Primates* parmi les vertébrés, la fourmi est le *Primate* des articulés. Qui sait si c'est là un *terminus?* qui peut même douter que l'avenir plus ou moins lointain ne relèguera pas à un second rang ceux qui sont aujourd'hui au premier? en tout cas ce progrès se fera lentement sans que rien puisse artificiellement le hâter; il viendra à son heure, sans brusquerie, sans *Révolution* mais par *Évolution : natura non facit saltus.*

V.

Variabilité nécessaire. — Dangers de l'atavisme social. — Routine. — Transformisme social.

Bien que chaque période de la vie d'un peuple soit enfantée par la période précédente et doive lui ressembler comme un fils ressemble à son père, bien que le présent, comme on l'a dit, soit fils du passé, une qualité est néanmoins nécessaire aux sociétés, comme aux organismes; cette qualité c'est la *variabilité,* c'est-à-dire l'aptitude contraire à cet attachement au passé qui prend en sociologie le nom d'esprit de routine. Sans la variabilité, les générations se succéderaient comme coulées dans un même moule et s'éteindraient fatalement, comme s'éteignent toutes les espèces qui ne se *transforment* pas de manière à rester en harmonie avec le milieu toujours changeant qui les entoure. Toutes les espèces immuables disparaissent en effet; celles-là seules se perpétuent, qui ont assez de souplesse pour obéir à la loi du transformisme.

Il en est de même des sociétés. Une des supériorités du peuple américain, c'est qu'il n'a pas de routine et qu'il est toujours prêt à modifier ses procédés. Les sociétés qui, comme la Chine jusqu'à ce jour, se trouvent dans un équilibre trop stable, s'immobilisent dans le moule héréditaire des ancêtres et ne progressent plus. Mieux partagées sont les sociétés en équilibre instable, que la tradition enchaîne moins étroitement à l'atavisme et qui, se pliant avec souplesse aux modifications successives du milieu, s'acheminent ainsi sur la voie du progrès, sans jamais s'arrêter.

L'hérédité a cependant tellement d'influence sur nos organes, l'habitude donne si facilement à notre système nerveux comme un pli ineffaçable, que la routine semble être une propriété naturelle à l'homme. Elle est surtout le propre de l'homme ignorant. L'éducation, et une éducation volontairement dirigée dans une direction choisie d'avance, est seule capable de vaincre cette routine, que, par un euphémisme qui sert notre paresse, nous décorons du nom d'esprit de tradition. « Ce qui est le plus difficile, dit avec raison Bagehot, ce n'est pas de conquérir une loi durable, c'est d'en sortir. Ce n'est pas d'obtenir un noyau de coutumes, c'est de le briser. » Bukle avait déjà dit : « Toutes les grandes réformes qui ont été accomplies ont consisté, non à faire quelque chose de nouveau, mais à défaire quelque chose de vieux. Les additions les plus précieuses faites à la législation ont été des lois qui détruisaient la législation précédente, et les meilleures lois qui ont été rendues ont été celles qui abrogeaient les lois antérieures. »

La transformation du corps social est donc fatale; car la loi de transformisme est générale. Mais cette modification doit se faire par voie d'évolution et non de révolution : elle doit se faire lentement!

VI.

Le temps. — Son importance. — L'évolution ne peut être brusque. — Nécessité des transitions. — Impossibilité de passer brusquement du bas au haut de l'échelle de la civilisation. — *Consensus* de l'opinion publique. — Son action réciproque sur le milieu social. — Son omnipotence.

Le temps! c'est là un élément dont la nature est riche; rien ne la presse. Il n'en n'est pas de même de nous qui savons n'avoir qu'un jour à vivre; mais, quelque désir que nous en ayons, il n'est pas malheureusement au pouvoir de l'homme de brusquer sur la scène de l'histoire la succession des tableaux que la nature tient en réserve pour des spectateurs qui ne sont pas encore nés, qui ne viendront que lorsque nous aurons depuis longtemps quitté le théâtre où nous sommes tour à tour acteurs et spectateurs.

C'est pour avoir méconnu cette obligation du temps et d'une lente évolution, d'une véritable filière à parcourir, que tant de philanthropes, bercés par une illusion, ont cru qu'on pouvait apporter notre civilisation à des sauvages et les travestir du jour au lendemain sous sa livrée, comme on leur apporte un costume complet à la mode de Londres ou de Paris. Les sauvages qu'on a voulu trop brusquement tremper dans notre civilisation, comme dans un bain régénérateur qui devait effacer à tout jamais les traces de la barbarie dans laquelle ils étaient nés, sont retournés à leurs bois et à leurs coutumes primitives, comme ces loups qu'on prend jeunes, qu'on apprivoise et qui, devenus adultes, brisent leurs chaînes et retournent à la liberté. Des Australiens élevés à Londres, puis conduits plus tard dans leur patrie, ont donné cet exemple; le docteur Jourdanet m'a cité un fait semblable de la part d'une jeune Indienne qui, élevée chez lui à Mexico jusqu'à l'âge de dix-huit ans, avec toutes les recherches que comporte l'éducation d'une jeune fille du monde, s'enfuit un beau jour avec une bande d'Indiens nomades qui avait traversé la ville.

Lorsque la série des générations s'habitue petit à petit à la civilisation, elle ne le fait jamais brusquement ; elle le fait plus ou moins vite, mais elle procède toujours par *petit acclimatement*, autrement dit, le progrès se fait toujours par nuances et transitions, et jamais par un changement à vue.

Il faut, en un mot, pour qu'un progrès s'accomplisse, que *l'opinion publique* soit mûre pour le comprendre, pour en sentir le besoin, ne serait-ce que par une sorte d'instinct. Mais quand l'opinion publique est faite, il faut que ses vœux soient exécutés, car rien ne pourra l'empêcher de faire les réformes qu'elle veut et tout lui servira à les faire. Bukle a formulé cette nécessité de l'opinion publique dans les termes suivants : « C'est là l'erreur qu'ont toujours commise les plus ardents réformateurs, qui, dans leur désir d'arriver à leur but, ont permis au mouvement politique de devancer le mouvement intellectuel et qui, en renversant l'ordre naturel, ne font qu'augmenter leurs souffrances ou celles de leurs descendants. Alors vient une nouvelle période de superstition et de despotisme, une nouvelle époque sombre, ajoutée aux annales de l'humanité. Si cela arrive, c'est parce que les hommes ne veulent pas attendre le moment favorable et s'entêtent à vouloir précipiter la marche des choses. »

Ce sont là des paroles extrêmement sages ; elles expriment une vérité incontestable ; mais tout le monde sait quel abus certains hommes politiques en ont fait et en font encore : « Attendons, l'opinion n'est pas mûre ; plus tard ! » sont des lieux communs qui servent aujourd'hui d'arguments à ceux qui n'osent plus dire le mot « en arrière », qui est cependant sur leurs lèvres. Mais il n'est pas de vérité dont on ne puisse tirer un mauvais parti, et personne ne dira qu'il faut manger les fruits verts, sous prétexte qu'il y a des gens qui, ne trouvant jamais que le moment soit venu de les cueillir, les laissent pourrir sur l'arbre. Rien ne se fait qu'avec l'opinion publique, et une masse de citoyens éclairés, livrés à eux-mêmes, font toujours mieux leurs propres affaires que quelques politiciens ne feraient celles d'une foule de gouvernés mal éclairés. « On s'attache trop, dit encore Bukle, aux particularités individuelles et trop peu au caractère du siècle dans lequel se meuvent ces individualités : écrivains qui ne s'aperçoivent pas que l'histoire de tout pays civilisé est l'histoire de son développement intellectuel ; que rois, hommes d'État et législateurs sont plus aptes à retarder qu'à précipiter ; parce que, quelque grand que puisse être leur pouvoir, que sont-ils au plus? les représentants fortuits et insuffisants de l'esprit de leur siècle, parce qu'enfin, loin d'être à même de régler les mouvements de l'esprit national, ils n'en sont eux-mêmes que la plus infime partie et, qu'au point de vue général du progrès humain, on ne doit les regarder que comme des marionnettes qui se pavanent et frétillent sur une chétive scène éphémère, tandis qu'au delà d'eux, roulent à l'état de formation des principes et des idées qu'ils peuvent à peine concevoir, mais qui seuls dirigent un jour tout le cours des affaires humaines. »

J'ai tenu à citer ces passages de l'historien philosophe, parce qu'ils montrent bien à la fois l'importance du *milieu social* et la façon graduelle, progressive, évolutive, dont il se constitue. Il est impossible de marcher plus vite que ne marche elle-même l'opinion publique ; il est non moins impossible de ne pas la suivre. « C'est ainsi, dit Bukle, que dans tout pays qui jouit, ne serait-ce même que d'une liberté moyenne, échouera nécessairement tout système qui s'opposera à la marche des idées et accueillera des doctrines ou des institutions contraires *à l'esprit du siècle*. Dans une lutte de cette nature le résultat suprême n'est jamais douteux ; car la force d'un gouvernement arbitraire ne dépend absolument que d'un petit nombre d'individus, qui, quels que puissent être leurs talents, sont exposés après leur mort à n'avoir pour successeurs que des gens timides et incompétents. Quant à l'opinion publique, sa force n'est pas sujette à ces éventualités ; les lois de la mortalité ne l'affectent pas, elle ne grandit pas aujourd'hui pour baisser demain, et, loin de dépendre de la vie de certains individus, elle est régie par les grandes causes générales, qui, en raison même du cercle immense qu'elles embrassent, sont à peine visibles dans des périodes restreintes ; mais que l'on considère de vastes périodes et l'on trouvera que ces causes l'emportent sur toutes autres considérations et réduisent à néant ces vils stratagèmes, au moyen desquels princes et hommes d'État prétendent déranger l'ordre des choses et façonner à leur volonté les destinées d'un grand peuple civilisé. »

CHAPITRE VII.

LE CERVEAU COLLECTIF DU CORPS SOCIAL.

I.

Cerveau collectif du corps social. — Le tour de tête de Diderot. — Régularité des phénomènes moraux pour un milieu social donné. — Harmonie nécessaire entre le milieu social et les lois.

C'est grâce à l'existence d'une intelligence collective et unifiée dans l'organisme social, d'un *tour de tête* commun à tous les citoyens, suivant le mot de Diderot, qu'une nation semble avoir un cerveau collectif; il est aussi impossible que ce cerveau collectif, unifié, ne règle pas d'une manière impérative et fatale les destinées de cette nation, qu'il est impossible que les actions d'un homme ne soient pas fatalement liées à la dimension, à la structure et à l'état particulier de son cerveau. — Le *milieu social* d'une nation permet de prévoir ses destinées d'une façon en quelque sorte mathématique, et le philosophe qui connaîtrait la science sociale comme nous connaissons la physique ou la chimie, pourrait prévoir les phénomènes en apparence les plus fortuits, comme nous prévoyons la vitesse de chute d'une pierre, quand nous connaissons sa masse, sa densité, la hauteur de son point de départ et la densité de l'air qu'elle traverse; comme un chimiste prévoit quelle combinaison vont effectuer deux corps, dont il connaît la constitution atomique, la température et les conditions générales de milieu.

C'est ainsi que, pour un peuple donné, dans une période

donnée, le nombre des phénomènes en apparence les plus fortuits est chaque année presque invariablement le même : le nombre des crimes, des meurtres, des vols, des suicides est presque invariablement le même, comme le nombre des mariages, celui des naissances et celui des décès sont invariables ; tant il est vrai que chacun de ces phénomènes est, comme le dit Bukle, « simplement le produit de la condition générale de la société, » expression que nous traduisons par celle de *milieu social.* — Il n'est pas de petit phénomène, si minime soit-il, qui ne subisse la même loi : à Londres, comme à Paris, le nombre des lettres sur lesquelles on a omis de mettre l'adresse est sensiblement le même chaque année, dans chacune de ces deux villes. Les chiffres suivants donneront une idée de la fréquence toujours la même des assassinats, des empoisonnements, des suicides, des escroqueries, des abus de confiance et des faillites constatés à Paris pendant quatre années consécutives :

ANNÉES.	ASSASSINATS.	SUICIDES.	EMPOISONNEMENTS.	ESCROQUERIES.	ABUS DE CONFIANCE.	FAILLITES.
1875	243	5 472	20	3 424	3 464	5 361
1874	233	5 617	23	3 760	3 556	5 596
1873	259	5 525	26	3 582	3 793	5 508
1872	251	5 275	25	3 215	3 465	5 306

« Le peu d'importance de ces divergences, dit encore Bukle, peut nous donner quelque idée de l'énergie prodigieuse de ces vastes lois sociales, qui, quoique constamment interrompues, semblent vaincre tous les obstacles et qui, lorsqu'on les examine dans des proportions considérables, éprouvent à peine un dérangement sensible... Avant la fin de notre siècle, un historien niant la régularité constante du monde moral sera aussi difficile à trouver que, de nos jours, un philosophe niant la régularité du monde matériel. »

Si ces chiffres sont les mêmes pour une période d'années, il ne s'ensuit pas qu'ils soient les mêmes pour toute la vie d'un peuple, en dépit des changements survenus dans ses mœurs, dans ses coutumes, dans tout ce qui constitue son milieu social! Loin de là : ses mœurs et ses coutumes évoluent fatalement. Mais, comme elles sont liées à celles du passé, elles ne peuvent évoluer que lentement; c'est une superposition qui, comme celle que nous montre la géologie, dans les couches du sol, ne peut se faire que très lentement, par un travail de chaque minute exécuté pendant des siècles. « La démocratie, a dit Emilio Castelar, résulte d'un mouvement historique aussi profond que le mouvement géologique; elle est la conséquence dernière d'une série de prémisses se rattachant non seulement à la politique, mais à l'art, à l'industrie, à la religion; elle est la conclusion des études scientifiques et philosophiques, qui ont inspiré aux nations la volonté de se gouverner elles-mêmes. »

Pris à un moment donné, le milieu social comporte une certaine manifestation de la vie sociale et n'en comporte pas d'autre : s'attendre, comme les réactionnaires attardés, au retour d'une période précédente, est aussi chimérique qu'il le serait d'espérer le retour, dans la faune actuelle de notre pays, des animaux qui y vivaient à l'époque glaciaire. Il n'est pas plus sage de vouloir substituer *brusquement* au mode de vie d'une société un mode nouveau, que son organisation ne comporte pas encore : ce serait raisonner comme l'eût fait un être de la période jurassique, qui se serait attendu à voir par anticipation autour de lui la faune de notre période contemporaine. C'est cette idée qui a été brutalement exprimée par celui qui a dit que « les peuples n'ont jamais que les gouvernements qu'ils méritent »; c'est ce que voulait dire Solon, lorsqu'il répondait à un ami lui demandant si les lois données par lui aux Athéniens étaient bonnes : « Oui; ce sont du moins les meilleures lois qu'ils étaient capables de recevoir. » Bodin a dit depuis, en 1588 : « L'un des plus grands et peut-être le principal fondement des Républiques, c'est d'accommoder l'esprit des lois au naturel des citoyens et les édits et ordonnances à la nature des lieux, des personnes et des temps. »

II.

Évolution dans l'anatomie du cerveau parallèle à l'évolution du milieu social.

Je crois avoir suffisamment montré l'évolution du milieu social. Il ne faudrait pas voir dans ce mot une métaphore, une image ! cette évolution du milieu social est matérielle ou, du moins, elle ne se fait que parallèlement à une évolution anatomique, celle du cerveau, qui devient plus gros, plus lourd et plus plissé, au fur et à mesure que la civilisation progresse.

Le poids moyen du cerveau du nègre ne dépasse pas 1.255 grammes ; celui de l'Européen est en moyenne de 1.390 et celui du Chinois de 1.400. Le Chinois, qu'on ne l'oublie pas, est civilisé depuis plus longtemps que nous ; il n'est donc pas étonnant que l'hérédité ait depuis longtemps élevé la moyenne de son poids cérébral au-dessus de la nôtre. La seule différence de civilisation entre les Parisiens du douzième siècle et ceux du dix-neuvième se caractérise, d'après les recherches de Broca, par une différence de 36 centimètres cubes de matière cérébrale, au profit de nos contemporains : 36 centimètres cubes de matière cérébrale ! que de travail, que de luttes, que de temps pour déposer lentement cette féconde alluvion, d'où sortira la pensée nouvelle !

Si, au lieu de considérer le poids du cerveau ou le volume du crâne, nous mesurons la circonférence de la tête, le *tour de tête* des différentes catégories de citoyens, nous voyons ce tour de tête s'élever d'autant plus que les individus mesurés s'éloignent davantage par leurs occupations et leurs idées des doctrines du temps passé, en un mot de la tradition. De 57 à 58 centimètres en moyenne, chez les savants et les littérateurs, la circonférence de la tête tend à baisser dans la classe bourgeoise ; elle est plus basse chez les nobles, dont beaucoup, représentants du temps passé par leurs opinions comme par leur cerveau, sont maintenus dans ces limites traditionnelles d'une anatomie cérébrale surannée, par l'hérédité doublée de l'absence de lutte ; au dernier rang viennent ceux des paysans, qui sont, non partout mais encore en quelques points de la République, demeurés rivés plus que les gens des villes aux coutumes, aux patois du passé, et attachés par mille légendes à une époque d'ignorance dont l'instituteur n'a pas encore eu partout le temps de dissiper complètement le souvenir. Combien Edgar Quinet avait raison et comme il avait bien compris la portée des études modernes et la relation qui relie la vie d'un peuple et l'organisation de son cerveau, lorsqu'il disait : « Si l'organisation physiologique léguée par les ancêtres n'eût été modifiée par des extinctions de races, par des mélanges de famille, par de nouvelles aptitudes acquises, il n'y aurait pas eu de révolution de 89. D'aussi grands changements d'idées n'auraient pu trouver place dans les têtes des hommes, si elles étaient restées ce qu'elles étaient au douzième siècle. »

Le milieu social, dans lequel nous vivons, est donc en évolution continue ; cette évolution est parallèle à celle du cerveau, qui, modifié chaque jour dans son anatomie même, réagit à son tour sur le milieu social lui-même, en activant ses transformations successives.

CHAPITRE VIII.

LES MALADIES AUX DIVERS AGES DU CORPS SOCIAL.

I.

Les maladies varient selon le niveau du milieu social. — Maladies telluriques, — alimentaires, — parasitaires. — Réceptivité pour les maladies épidémiques. — Influence de la facilité des communications. — Hygiène. — Méthodes préventives de vaccination. — Solidarité des peuples devant les épidémies. — L'hygiène internationale.

Les changements qui surviennent progressivement dans le milieu social, l'évolution sociale, s'accompagnent d'autres modifications correspondantes dans toutes les directions où l'homme peut être étudié, notamment dans les maladies. Chaque âge du corps social a les siennes. Les maladies du civilisé ne sont pas les mêmes que celles de l'incivilisé. Encore ici l'évolution du milieu social entraîne une série de modifications parallèles. C'est ainsi que les maladies *telluriques* disparaissent à mesure que la civilisation augmente, parce que la population est plus dense, la propriété plus divisée, la culture plus étendue.

Il en est de même des maladies alimentaires, dues fréquemment à l'altération des céréales, qui font d'autant mieux sentir leur action sur l'organisme, que l'alimentation totale est moins abondante ; elles diminuent à mesure que les peuples mangent davantage, qu'ils consomment une plus grande quantité de viande ou de liqueurs alcooliques. La fréquence des communications, qui va de pair avec la civilisation, permet, en outre, à une région dont les céréales sont altérées, de s'approvisionner dans une contrée mieux favorisée.

Est-il besoin d'ajouter ici, que l'état social des populations primitives, de celles qui notamment ne font pas usage suffisant du feu, doit augmenter la fréquence chez elles des maladies parasitaires, dont le tube digestif est le siège ? le mal d'*estomac des nègres*, le *ténia* en Abyssinie, la *trichine* en Allemagne, l'*échinocoque* en Islande, en sont la preuve. Ces modifications pathologiques apportées par le milieu social ne sont pas les seules : une population peu avancée en civilisation, sans commerce, sans industrie, sans relations de voisinage, une population insulaire à demi sauvage, par exemple, bénéficie jusqu'à un certain point de cet isolement, en ce sens qu'elle est à l'abri de toute importation de germes morbides des maladies épidémiques ou contagieuses; mais qu'un premier contact ait lieu entre elle et une population plus civilisée, depuis longtemps habituée au frottement avec les étrangers et à toutes ses conséquences bonnes ou mauvaises, et la réceptivité de la population vierge jusque-là de tout contact avec l'étranger, pour les maladies qu'elle ne connaît pas encore, est telle, qu'un nombre parfois considérable d'individus succombent. D'ailleurs mal ou point vêtus, mal nourris, sans aucune notion d'hygiène, livrés à toutes les superstitions, les hommes sont sans résistance devant le climat, comme devant la maladie.

Dans une période plus avancée de la civilisation, la réceptivité est peut-être moins grande, mais la densité de la population est accrue ; la civilisation est plus raffinée et compliquée ; avec elle la superstition a grossi le bagage de toutes les pratiques absurdes plus propres à aggraver les maladies qu'à les guérir ; c'est alors qu'on voit apparaître et durer les grandes épidémies comme la peste dans l'antiquité et au moyen âge.

Ce n'est que bien plus tard, qu'un art médical encore empirique apporte quelque soulagement, que la science dicte enfin les lois de l'hygiène inconnues jusque-là, en même temps qu'elle découvre les moyens de guérir et même de prévenir les maladies : la vaccination contre la rage, contre le charbon, contre tant d'autres maladies, par une méthode sûre, basée sur la dégénérescence des microbes, l'apparition d'un Pasteur, supposent de longs siècles antécédents et ne peuvent s'observer que dans une période déjà très avancée de l'évolution sociale.

Mais, dans cette période, la rapidité des communications, leur fréquence, la tendance de plus en plus internationale des mœurs, des coutumes, voire même du langage et des institutions, donne aux épidémies un caractère international, qui était inconnu jusqu'alors. Deux populations placées aux antipodes vivent alors dans une solidarité inconnue jusque-là; il en résulte que la solidarité cesse d'être une fiction morale et devient une réalité, chaque homme ayant intérêt à ce que les hommes qui vivent à quatre ou cinq mille lieues de lui soient en bonne santé.

II.

Milieu social et maladies artificielles. — Déformations ethniques. — Leurs rapports avec la conception que se font les peuples de la divinité.

Il y a des phases de civilisation, où l'homme déforme volontairement un certain nombre de ses organes, créant ainsi de véritables monstruosités artificielles. Dans le bas de la *phase nutritive* des sociétés, ces coutumes n'existent pas encore; elles semblent prendre leur maximum dans la *phase sensitive;* elles sont loin de s'éteindre dans la *phase psychique* et je ne crois pas que la *phase intellectuelle* en soit elle-même exempte.

Les mutilations que pratiquent sur eux-mêmes certains peuples créent des maladies très diverses et il est peu d'organes dont la déformation voulue, recherchée, ne soit de mode dans quelque pays.

J'ai décrit ailleurs (1) la déformation polysarcique ou par engraissement encore usitée dans certaines contrées de l'Orient.

Toutes les populations primitives ont eu le tatouage. Les Polynésiens, les nègres et les Japonais fournissent aujourd'hui des exemples de ses différentes variétés. Cet usage est d'ailleurs la marque d'un état social inférieur. Il était très en honneur chez les Polynésiens, qui le nommaient *tataou*, d'où nous avons fait le mot tatouage ; il était usité chez les populations préhistoriques de la grotte d'Aurignac (Lartet), dans l'ancienne Égypte et chez les Huns d'Attila. Il suffit de rappeler ici la déformation du pied des Chinoises, vieille de huit ou dix siècles, aujourd'hui abolie à Péking par les Tartares.

C'est surtout sur le crâne que les hommes, par suite de je ne sais quelle conception spiritualiste, ont fait porter les déformations volontaires. Tantôt la déformation porte sur l'occipital (Turcs, Maronites, Malais, archipel Hawaï) ; tantôt sur le frontal (Nouvelles-Hébrides ; macrocéphales d'Hippocrate) ; ailleurs elle est fronto-occipitale dressée (Nahuas, Toltèques), ou couchée (Aymaras, déformation toulousaine) ; enfin le crâne est parfois bilobé ou même trilobé (Ancon).

Ces déformations ne paraissent pas avoir pris naissance dans le milieu social des races dites inférieures ; ce sont les civilisations des races jaunes de l'Amérique, de l'archipel malais et de la Polynésie, qui semblent avoir conçu ce type idéal, réalisé par des appareils que nous nommerions aujourd'hui orthopédiques, chez les enfants de certaines castes sociales. Cet usage a envahi l'Europe par l'Inde et le Caucase, la Chersonèse cimbrique puis la France, avec les Volskes Tectosages à Toulouse et les Volskes Arékomikes à Nîmes.

C'était, dans le milieu social où sont nées ces étranges et barbares coutumes, le seul moyen qu'avaient trouvé les prêtres de ressembler à leurs divinités ; on sait en effet que dans

(1) *La Géographie médicale*, par le Dr A. Bordier ; Paris, Reinwald.

beaucoup de régions, où la déformation était en usage, les idiots, les microcéphales étaient l'objet d'une adoration dévote, d'un véritable culte. Le moyen d'approcher le plus possible de la perfection divine, c'est-à-dire de la microcéphalie, était en effet la compression du crâne!

Bien d'autres organes étaient d'ailleurs ou sont même encore déformés dans certains milieux sociaux; le nez, dans la cloison duquel les Australiens passent un bâton, le *ztigau;* les oreilles et les lèvres, où les Botocudos et certains Esquimaux passent la botoque; les dents, qui sont limées, usées, percées, ornées de perles ou peintes ou gravées, selon les pays; les seins, les doigts, les organes génitaux.

Le caractère social de toutes ces pratiques est bien mis en évidence par ce fait, que les peuples ne les traitent pas comme un caprice démodé, mais comme un acte solennel, une fête, un sacrement; le tatouage n'est pas moins solennel et n'attendrit pas moins les familles en Néo-Zélande, que la première communion et le baptême chez les chrétiens ou la circoncision chez les Israélites!

Tous ces faits montrent assez la variabilité des mœurs, des coutumes et des institutions, qui constituent le *milieu social.* Ils prouvent que chaque étape de la civilisation a en quelque sorte sa morbidité particulière et spéciale.

CHAPITRE IX.

ACTION DE L'IMITATION SUR LE MILIEU SOCIAL.

I.

L'action de l'imitation sur les phénomènes sociaux est comparable à celle de la diffusion sur les gaz. — Contagion morale dans les lieux de réunion. — Influence réciproque du milieu social et de l'individu. — Contagion des réformes. — L'imitation est facteur du progrès.

Si la variabilité est la condition *sine qua non* du progrès des sociétés, il est une autre aptitude qui, commune à tous les animaux, est développée surtout chez les Primates et en particulier chez le premier d'entre eux, l'homme : il lui doit sa fortune rapide, mais aussi plus d'un des obstacles qu'il rencontre sur la route du progrès ; cette aptitude, c'est celle de l'imitation. C'est cette faculté, qui, comme la diffusion, dans un milieu gazeux, tend à équilibrer la tension des gaz, tend à équilibrer le milieu social dans toutes ses parties, à détruire l'originalité, à uniformiser les caractères d'une époque, d'un pays, d'une ville, d'un petit cercle d'amis.

Chaque homme est individuellement disposé à l'imitation, mais cette faculté atteint son maximum chez les hommes assemblés : les salles de spectacle et de réunions publiques, où le moindre battement de mains, le moindre sifflet suffisent à soulever la salle dans un sens ou dans l'autre, en donnent la preuve : « L'atmosphère, dit Sarcey, est en quelque sorte imprégnée des opinions courantes ; vous subissez, presque toujours sans vous en douter, l'influence de ce milieu vivant ; vous êtes emporté par l'émotion de tous. » Le rire, les larmes, la peur et même le courage se communiquent ainsi. C'est ainsi qu'il se fait à chaque époque, dans chaque petit ou grand cénacle, dans chaque petite *église*, un courant d'opinion, auquel peu d'hommes sont assez forts pour résister et qu'il est généralement dangereux de vouloir remonter. « Si vous voulez vous faire une réputation de sagesse, soyez toujours de la même opinion que la personne avec qui vous causez. » (Swift.)

De cette tendance réciproque à l'imitation il résulte que, si la société tend à façonner les manières d'agir, les sentiments, les idées de l'individu, ces manières d'agir, ces sentiments, ces idées façonnent, à leur tour, la société par une influence réciproque de la partie sur le tout et du tout sur la partie.

C'est ainsi, par une véritable contagion s'exerçant dans le milieu social, que se propagent les idées, les découvertes, les coutumes utiles, les expressions, l'accent, les modes et tout ce qui fait le caractère distinctif d'un peuple ou d'une nation. C'est ainsi que, lorsqu'une réforme utile a été faite dans un pays, elle finit, en dépit des partis intéressés à s'y opposer, par en franchir les barrières et par s'étendre dans les pays voisins, comme ferait une épidémie en dépit de toutes les quarantaines. La révolution française a semé ses germes au cœur même des nations les plus abaissées par le despotisme, et la tendance au gouvernement parlementaire envahit aujourd'hui même les aristocraties!

Aucun progrès ne serait possible sans cette tendance à l'imitation. En vain une réforme se ferait-elle sur certains points, au bénéfice de quelques individus privilégiés ; la masse ne suivrait pas le mouvement et on ne verrait pas l'humanité s'avancer pas à pas, à la suite d'un petit nombre d'hommes placés à la tête de l'opinion publique, dans les sciences ou dans la philosophie : on ne verrait pas éclore, à toutes les époques, un certain nombre d'autres hommes suscités à leur tour par cette même opinion publique, qui semble alors trouver en eux son expression vivante et comme la traduction exacte de ses aspirations ou de ses tendances.

II.

L'imitation entretient également l'hérédité sociale, l'atavisme social et les superstitions. — Les superstitions, comme les monstruosités dans les autres organismes, sont dues à un arrêt de développement dans l'organisme social. — *Quod superest.*

Malheureusement cette tendance à l'imitation n'exerce pas son influence uniquement en faveur du progrès ; c'est aussi cette même faculté qui retient les hommes attachés et comme rivés aux coutumes, aux mœurs, aux institutions des époques précédentes, arrêtant ainsi l'humanité sur la route où elle devrait avancer, quand elle ne la force pas à rétrograder. C'est ainsi que, dans la nature organique, réapparaissent ou persistent par atavisme des organes ou des aptitudes qui existaient chez les ancêtres, mais qui sont devenus chez les générations actuelles aussi encombrants ou aussi inutiles qu'ils étaient favorables dans un autre milieu, en vue d'une adaptation différente.

Ce sentiment, décoré du nom de respect de la tradition, entretient dans le milieu social toutes ces superstitions qui encombrent notre atmosphère sociale et la rendent malsaine, comme la succession d'une série de générations se succédant dans une chambre confinée encombrerait son atmosphère de gaz irrespirables.

Nul exemple n'est plus propre que celui des superstitions à nous montrer qu'une société est bien un organisme en évolution : alors que tout a changé dans cet organisme, la superstition y représente ce qui est resté du passé (*quod superest*), ce qui a subsisté comme une ruine debout au milieu de constructions modernes. L'étude des monstruosités chez les êtres vivants nous apprend que ce que nous désignons de ce nom n'est que la persistance anormale, chez l'individu arrivé à une certaine période de son existence, d'une disposition organique, qui était normale à une période précédente, dans sa vie embryonnaire, qui devait disparaître mais qui, par exception, a été maintenue, alors que les autres organes ont suivi leur développement normal; les superstitions sont de même la persistance, dans un état social relativement avancé, de croyances, qui avaient leur raison d'être dans les phases précédentes, mais qui ne sont plus en rapport avec le niveau général des autres connaissances; elles constituent dans le corps social une anomalie, une véritable monstruosité.

Quand l'atavisme social, autrement dit le respect de la tradition et le culte du passé, multiplie par trop, dans une société des idées devenues, en quelque sorte, fossiles, la civilisation demeure stationnaire.

III.

Toutes les superstitions sont connexes de l'ignorance : — tatouage, sa persistance avec d'autres superstitions chez les criminels. — Lésions prétendues esthétiques alliées chez la femme à d'autres superstitions. — Superstition des déformations craniennes. — Leur persistance.

Il est bon, d'ailleurs, de remarquer que ces phénomènes d'atavisme intellectuel s'observent surtout chez les sujets qui sont le moins avancés en évolution, chez ceux qui ne représentent que du passé accumulé, et qui n'ont encore rien ajouté par eux-mêmes au capital intellectuel légué par leurs ancêtres, chez les illettrés, les retardataires. Qu'on jette les yeux sur la carte de l'instruction primaire en France; on verra que les pays les plus pauvres en intelligence sont aussi les plus superstitieux, les plus religieux et les plus attachés aux institutions politiques du passé.

Nous ne pouvons mieux comprendre la permanence des *superstitions* dans l'esprit des peuples, qu'en considérant avec quelle tenacité certaines coutumes enregistrent encore chez nos contemporains les idées d'un autre âge. Le tatouage peut nous servir d'exemple : cette habitude, qui consiste à figurer des dessins sur la peau, soit en y faisant pénétrer une matière colorante, soit en déterminant des cicatrices en suivant les lignes qui doivent former le dessin, fut de tout temps et est encore en honneur chez les populations primitives : j'en ai dit un mot précédemment. Or chez qui retrouvons-nous aujourd'hui cet usage? chez les populations de notre pays qui sont restées retardataires ; à mesure que la civilisation s'étend, on le voit disparaître. On ne le retrouve plus que chez les hommes qui ont conservé, avec l'organisation cérébrale de l'homme primitif, ses habitudes de force brutale, d'entraînement égoïste, chez ceux qui, réactionnaires d'un genre particulier, n'ont pu suivre l'évolution de la société qui les entoure, chez les criminels (1). C'est en effet dans le monde des bagnes et des prisons, qu'on observe chez nous ces tatouages capables de faire envie à un Polynésien, véritables poèmes personnels, en rapport avec l'état cérébral de celui qui les porte.

Les plus attardés en civilisation ne se passent plus, il est vrai, d'anneaux dans le nez, comme les sauvages ; mais quelques paysans arriérés en portent encore dans le lobule de l'oreille ; cet antique usage survit chez les femmes, qui, par tant de côtés, mais surtout par les superstitions, se rapprochent de l'homme enfant et gardent, comme par un héritage plus direct, les traditions du passé. Les religions ne se font pas faute d'exploiter cette tendance du caractère féminin. Les femmes n'entourent-elles pas encore leurs poignets de bracelets, sans se douter que ce sont les vestiges d'anneaux plus massifs et moins élégants, que leurs maîtres employaient pour les entraver, au temps où elles étaient esclaves? Ne se parent-elles pas de *porte-bonheur?* c'est là une superstition qu'elles partagent avec les joueurs, convaincus de la puissance d'un talisman, comme l'est un Néo-Zélandais de la vertu des dents de requin

(1) Consulter : *Étude sur une série de crânes d'assassins*, par le Dr A. Bordier, dans le *Bulletin de la Société d'anthropologie*.

ou des coquillages percés d'un trou, suspendus au cou et au poignet.

C'est encore par la persistance des antiques usages auxquels on n'ose plus déroger, c'est, autrement dit, par superstition, que les déformations volontaires du crâne ont persisté en France jusqu'à ce temps. Cet usage décroît, il est vrai, petit à petit, mais lentement. En fouillant des sépultures du Caucase, contemporaines d'Homère, Chantre a trouvé 20 % de crânes déformés; c'est la déformation décrite par Hérodote chez les Cimmériens et par Hippocrate chez les Macrocéphales. On retrouve la survivance de cette déformation pendant plus ou moins longtemps en Hongrie, dans le Tyrol, en Italie, dans le Jura, en Belgique où elle a persisté fort tard, chez les Germains où elle a vécu jusqu'au seizième siècle, à Paris où elle a persisté jusqu'en 1741 au moins; enfin elle a survécu jusqu'à ce jour dans la Seine-Inférieure, dans les Deux-Sèvres, à Toulouse et à Nîmes. Elle diminue néanmoins et elle se rencontre plus fréquemment chez les vieillards que chez les enfants : M. Delisle a en effet examiné, à ce point de vue, les 650 habitants d'un petit village près de Toulouse : or, de cinq ans à treize ans, la moyenne des enfants dont le crâne avait été déformé était de 13 %; elle était de 25 % de quinze à vingt ans; elle était de 40 % de vingt-cinq à cinquante ans; enfin elle était générale (100 %) au delà de cinquante ans. Cette superstition, entretenue par la croyance aux bons effets produits sur les vers, les convulsions ou la gourme par la compression du crâne avec un serre-tête, un bandeau, un béguin ou des rubans, comme jadis avec des planchettes, est, on le voit, en bonne voie de disparition. Cela est fort heureux, car les recherches de Regalia ont montré que ces déformations, usitées chez les Incas, donnaient lieu à de fréquentes exostoses du crâne : 24 % des crânes d'adultes portent des exostoses et beaucoup d'enfants semblent être morts pendant que l'appareil était appliqué; Broca, dans les déformations modernes, a trouvé des méningites; on comprend qu'en 1585 le synode de Lima ait interdit aux Indiens de se déformer le crâne et que le gouverneur de Lima ait renouvelé cette défense en 1552. Broca s'est assuré que la déformation toulousaine diminuait le poids et le volume du cerveau ; Lunier a montré que cet usage était une cause fréquente d'aliénation, d'idiotie ou d'épilepsie.

Si cette coutume barbare a disparu, je n'en puis malheureusement pas dire autant de toutes les autres : nous constaterons, en parlant de l'éducation, qu'il y a des déformations cérébrales qui ne se voient pas!

IV.

Croyance superstitieuse au surnaturel. — Son origine excusable. — Sa persistance sans excuse. — Croyance aux esprits, à l'âme et à son immortalité. — Possession diabolique. — Trépanation du crâne. — Les superstitions s'aggravent avec le temps. — Leur accumulation dans le cours de l'histoire. — Culte moderne des sources et des fontaines. — Spiritisme contemporain. — Trucs et charlatans. — Esprits frappeurs.

Il faudrait des volumes pour dresser seulement la liste de toutes les superstitions qui encombrent le milieu social ; elles reposent toutes sur ce que nous nommons le surnaturel, c'est-à-dire qu'elles sont en contradiction avec nos connaissances naturelles ; mais il n'en était pas de même à l'époque où elles ont pris naissance, parce qu'alors, la science naturelle n'existant pas, il ne pouvait y avoir de croyance au surnaturel. On se contentait alors d'explications fausses des phénomènes mal observés ; mais on n'observait qu'avec les moyens dont on disposait et on ne pouvait tenter d'explication ou d'interprétation qu'avec la science qu'on avait ; or elle était nulle! Ceux qui ont imaginé ce que nous nommons, nous, les superstitions, sont donc excusables. Les coupables sont ceux qui les cultivent, les gardent et les transmettent, à une époque où le naturel ne laisse plus de place au surnaturel et où la physique ne laisse plus rien à dire à la métaphysique.

A une époque d'ignorance, alors que, dans la nature, tout étant inconnu, tout était objet de frayeur, il était naturel que l'homme expliquât tous les phénomènes par l'action de causes animées, à forme humaine; l'anthropomorphisme, qui régnait alors et qui est loin d'avoir aujourd'hui disparu, était alors excusable.

Incapable d'expliquer ses rêves autrement que par un voyage effectué par lui-même, sans cependant que son corps y ait pris part, puisque des témoins lui certifiaient qu'il n'avait pas bougé de la nuit et qu'en même temps il avait la certitude d'être allé à la chasse ou de s'être battu avec un ennemi, l'homme primitif était bien excusable de sortir d'embarras, en supposant que son Moi visible était l'enveloppe d'un Moi invisible et plus libre. La croyance à l'âme et aux esprits avait alors sa raison d'être. Telle est encore aux îles Fidji, chez les Néo-Zélandais, à Bornéo et chez les Malgaches, l'explication des rêves.

De cette croyance erronée, l'homme ignorant poursuit très logiquement les conséquences, comme ces fous qui, se croyant empereur, ou dieu, ou chien, ou loup, raisonnent très logiquement sur ce thème absurde : il admet très logiquement que, puisque l'esprit peut laisser le corps chevaucher seul pendant une nuit, celui-ci doit bien mieux voyager encore quand le corps, au lieu de dormir, est mort! De là la croyance aux revenants et à l'immortalité de l'âme. Toujours logiques, certains peuples ne s'aventurent pas là où ils craignent de rencontrer des revenants, sans être munis d'un petit crochet au bout d'un bâton : on fouille l'air autour de soi avec ce crochet promené dans toutes les directions, et on a ainsi toutes les chances de saisir au passage l'esprit errant et de se mettre à l'abri de ses indiscrétions. Aux îles Nicobar, le prêtre, une fois par an, fait entrer les âmes errantes dans un canot en procédant à grands coups de tam-tam, un peu comme, chez nous, les paysans font entrer dans une ruche un essaim d'abeilles ; lorsque le canot est réputé rempli d'esprits, on le coule au fond de la mer. Les anciens Péruviens jetaient de la farine devant la porte de leurs maisons, pour voir, le matin, aux empreintes laissées par les esprits, si ceux des morts n'étaient pas venus les visiter. Dans la même pensée les Juifs mettaient de la cendre ; c'est dans le même but que tant de peuples avaient et ont le soin de déposer auprès du mort des armes, des aliments et même de l'argent pour les besoins de l'esprit, lorsqu'il lui prend fantaisie de revenir habiter le corps, qui, ce jour-là, *ressuscitera d'entre les morts.*

Une fois qu'elle a quitté le droit chemin, l'imagination ne s'arrête plus : une fois partis pour leurs voyages, les esprits n'ont aucune raison pour ne pas s'arrêter, comme dans une hôtellerie, dans quelque corps vivant et remuant ; introduits dans ce logis d'emprunt, ils sont bien libres, en vérité, de toucher à tout, de tout remuer, de tout bouleverser. Il était logique de penser que les malades qui avaient des convulsions, que ceux qui faisaient des gestes involontaires, portaient, en réalité, en eux quelqu'un de ces esprits qui en était maître, qui les *possédait* et qui s'amusait à tirer les ficelles attachées aux membres du pauvre pantin. Cette opinion règne encore au Congo comme chez les Kalmouks. C'est par une interprétation analogue, que les nègres africains attribuent, dit Livingstone, à des esprits logés dans certaines roches, le crépitement qu'elles font entendre, lorsqu'elles sont chauffées par les rayons du soleil.

De plus en plus logiques, nos pères avaient sagement déduit de leur conception de la possession, que, puisque le malin esprit s'était logé dans la cervelle des fous et les faisait divaguer, le seul moyen de mettre fin à ce désordre était de faire un trou à la tête du possédé : l'esprit sortirait bien par là, comme il sort par la fenêtre qu'on a soin d'ouvrir dans la chambre où une personne vient de mourir. Nos pères, comme encore aujourd'hui les sauvages, pratiquaient donc la trépanation pour ouvrir la porte à l'esprit ; cela est au moins plus logique que l'exorcisme.

Tout cela semblait alors naturel ; mais la science a si bien montré depuis l'inanité de ces doctrines, que ceux qui les partagent encore sont forcés de les regarder eux-mêmes comme d'un domaine surnaturel ! Ils sont donc, en réalité, beaucoup moins logiques que leurs ancêtres : ce qui était chez eux normal, devient de notre temps une monstruosité, quelque chose comme la persistance du trou de botal dans le cœur d'un mammifère. Tel croit, comme ses ancêtres éloignés, aux esprits et à leurs voyages, qui n'oserait plus se tatouer comme eux, porter comme eux un anneau dans le nez ou chasser tout nu dans les bois avec un caillou de silex emmanché au bout d'un bâton. L'anachronisme ne serait cependant pas moindre !

Pourtant l'histoire nous montre combien est grande la persistance de ces idées fausses. Toutes les fois en effet que deux peuples se sont rencontrés, que deux institutions anciennes se sont heurtées, ce conflit, loin d'entraîner la destruction de tout le bagage des sottises, en a, au contraire, amené la superposition : les superstitions du paganisme ont été adoptées par les chrétiens ; à celles des Romains et des Gaulois se sont ajoutées celles des Francs ; les évêques n'ont combattu que celles qui pouvaient nuire à leur domination. Les talismans, que Paracelse définissait *des boîtes où l'on renferme des indulgences,* y ont été remplacés par les reliques des saints, les scapulaires, les médailles ; au dix-septième siècle (1622), on proposa, pour prendre les villes de la Rochelle et de Montauban, d'enrôler toute l'armée dans la confrérie du Rosaire ; chaque soldat devait porter sur lui un chapelet bénit par un religieux jacobin ; récemment encore la France n'a-t-elle pas été vouée au Sacré-Cœur ?

Le culte des arbres s'est conservé jusqu'à nos jours : un certain arbre dans la forêt de Saint-Germain est encore un but de pèlerinage. Quant au culte des sources et des fontaines, les pèlerins de Lourdes et de la Salette sont là pour protester contre sa disparition.

La doctrine du spiritisme ne fleurit-elle plus? Il y avait en 1852 plus de 300 cercles spirites à Philadelphie. Elle est pourtant presque aussi vieille que l'humanité : le *perisprit* des spirites, c'est le corps enveloppe de l'âme ; la théorie du voyage de l'esprit d'un corps dans un autre, théorie qui a fait passer de si doux moments aux spirites, est fille de la métempsycose. Les Védas de l'Inde admettent encore que l'âme va s'épurant de corps en corps jusqu'à ce qu'elle devienne pur Brahma! La foi est plus robuste qu'aucune conviction : les tribunaux mettent en vain à nu les escroqueries de la photographie spirite ; rien ne peut altérer la sérénité d'un croyant! Tout, même les preuves les plus accablantes, concourt au contraire à la raviver.

Il y a quelques années, alors que sévissait en Amérique et même en France une véritable épidémie de médiums, le Dr Austin Flint, de Buffalo, montra que les bruits attribués aux esprits frappeurs étaient produits dans la boîte du genou des médiums, par le frottement volontaire du tibia contre l'extrémité inférieure du fémur; il prit en flagrant délit le genou même des demoiselles Fox, célèbres médiums de la ville ; cela n'altéra nullement la foi, au contraire! Schiff a *vu* d'autres esprits (?) produire le même bruit au moyen de la contraction, toujours volontaire, du muscle long péronien latéral du médium. Il produisit lui-même, devant l'Académie des sciences, avec ses propres muscles, le bruit sacramentel, en 1854 ; on sentait à ce moment le tendon de son muscle glisser sur la gaîne et passer derrière la malléole. Jobert de Lamballe a observé pendant plusieurs années une jeune fille qui produisait le bruit *frappeur* par les contractions, cette fois involontaires, de plusieurs muscles. Velpeau a surpris le même truc dans l'articulation de la hanche, dans celle de l'épaule ; Cloquet a constaté que le bruit non moins cabalistique de *tourne-broche* était produit, chez une jeune fille, par la rotation volontaire de la colonne vertébrale. Rien de tout cela n'a convaincu les adeptes du spiritisme, et l'on s'étonne de la persistance des superstitions!

V.

Les grandes superstitions ou religions. — Absence de religiosité chez certains peuples. — Le ferment religieux et le vaccin de la science. — Contagion nerveuse. — Épidémies de folie religieuse au moyen âge et dans les temps modernes. — Les folies épidémiques sont en rapport avec le milieu social. — Folies épidémiques chez les animaux. — Sorcellerie animale.

Ce qui me surprend le plus, c'est que le grand nombre des jugements de cette nature, élaborés dans les cerveaux des humains, ne trouble pas davantage les qualités vivifiantes et stimulantes du milieu social. Il y a lieu de s'étonner, quand on songe à la puissance que prennent les superstitions, lorsqu'elles se systématisent et s'organisent sous le nom de religion et que l'on voit toute une classe d'hommes pontifier en leur nom et en leur faveur! Comme le dit avec raison M. de Quatrefages, qui n'en tire peut-être pas les mêmes conséquences que moi, « les influences religieuses semblent être au nombre de celles qui agissent avec le plus d'intensité, parce qu'elles entraînent une foule de pratiques et d'habitudes, qui modifient la vie sociale autant que la vie individuelle ». Ce qui m'étonne, c'est qu'en dépit de l'atavisme, de la tradition, en dépit de tous les efforts faits, de tout temps, par toutes les religions pour émasculer l'esprit humain, l'humanité ait cependant marché, à petits pas, mais enfin marché dans la voie de l'émancipation intellectuelle; car les religions, toutes et quelque supériorité que se croient quelques-unes d'entre elles sur leurs rivales, sont, par essence, ennemies nées de tout progrès : à tous les prêtres de toutes les religions peut s'appliquer le mot de Diderot : « Lorsqu'un prêtre favorise une innovation, elle est mauvaise; lorsqu'il s'y oppose, elle est bonne : j'en appelle à l'histoire. C'est le contraire du peuple. » Mais ce grand penseur a donné en même temps l'explication de la vitalité de l'esprit humain en disant : « Les religions sont des folies, qui ne peuvent tenir contre l'impulsion constante de la nature, qui nous ramène sous sa loi. »

La religiosité n'est pas en effet naturelle à l'homme; elle est si bien le produit artificiel d'une étape de la civilisation, elle est si peu la caractéristique d'un prétendu règne humain, que, d'après le témoignage non suspect en pareille matière de Livingstone lui-même, il y a des populations tout entières, chez qui le courageux et croyant pasteur n'a pu trouver la moindre trace d'un sentiment qui ressemble à la religiosité! Néanmoins la tendance à l'imitation est si forte, l'hérédité a tellement fixé l'amour de la superstition dans le cerveau des peuples atteints une première fois de religiosité, que, malgré le *vaccin* de la science, un grand nombre d'hommes, d'ailleurs éminents, n'échappent pas à la contagion : Tycho-Brahé croyait à l'influence fatidique du vendredi; Pascal regardait l'araignée comme un animal de mauvais augure. Tout le monde ne pourrait pas répondre, comme Walter Scott malade à un ami qui lui conseillait de se coucher sur une pierre polie, ramassée dans un certain ruisseau avec un rituel déterminé : « Je veux bien; mais, pour que ces pierres soient efficaces, il faut qu'elles aient été chauffées dans le jupon d'une veuve qui n'a jamais désiré se remarier. »

Encore les hommes éminents dont j'ai parlé et un grand nombre d'autres, que j'aurais pu citer pour avoir été touchés par la contagion, parce qu'ils vivaient, après tout, dans le milieu social commun, n'ont-ils rien perdu de leur raison sur les autres points! Mais ce sont là des privilégiés. L'action du milieu social s'exerce avec une bien autre rigueur chez ceux qui ne sont pas protégés, comme eux, par une grande puissance d'esprit. Il est peu d'hommes qui échappent complètement aux idées de leur temps; peut-être, après tout, faut-il voir là une sorte de mimétisme, qui met les hommes à l'abri de l'accueil le plus souvent fait à ceux qui se permettent de penser en dehors du commun! En semblable matière la multitude est généralement passive. C'est ainsi qu'il est parfois donné à un très petit nombre de mystiques de bouleverser tous les cerveaux de leur voisinage et que, comme un incendie qui gagnerait de proche en proche, le milieu social peut être contaminé par quelques hallucinés. Par une terrible réciprocité, le milieu social ainsi bouleversé enfantera d'autres aliénés, qui porteront plus loin les mêmes ravages, tant il est vrai qu'il importe à la sécurité publique de réagir contre ces fâcheuses tendances de l'esprit, alors même qu'elles ne sont d'abord qu'individuelles! « Il y a des folies qui se prennent comme des maladies contagieuses, » dit La Rochefoucauld; elles sévissent surtout chez les femmes, car « imiter est un privilège de la femme, surtout hystérique ». (Briquet.)

Les idées religieuses font souvent naître, dans le milieu social, une véritable folie religieuse, *hysterical religion*, comme ont dit récemment les Anglais, à propos d'une épidémie de ce genre observée en Irlande. J'ai décrit ailleurs (1) les épidémies de choréomanie, de démonolâtrie, de théomanie et, d'une manière générale, la contagion nerveuse observée, pendant le moyen âge, dans différents pays et notamment en France. Je me borne ici à rappeler les *cicètes,* au septième siècle, et les diverses épidémies de choréomanie qui ravagèrent l'Europe pendant le moyen âge, mal de *Saint-Jean, flagellants, tarentisme;* il me suffira de rappeler le grand rôle du *démon,* des *incubes,* des *succubes,* des *loups-garous*, et la *lycanthropie,* et la *possession des nonnains,* etc., les épidémies de théomanie et les convulsions prophétiques des Cévennes. Je renvoie le lecteur à la description que j'ai donnée de ces nombreux faits dans ma *Géographie médicale.*

Il ne faudrait pas croire que de semblables faits ne s'obser-

(1) *La Géographie médicale*, par le Dr A. Bordier.

vent plus de notre temps : comme le remarque le professeur Ball, « les idées religieuses acquièrent une prédominance marquée aux époques d'agitation, de lutte, de réformes. C'est surtout aux moments où les religions se fondent et s'écroulent, que s'exaltent certains esprits, qui sont en assez grand nombre pour fournir un affluent considérable au fleuve de l'aliénation mentale : nous sommes dans un de ces moments. » On peut dire d'ailleurs que de même que, suivant l'heureuse expression de ce savant, « la folie du malade n'est que l'hypertrophie de son caractère normal, » de même le caractère dominant de la folie, à une certaine époque, dans un certain pays, dans un milieu donné, est l'hypertrophie du caractère dominant de ce milieu social : au moyen âge la sorcellerie, l'alchimie, l'astrologie suffisaient à faire tourner les têtes; plus tard ce furent la vapeur, les chemins de fer et la recherche du mouvement perpétuel ; aujourd'hui l'électricité, la police et la politique tiennent la corde. En présence des progrès de la science, la religion, qui se sent menacée, reprend en outre son empire et la folie religieuse reprend sa place : une véritable épidémie, celle dont je parlais tout à l'heure, éclata en Irlande, il y a quelques années, à la suite de prédications fanatiques; les délires religieux, rappelant par leur caractère épidémique la folie du moyen âge, s'observent encore en Orient. Le Dr Zambaco, de Constantinople, a décrit : « les contorsions du corps dans tous les sens, les contractions grimaçantes de la face exprimant l'horreur, la frayeur, la menace, le pathétisme ; les rires sardoniques avec grincement des dents ; les pleurs, les sanglots, les véritables accès hystériques de tous les stades, depuis l'arc jusqu'à l'extase ; la catalepsie, les mouvements choréiques de la tête et des muscles du larynx avec cris aigus ; les attaques épileptoïdes, les cris émanant de poitrines haletantes, accompagnés d'arrachement de cheveux et de déchirements d'habits ; » tableau fidèle de ce qui se passait chez nous au moyen âge ; rien n'y manque, pas même la scène de l'exorcisme. « Le cheh, dit-il, va s'accroupir successivement en face de quelques assistants. Il tient à la main un chapelet et, récitant des prières à voix basse, il souffle par intervalles, avec toute la force de ses poumons, sur la région cardiaque de l'exorcisé. A chaque souffle du cheh, qui retentit comme s'il sortait d'un tuyau métallique, le catéchisé tressaille. »

Comme exemple de ce mélange de superstitions dont je parlais tout à l'heure, mélange où, loin de s'annuler les unes les autres, elles semblent se donner réciproquement une force nouvelle, on voit les musulmans boire alors avec ferveur les eaux miraculeuses des chrétiens, allumer des cierges à leurs sources et « s'adresser même à l'eau de Lourdes, dont il y a une succursale à Constantinople depuis quelques années ».

Dans ce même pays les membres de la secte des Rafaïs tombent en convulsion, l'écume aux lèvres, après avoir « sauté, dansé, oscillé dans tous les sens et crié sur tous les tons pendant des heures entières! Lorsque leur frénésie a atteint son apogée, ils sont tellement analgésiques, qu'ils se percent la peau, les membres et même le tronc avec des broches acérées, sans ressentir aucune souffrance; ils avalent des morceaux de verre, des scorpions vivants, des feuilles de cactus armées de leurs épines, etc. »

Des scènes non moins hideuses ont lieu encore aujourd'hui en Perse, à l'époque de la cérémonie de Mouharrem, en mémoire de l'assassinat des fils d'Ali par Yesid l'an 61 de l'hégire, le dixième jour du mois arabe Mouharrem. Le Dr Zambaco décrit ainsi les scènes qui rappellent nos flagellants et les frères de la Passion en Espagne : « Cependant, une musique composée de tambours, de timbales et de quelques néis (sortes de flageolets en roseau) discordants, produit un vacarme effrayant. La foule s'agite, se lamente et commence à se livrer à des contorsions sinistres; le mot « Ali », en une cadence lugubre, sort de mille poitrines, tandis que défilent des hommes nus jusqu'à la ceinture, tenant dans chaque main des tronçons de grosse chaîne en fer, dont ils se frappent le dos de toutes leurs forces, sur le rythme des tambours. Bientôt leur peau apparaîtra noire d'ecchymoses. La procession s'arrête; une nouvelle tête vénérable harangue la foule et jette l'anathème sur Yézid, et la foule répond par un *Amine* prolongé. On conçoit comment, après deux heures d'une telle excitation nerveuse, les pénitents, qui se sont rangés en deux lignes que sépare la foule qui encombre la vaste allée du parc, forment une double chaîne continue de furieux difficiles à maintenir. Chacun d'eux se cramponne d'une main à la ceinture de celui qui le précède, tandis que de l'autre, armée du cimeterre, il se porte sur la tête nue et rasée des coups violents et répétés. Le sang coule à flots et rougit les costumes blancs. Les fanatiques, les yeux hagards, la bouche écumante, la tête sillonnée de profondes entailles, le visage couvert de sang, vociférant les cris de « Ali », s'avancent, en se traînant les uns vers les autres, dans un balancement infernal. Les cris sauvages poussés par cette horde d'enragés et renforcés par ceux des assistants, les bruits sourds des tambours et des poitrines percutés en cadence; les noms « Ali! Hussein! Hassan! » jetés par des voix discordantes, éraillées, les sanglots des assistants qui se croient, à la fin, obligés de prendre part à cette désolation, la clarté vacillante et fumante des torches, tout cela constitue le spectacle le plus effrayant et le plus hideux que l'imagination puisse concevoir. »

Les sectes mystiques de Russie vont plus loin encore dans l'aliénation mentale : les fuyards (*biegouny*), les mutilateurs (*prigouny*), les muets (*moltchalniki*), les sauteurs (*skoptzy*), les *christs* se disputent la palme du terrible et du grotesque à la fois. « Les hommes, dit M. Tsakny, se mettent en rond, les femmes les entourent en formant un cercle concentrique. Les uns et les autres tournent en chantant et en frappant du pied en cadence, les hommes dans la direction du soleil, les femmes en sens contraire; la vitesse des mouvements va s'accroissant, et avec elle, la violence des sanglots. Tout à coup, les rangs se rompent et les christs se mettent à tourner sur place, chacun séparément, les hommes à droite, les femmes à gauche, avec une telle rapidité qu'on ne peut distinguer leur figure. Pendant ce temps les sanglots sont de plus en plus bruyants. L'exaltation des croyants augmente peu à peu ; ils se mettent à courir et à tourner de tous côtés, à se poursuivre, à se pousser ; ils tombent et se relèvent pour recommencer. Tout à coup, quelqu'un s'écrie : « Il vient, il vient ! le Saint-Esprit ! » Et alors les assistants, inspirés, de prophétiser, de réciter des vers, de siffler, de crier ; d'où résulte, en général, un vacarme épouvantable. »

Les *skoptzy* pratiquent sur eux-mêmes la castration. « Au milieu du dix-neuvième siècle, des centaines de paysans de la Russie centrale, sous l'influence de l'exaltation religieuse, se mutilaient, eux et leurs familles, hommes, femmes et enfants. Cette mesure extrême de salut fut toujours précédée d'un état psychique tout particulier, l'homme commençant à s'adonner à la prière, au jeûne, devenant mécontent de ce qui l'entoure, méfiant ; recherchant enfin la solitude et rêvant d'entrer dans un couvent. »

D'autres, *nihilistes* spéciaux, refusent tout impôt, tout commerce, tout acte social. On a vu des sectes se jeter volontairement dans les flammes. Tous ces faits sont à rapprocher du *Vaudoux* d'Afrique, de *Tigritier* d'Abyssinie, des épidémies convulsives de Madagascar et de Sibérie, du *lata* de Java, des danses des Sioux, etc. (1).

(1) Voir *Géographie médicale*, loc. cit.

CHAPITRE X.

ROLE DE LA SUGGESTION DANS LE MILIEU SOCIAL.

I.

Mémoire des cellules nerveuses. — Habitude fonctionnelle de la cellule. — Réflexe cérébral. — Automatisme cérébral. — Suggestion automatique. — Les effets de la suggestion sont la clef des phénomènes sociaux. — La suggestion explique la puissance de l'imitation.

Il était difficile, à une certaine époque, de comprendre par quel mécanisme l'imitation pouvait répandre et diffuser sur une masse d'individus, sur un peuple entier les phénomènes nerveux les plus extravagants. Il n'en n'est plus de même aujourd'hui : la physiologie des réflexes cérébraux permet de comprendre le rôle de l'imitation, depuis celle qui répercute l'acte le plus simple, chez un seul individu, jusqu'à celle qui soulève les masses, comme sur un mot d'ordre.

On sait aujourd'hui que les cellules cérébrales, lorsqu'elles ont été très fortement excitées, ou lorsque, sans l'être aussi fortement, elles l'ont été très souvent et toujours de la même manière, gardent, à la suite de cette excitation très forte et unique ou faible mais répétée, un état anatomique particulier, quelque chose comme une mémoire matérielle, qui fait que toute excitation nouvelle les remet dans l'état même où elles se sont trouvées lors de la grande excitation ou lors de ces excitations toujours les mêmes et mille fois répétées, qu'elles ont subies : il semble qu'elles ne sont plus aptes dès lors qu'à un seul genre d'ébranlement, qu'à une seule idée, l'ébranlement et l'idée qui correspondent aux excitations précédentes. C'est ainsi que la rétine, qui a la sensation de la lumière lorsqu'un rayon lumineux la frappe, éprouve la même sensation lorsqu'un coup de poing frappé sur l'œil vient à l'exciter : elle n'est plus propre qu'à cette excitation. Un malade, dont l'histoire a été racontée et publiée par le Dr Mesnet, peut servir d'exemple de cette mémoire automatique des cellules cérébrales.

Un zouave, à Bazeilles, avait été frappé, pendant qu'il faisait le coup de feu, d'une balle à la tête; à la suite de troubles cérébraux consécutifs, cet homme était devenu sujet à des accès de somnambulisme : si, pendant ces accès, alors qu'il se promenait sans rien voir, comme dans un rêve, on lui plaçait dans la main un bâton ayant la forme d'un fusil, immédiatement, sous l'influence de ce très léger diminutif de la grande excitation reçue par son cerveau, le jour où il fut frappé à Bazeilles son fusil à la main, le groupe de cellules jadis si fort intéressé éprouvait la sensation de Bazeilles, comme l'œil, sous un coup de poing, éprouve la sensation de la lumière; sur l'ordre de ces cellules, le branle-bas de son cerveau sonnait; l'éréthisme cérébral devenait général autour de l'idée « combat de Bazeilles »; l'ancien zouave, appelant ses camarades, désignant les Bavarois qui le menaçaient, s'abritait derrière un arbre, mettait genou à terre, faisait le coup de feu et exécutait un massacre des Bavarois, dont l'image brillait dans son cerveau. Le seul attouchement de quelque chose qui lui donnait la sensation d'un fusil, avait *suggéré* à son cerveau préalablement impressionné l'idée du combat de Bazeilles, qui y avait laissé une trace ineffaçable!

Une odeur, un son, un mot, n'évoquent-ils pas parfois, dans notre souvenir, tout un paysage depuis longtemps oublié, toute une scène dont le souvenir avait disparu depuis longtemps? mais c'est en voyant pour la première fois ce paysage que cette odeur, ce son ou ce mot, nous avaient déjà frappés. Une simple sensation a encore ici *suggéré* ou rappelé à notre cerveau tout un monde d'idées.

Par suite de l'habitude fonctionnelle, toutes les fois qu'un mouvement volontaire a souvent succédé à une excitation quelconque, ce mouvement finit par succéder, involontairement, par action réflexe, au moindre diminutif de la même excitation : une sonnerie militaire dispose des membres des soldats et même de ceux des chevaux de cavalerie, d'une façon impérieuse et toute réflexe : on connaît l'histoire légendaire de ce soldat qui portait le dîner de son capitaine ; un plaisant lui crie : « Portez-arme ! » ; le soldat, oubliant que ses mains sont chargées de plats, se place, comme poussé par un ressort, dans l'attitude classique !

Avec l'habitude, la vue même d'un mouvement finit par suggérer involontairement la réalisation de ce mouvement : le fait de se gratter, de bâiller, de se moucher, de tousser, etc., est *suggéré* par la vue ou l'audition de chacun de ces phénomènes. La vue d'une foule qui se précipite en courant, donne des jambes aux plus traînards et transforme les plus intrépides en fuyards ; c'est là l'explication des paniques. C'est de la même manière que l'habitude de *tiquer*, c'est-à-dire de ronger la mangeoire en s'arc-boutant sur les dents, sans prendre de nourriture, est contagieuse ou mieux imitative dans les écuries. Brown-Séquard avait l'habitude, lorsque, dans son cours, il traitait de l'épilepsie, d'imiter, pour mieux décrire l'attaque, le cri qui en marque le début : il imitait si bien, que l'action réflexe des prédisposés s'y laissait toujours prendre ; des attaques épileptiques éclataient toujours dans la salle et il dut renoncer à illustrer ainsi sa description. Les éleveurs d'abeilles assurent qu'il suffit qu'une abeille fasse entendre au dehors un certain bruit, signe chez elle de la colère, son chant de guerre, pour que l'essaim entier sorte de la ruche et fonde sur le premier individu qu'il rencontre.

L'imitation est donc due à un phénomène réflexe cérébral, dont l'histoire du zouave de Bazeilles nous a donné l'exemple schématique. Notre éducation, les habitudes sociales devenues chez nous instinctives n'ont pas d'autre cause. La *sug-*

gestion est, en réalité, la clef de l'imitation, qui elle-même nous explique comment le milieu social est réductible à une série de réflexes cérébraux. Les travaux récents, notamment ceux de Bernheim, ont montré comment il est aisé de suggérer l'idée qu'on désire à un cerveau suffisamment passif et chez lequel le réflexe est prononcé; il semble, pour employer une image, qu'un ressort s'échappe, pour ainsi dire, au moindre attouchement exercé sur lui.

II.

Auto-suggestion. — Miracles. — Voix intérieures. — Rôle des sensations réelles dans la suggestion des hallucinations. — Inspiration. — Épidémies suggestives. — Contagion du suicide.

Sous l'influence de la seule excitation de l'imagination, certaines cellules nerveuses peuvent entrer en action ou cesser de fonctionner : c'est ainsi que, par l'ordre qui leur est donné, on *suggère* à certaines hystériques des contractures ou des paralysies. La dévote qui croit réellement que l'eau de Lourdes guérira sa paralysie, pourra marcher après avoir bu l'eau qu'elle croit capable de faire un miracle! Sera-ce un miracle? Ce sera un phénomène physique en rapport avec l'excitabilité réflexe exagérée de son système nerveux; cela prouvera en outre que sa paralysie était purement fonctionnelle, car, si une tumeur comprime les nerfs ou qu'une section ait arrêté le courant nerveux, il est inutile de dire que l'imagination et l'eau de Lourdes elle-même seront sans effet!

Sous l'influence d'une idée fixe, telle que l'idée qu'on va éprouver une douleur dans un point du corps, la douleur apparaît; une Louise Lateau verrait, dit-on, des stigmates apparaître sur ses mains à force de fixer son esprit sur les plaies faites par les clous aux mains de Jésus! D'après certains observateurs, il ne serait pas impossible que la pensée longtemps fixée sur une douleur imaginaire rendit cette douleur réelle !

N'étaient-elles pas victimes de l'auto-suggestion ces femmes qui confessaient, au moyen âge, avoir mangé des enfants, avoir assisté au sabbat ou s'être livrées à des attouchements sur le cœur de Jésus ? les unes étaient envoyées au bûcher ; les autres ont été canonisées ! Toutes relèvent de la *suggestion*. Jeanne d'Arc accomplissant, comme automatiquement, « sa mission » n'est-elle pas en pleine suggestion ? Ce sont autant de victimes de la *suggestion*, ces paysans, les *cicètes*, qui, dans le pays de Galles, au septième siècle, parcourent les campagnes en dansant ; autres victimes au onzième siècle ces malheureux à qui le curé, dans son prône, *suggère* l'idée que, pour les punir d'avoir fait du bruit dans l'église, Dieu va permettre au diable de les faire danser pendant une année et qui se mettent à hurler, à s'agiter de mille façons. Encore des suggestifs, au quatorzième siècle, ces gens qui, atteints de ce qu'on nommait alors le *mal de Saint-Jean*, courent en jetant leurs vêtements ! les *flagellants*, les victimes de la danse épidémique de *Saint-Guy*, les Vaudois, les prophètes et les lycanthropes du moyen âge, tous des suggestifs !

Inversement, sous l'influence de l'excitation matérielle de certaines cellules nerveuses, d'autres cellules cérébrales peuvent entrer en éréthisme et donner au cerveau la sensation réelle de quelque chose, qui n'existe pourtant que dans l'imagination. Le docteur Voisin a raconté l'histoire d'une femme, qui croyait avoir tout un cénacle d'évêques dans le ventre : elle indiquait exactement le cæcum, comme l'étrange local réservé aux séances orageuses du concile ; la pauvre aliénée mourut et on trouva dans son cæcum, à la place même du concile, une tumeur volumineuse. La sensation donnée par la tumeur était réelle ; mais elle avait développé des réflexes cérébraux, qui donnaient lieu à de fausses conceptions. C'est de même que des bourdonnements réels de l'oreille, dus à une altération trophique du nerf auditif, vont éveiller dans les couches corticales du cerveau, dans les sphères les plus élevées de l'imagination, l'idée de voix qui persécutent ou qui ordonnent. Le médecin voit là des malades et des hallucinés ; l'histoire pendant longtemps ne s'est pas refusée à en faire des inspirés !

L'histoire des fanatiques et celle des miraculés, quand elles ne reposent pas sur la jonglerie et la mystification, sont tout entières brodées sur ce thème inépuisable de la suggestion et du réflexe cérébral.

J'ai montré plus haut que ces suggestions peuvent devenir véritablement épidémiques : le docteur Beard a décrit, en 1881, une épidémie qui sévissait aux États-Unis sous le nom de *jumping*. Il s'agissait non plus de *flagellants*, mais de *sauteurs* : les individus qui en étaient atteints répétaient malgré eux, tout en sautant, tous les mouvements et tous les mots qu'on faisait ou prononçait devant eux ; on disait à un homme de jeter son couteau par terre et il le jetait, en répétant : *Jette-le, jette-le ;* on lui disait de se frapper lui-même et il s'assénait de vigoureux coups de poing, en répétant : *Frappe-toi, frappe-toi.*

Une épidémie du même genre a été observée en Malaisie, sous le nom de *latah*. Les malades exécutaient tout ce qu'on leur *suggérait ;* on se déshabillait en présence d'une femme habituellement chaste ou tout au moins décente ; le geste lui *suggérait* l'idée irrésistible et elle se déshabillait malgré elle, tout en se désespérant de sa nudité. Le docteur Hammond a observé en Sibérie, du côté de Yakutsk, des phénomènes du même genre, sous le nom de *miryachit*.

C'est à un réflexe cérébral du même ordre, que sont dues les épidémies de suicide observées à toutes les époques, dans différents pays. Tout le monde connait l'histoire des filles de Milet, qui se tuaient les unes après les autres, sans autre motif que l'imitation : il suffit d'exposer nues les suicidées, pour que le sentiment de la pudeur retînt celles qui étaient tentées de suivre l'exemple donné.

Une épidémie de suicide fut observée également sur les femmes à Lyon, au dix-septième siècle; en 1763, il y eut à Versailles 1.300 suicides; en 1772, une épidémie de suicide fut observée chez les vieillards des Invalides; en 1800, à Rouen, 60 personnes se tuèrent en deux mois; en 1874, une semblable épidémie sévit à Paris; enfin les gardiens de la colonne Vendôme, ceux de l'Arc-de-Triomphe et des tours de Notre-Dame savent que, lorsqu'un visiteur se précipite, il ne s'écoulera jamais un temps très long avant qu'il n'ait trouvé un imitateur; les suicides, comme les crimes, viennent comme par groupes! le besoin de faire parler de soi entre là pour quelque chose; « on veut avoir de l'immortalité pour un jour; » mais l'imitation réflexe et inconsciente est la cause principale : le suicide *suggère* le suicide.

III.

La suggestion a pour effet d'amener l'équilibre dans le milieu social. — L'automatisme cérébral et l'auto-suggestion sont la base de l'éducation.

L'imitation, c'est-à-dire l'action réflexe cérébrale ou l'automatisme cérébral, voilà, en résumé, la faculté qui met tous les hommes en équilibre avec leur milieu social, voilà la cause de cette véritable contagion psychique qu'on observe, le bien comme le mal ne se répandent dans une société que par une véritable *suggestion* provoquée en nous, à notre insu, par le spectacle du bien ou du mal.

La marche de la civilisation dépend des limites dans lesquelles s'exercera le réflexe cérébral : il devra se produire assez facilement, pour que l'éducation, l'habitude, rendent, certaines qualités nécessaires de l'esprit en quelque sorte automatiques; il ne devra pas non plus, comme le chien d'un fusil qui s'abaisse et fait partir le coup au moindre attouchement, se faire avec trop de facilité, sans quoi l'automatisme remplacerait la raison et on assisterait au spectacle trop souvent donné par les peuples, aux époques d'ignorance, de foi, de crédulité : au moyen âge, on ne voit plus que des impulsifs, des croyants par automatisme, formant, comme autant de moutons, ces longs troupeaux affolés, qui s'acheminaient vers le bûcher sous l'accusation de sorcellerie et qui iraient aujourd'hui peupler nos asiles d'aliénés.

CHAPITRE XI.

DENSITÉ DE L'ORGANISME SOCIAL.

I.

Avantages de la densité d'une population. — Densité de la population française. — Conséquence du voisinage de deux populations de densité inégale. — La plus dense se déverse sur la moins dense. — Accroissement comparé de l'Allemagne et de la France. — Densité comparée de divers pays. — Malthus. — Coefficient de densité.

Nous avons vu jusqu'ici que tous les individus qui se trouvent dans le même milieu social, sont unis étroitement et rendus semblables les uns aux autres par l'*imitation*, faculté qui joue ici un rôle aussi important que la *diffusion* des gaz dans un milieu gazeux. Mais les phénomènes dont le milieu social est le théâtre ne sont pas tous régis par cette loi de l'imitation réflexe et de la suggestion.

Nous allons entrer maintenant dans l'étude plus intime de l'organisme social. Nous allons y trouver comme des régions distinctes, résultant de sa *densité* plus grande sur certains points que sur d'autres, c'est-à-dire du nombre plus ou moins grand des citoyens réunis sur un point ; nous observerons des zones locales, délimitées par la disposition relative, le nombre, la structure et la nutrition des éléments anatomiques, c'est-à-dire par la distribution professionnelle des citoyens, par leur état civil, par leur état de richesse ou de pauvreté, etc.

La densité du milieu social est à la fois une cause et une conséquence de la civilisation. « C'est par le nombre des sujets, disait Vauban, que la grandeur des rois se mesure. »

Tant que la densité ne dépasse pas une certaine limite, qui engendrerait la misère, on peut dire que plus une population est dense, et plus la lutte pour l'existence doit amener, par sélection, une amélioration de la masse; plus les chances sont grandes de voir naître un homme dont l'intelligence accroîtra le bien-être et le bonheur de son pays; plus la terre sera cultivée, plus grand sera le rendement du pays. Si l'émigration, faisant l'office d'une soupape, permet à cette densité de ne pas dépasser les limites physiologiques compatibles avec le stock alimentaire du pays, on peut dire encore que l'influence qu'un pays exerce dans le monde, augmente avec sa densité; enfin, il est incontestable que, dans la lutte qui a lieu entre les nations, la plus forte, celle qui aura le plus de chances d'écraser ses voisines tant sur les champs de bataille que dans les luttes pacifiques de l'industrie, sera celle qui aura le plus grand nombre de citoyens sur un espace donné.

Trop de pages ont été écrites, dans ces derniers temps, sur notre faible natalité et sur notre accroissement considérablement plus lent que celui de nos voisins, pour que j'insiste beaucoup, dans ce chapitre, sur un sujet dont j'aurai d'ailleurs l'occasion de reparler plus loin. Je ne puis cependant méconnaître les conséquences de notre densité relativement moindre que celle de nos voisins : l'infériorité relative de notre densité ressort de la lecture du tableau suivant, qui exprime le nombre moyen des habitants par kilomètre carré :

Belgique	192	Roumanie	41
Hollande	128	Serbie	38
Iles Britanniques	112	Espagne	35
Italie	99	Grèce	30
Allemagne	84	Turquie	27
France	71	Monténégro	26
Suisse	69	Russie	16
Austro-Hongrie	61	Suède	10
Danemark	51,4	Norvège	5,8
Portugal	51		

Or, ainsi que je l'ai développé dans une autre occasion (1), il en est de deux populations voisines et de densité inégale comme de deux liquides ou gaz de densité inégale : le plus dense se déverse sur le moins dense. Nous avons vu, tantôt sous la forme d'ouvriers, tantôt sous celle de soldats, les Allemands se déverser sur nous ; les ouvriers italiens accaparent la main-d'œuvre dans nos départements du sud-est, comme les Belges le font dans le nord-est : c'est de même que les Chinois inondent l'Europe.

Cette différence de densité et ses conséquences économiques iront encore en s'accentuant davantage, car l'accroissement de l'Allemagne est actuellement *six* fois plus rapide que celui de la France : il est de 1,14 % dans le premier de ces pays et de 0,20 % dans le second.

Si, au lieu de ne considérer que l'Europe, nous considérons la terre entière, nous serons frappés d'une différence bien autrement importante dans la densité des diverses populations qui vivent à sa surface : il serait aisé de prévoir à quels courants humains donnera lieu, dans un temps plus ou moins éloigné, cette différence de niveau entre les groupes sociaux : la densité moyenne de l'Europe tout entière est de 34 habitants par kilomètre carré, moyenne qui se trouve ainsi abaissée par les chiffres respectivement bas de la densité en Russie, en Suède et surtout en Norwège. La densité moyenne de l'Asie est de 18, et ce chiffre serait bien plus faible sans l'appoint fourni à la moyenne par la Chine et le Japon. Celle de l'Afrique est de 7 ; celle de l'Océanie de 3 ; celle de l'Amérique du Nord 3,2 ; celle de l'Amérique centrale 9,6 ; celle de l'Amérique du Sud 1,9. Aux États-Unis, la moyenne est de 5,5 par kilomètre carré, mais la diversité est grande entre tels et tels États : la moyenne est de 86 dans Rhode-Island, elle n'est que de 0,2 dans le Névada. Diversité également, mais moins considérable,

(1) *La Colonisation scientifique*, par le Dr Bordier ; Paris, Reinwald, 1 vol. in-8°, 1884.

dans l'Amérique du centre : 30 pour le Salvador, 2 pour le Nicaragua. Dans l'Amérique du Sud, la densité est faible partout : 3,6 pour la Colombie ; même nombre pour le Chili ; ce sont les plus élevés. Pour le Brésil 1,4, et 1 pour la République Argentine.

Depuis longtemps les économistes se divisent avec passion en deux camps opposés : les disciples ou les ennemis de Malthus. Les uns pensent que moins nombreux sont les habitants d'un pays, meilleures sont les conditions individuelles de chacun d'eux ; les autres croient au contraire qu'une patrie n'a jamais trop d'enfants. La vérité, c'est qu'il y a un coëfficient de densité qui convient à un pays donné, pour un moment donné, dans certaines conditions données ; ce coëfficient, il faut l'atteindre, mais il ne faut pas le dépasser. On évite l'un et l'autre de ces inconvénients par un équilibre physiologique entre le nombre des naissances et celui des émigrants.

II.

Rôle du coefficient alimentaire sur la densité. — Changement de l'hydre solitaire en polype hydraire, sous l'influence d'une alimentation abondante. — Buklo. — Densité et salaires. — Influence du milieu physique sur le milieu social.

Il y a là du reste un élément à faire intervenir : c'est la quantité d'aliments dont dispose un pays. Le monde des animaux inférieurs nous donne un curieux exemple de l'influence de l'alimentation sur le milieu social ou, ce qui est tout un, sur l'organisme social. J'ai déjà dit que le polype hydraire était décomposable en une véritable *colonie* d'hydres solitaires, associées et ayant renoncé à la vie solitaire, pour vivre en société, et j'ai montré que chacun des individus de la colonie subit, dès lors, toutes les transformations résultant de la division du travail ; or l'alimentation est susceptible de constituer par synthèse ce groupement syndical, que nous montre l'analyse : sous l'influence d'une alimentation abondante on peut forcer expérimentalement l'hydre d'eau douce jusque-là solitaire à former, par division d'elle-même, par reproduction scissipare, de nouvelles hydres, avec lesquelles elle s'associera, pour former une véritable colonie polypière : l'hydre d'eau douce poussée en alimentation devient ainsi sous cette influence un polype hydraire ; nous voyons de même, dans les sociétés humaines, l'abondance de l'alimentation fournie par un pays augmenter considérablement le nombre des individus et donner au corps social, à ce polypier qui résulte de leur groupement, une force et une vigueur, que l'abaissement du coëfficient alimentaire ferait cesser.

Bukle a mis le doigt sur ce côté très pratique de la question, lorsqu'il a dit : « Si deux contrées, égales sous tous les autres rapports, diffèrent en ce seul point, que dans l'une la nourriture nationale soit abondante et à bon marché et que dans l'autre elle soit rare et chère, la population de la première augmentera inévitablement avec plus de rapidité que la population de la dernière et, par un raisonnement semblable, la moyenne des salaires sera plus basse dans la première que dans la dernière, simplement parce que le nombre des travailleurs sera plus grand. »

III.

Action de la densité sociale sur le cerveau. — L'aliénation mentale et la civilisation. — *Mental strain.* — Fréquence de l'aliénation mentale chez les civilisés. — L'aliénation mentale augmente avec le plein jeu de la responsabilité individuelle. — Exemples fournis par l'histoire. — Fréquence du suicide en rapport avec le degré de civilisation. — Le milieu social influe sur la nature de l'aliénation mentale, au moins autant que sur sa fréquence.

C'est parce que la Chine est un pays dense, que le Chinois livre sa main-d'œuvre à un prix tellement bas, que l'Europe et l'Amérique s'effraient de la concurrence; c'est pour la même raison que l'ouvrier belge et le terrassier piémontais sont moins chers que l'ouvrier français. C'est ainsi que le *milieu social* d'un pays se trouve lui-même intimement lié au milieu physique et géographique de ce pays.

Il en est en outre du milieu social comme du milieu atmosphérique : lorsque le milieu atmosphérique est trop dense, que la tension de l'oxygène y est trop considérable, des désordres surviennent dans les organismes qui y sont plongés. Or le milieu social agit sur les hommes par l'intermédiaire de leur cerveau : c'est lui l'organe social. Lorsque la tension sociale est trop forte, l'organe se détraque : l'aliénation augmente avec la densité du milieu social.

Les médecins américains décrivent, depuis quelques années, dans les populeuses cités des États-Unis, où l'activité commerciale et industrielle atteint son *summum* actuel, un état de surmenage cérébral auquel ils donnent le nom de *mental strain;* cet état, caractérisé par de l'insomnie, des cauchemars et une difficulté croissante de se livrer à un travail continu, se termine par la paralysie générale et par la démence; il s'observe sur les commerçants, sur les industriels, sur les journalistes, etc...

Il n'est pas étonnant, d'ailleurs, que le cerveau se fatigue d'autant plus qu'il travaille davantage : aussi, dans tous les pays, le nombre des aliénés va-t-il croissant avec l'intensité de la civilisation. En Europe, les professions libérales, où celui qui les remplit exerce davantage sa responsabilité, son indépendance et tout ce qui constitue par conséquent le mode fonctionnel le plus élevé de son cerveau, présentent plus d'aliénés (3,10 pour 1.000) que les professions où l'activité cérébrale est moindre, comme celle d'employé (0,42 pour 1.000). Je renvoie le lecteur, qui désirerait plus de détails sur cet important sujet, à mon livre de *Géographie médicale.*

On arriverait exactement au même résultat de classification, si au lieu de prendre l'aliénation comme point de départ, on prenait le volume du crâne ; si, dans les pays habités par plusieurs races, l'aliénation affecte, pour chaque race, des chiffres différents, cela tient donc moins à la race elle-même qu'à son degré de vie intellectuelle ; ainsi, à la Guyane, le nombre des aliénés, proportionnellement aux représentants de chaque race, est, pour 1.000, chez les créoles de l'Inde, de 0,41 ; — chez les coolies hindous, de 0,82 ; — chez les Portugais, de 1 ; — chez les Chinois, de 1,59.

Dans une liste de fréquence de l'aliénation croissante vient d'abord l'Irlande ; après l'Irlande vient le Brésil, où le nombre des aliénés est de 1,25 sur 1.000 habitants ; puis, viennent, dans un ordre croissant, la France, où l'on compte 1 aliéné sur 412 habitants, soit 2,37/1.000 ; la Prusse 2,21/1.000 ; l'Angleterre, 2,62/1.000 ; le grand-duché d'Oldenbourg, 3,64/1.000 ; l'Italie, 17,07/1.000. Ce chiffre élevé est dû à la pellagre, cause fréquente de la folie. Mais de tous les pays civilisés le plus frappé est la Chine : les Chinois émigrés en Amérique donnent 1 aliéné pour 1.000.

Il importe du reste de rappeler ici, que, dans tous les pays, le nombre des aliénés va croissant avec la civilisation. Le docteur Hack Tuke, dans une remarquable étude sur la fréquence des causes d'aliénation mentale chez les anciens, pense, avec raison, que les causes que nous nommons morales ont peu de prise sur la santé mentale des sauvages ; bien que superstitieux et fanatiques, ils sont exposés à moins de perplexités que nous ; ils sont étrangers aux angoisses, aux déceptions et aux luttes de la vie civilisée ; le sentiment est peu développé chez eux. Étudiant, au même point de vue, une période beaucoup plus avancée de la civilisation, celle où se trouvaient les Égyptiens, le docteur Tuke fait remarquer que, sous ce régime despotique et théocratique, les souffrances du peuple étaient sans doute considérables, mais qu'elles avaient pour effet de le décimer plutôt que le pousser à l'aliénation mentale ; là encore les influences morales tenaient peu de place, l'initiative individuelle était nulle ;

un pouvoir despotique réglait à l'avance l'existence de chaque homme : avec une pareille organisation sociale, il n'y avait aucune place pour les luttes politiques ou les angoisses commerciales. C'est pour un motif analogue que l'aliénation mentale est plus fréquente aujourd'hui chez les nègres peu civilisés de l'Afrique mais libres, que chez les nègres plus civilisés mais esclaves de l'Amérique. Poursuivant son enquête, le docteur Tuke constate que l'aliénation mentale était rare dans les premiers âges de la Grèce, « où la constitution du pays, soumise au despotisme monarchique, était peu compatible avec la liberté d'action et de penser. Cet état social disparut avec les oligarchies qui gouvernèrent les Hellènes dans des temps plus avancés. Alors l'émancipation des esprits rendit plus fréquente la perte de l'équilibre des pouvoirs mentaux. Tous les éléments de la vie civilisée, passions politiques, discussions religieuses et philosophiques, se réunirent pour agir puissamment sur les esprits. » C'est ainsi que, dans nos sociétés modernes, les commotions politiques, les kraks financiers augmentent le nombre des fous.

Le suicide, qui n'est, le plus souvent, qu'une des formes de l'aliénation mentale, va lui-même en augmentant de fréquence avec la civilisation : rare chez les autres animaux, qui en présentent toutefois des exemples non douteux, il est plus fréquent chez le civilisé que chez le moins civilisé. Ce siècle-ci l'a vu augmenter dans l'Europe entière. En Italie, sa fréquence a passé de 30 à 50 par 1.000.000 ; en France, de 130 à 180 ; en Angleterre, de 66 à 77 ; en Prusse, de 121 à 191 ; en Autriche, de 74 à 124 ; en Belgique, de 54 à 105. Il augmente en somme avec l'ambition, avec l'activité, c'est-à-dire avec les déceptions et la lassitude de la vie, qui en sont la conséquence. Cela est si vrai, que l'Espagne, ce pays mort et enseveli jusqu'à nouvel ordre sous les lourdes ruines d'un passé monarchique et clérical, est le seul de l'Europe où le suicide n'ait pas augmenté. Il a diminué : de 36 son chiffre est tombé à 26 !

Tout en reconnaissant cette influence, il faut cependant se mettre en garde contre une apparence trompeuse, due au grand nombre des fous qui délirent, à un moment donné, sur le même sujet. Comme je l'ai dit ailleurs, tout en reconnaissant l'influence des événements sur le *nombre* des fous, il faut reconnaître qu'ils influent aussi sur la *nature* de la folie. Il semble que les événements politiques *utilisent* les fous, les mettent en valeur, au moins autant qu'ils les créent : inspirés, prédicateurs et prophètes, utopistes financiers, inventeurs, électriciens, politiciens et policiers, sont les rôles que se partagent les fous et qu'ils accaparent suivant les circonstances, suivant le milieu social où ils vivent.

La question de la densité du corps social est d'ailleurs très complexe. On peut l'aborder par l'étude de la natalité, par celle du mariage, etc. : nous aurons donc l'occasion de revenir à elle. Dès ce moment nous pouvons associer l'étude de la densité de l'organisme social à celle du milieu social spécialement considéré dans les villes, en étudiant le *milieu social urbain*.

CHAPITRE XII.

LE MILIEU SOCIAL DES VILLES.

I.

Les villes sont les points d'ossification dans l'organisme social. — Elles sont la caractéristique de la civilisation d'un peuple. — Chiffre moyen de leur population. — L'accroissement de leur population se fait plus vite que celui de la population totale d'un pays. — Leur mode de formation et d'accroissement par immigration plutôt que par une prédominance des naissances sur les décès. — Causes de l'immigration dans les villes : salaires, plaisirs, facilité des communications. — Puissance de la centralisation excessive. — Déceptions.

« Les villes sont le gouffre de l'espèce humaine, » dit J.-J. Rousseau. Il est vrai que Herder lui répond : « Ce sont les camps retranchés de la civilisation. » La vérité est que le *milieu social* reçoit, dans les villes, une modification capitale. Herder et Jean-Jacques avaient raison l'un et l'autre ; c'est à nous qu'il appartient, grâce à l'hygiène et à la décentralisation, de jouir du bénéfice des villes tout en nous mettant à l'abri de leurs dangers.

Herder avait évidemment raison, car partout le nombre et l'étendue des grandes villes sont, en quelque sorte, le critérium de la civilisation. Comme Mougeolle le dit avec raison, les points d'ossification de l'organisme social sont d'abord représentés par quelques cabanes éparses ; elles s'agglomèrent de plus en plus ; la ville prend naissance et se sépare de la campagne ; la différenciation urbaine s'accentue de plus en plus par division du travail. Une fois que la ville est constituée, elle augmente, comme la population totale de tout pays, avec la civilisation ; elle est donc, comme la densité de la population, une caractéristique de la civilisation ; elle augmente même plus vite que cette densité, et le nombre, la grandeur des villes sont une meilleure caractéristique de la civilisation d'un peuple que la densité de sa population. Ainsi, comme le remarque Mougeolle, en trente ans l'agglomération parisienne a *doublé,* tandis que, dans le même temps, la population de la France ne s'est accrue que de *un huitième :* la population de Paris, qui en 1836 était 868.000 habitants, était en 1866 de 1.825.000 habitants.

D'une manière générale, le nombre des grandes villes va en augmentant dans le monde entier. Une statistique récente, due à MM. Béhin et Wagner, fixe à 164 pour le monde entier le nombre des cités ayant au moins 1.000.000 habitants ; 9 villes ont plus de 1 million d'habitants ; 12 ont entre 1 million et 500.000 habitants ; on compte 20 villes de 3 à 400.000 habitants ; 33 de 2 à 300.000 habitants ; 90 de 100 à 200.000 habitants. L'ensemble de la population de ces grandes villes comprend 50 millions d'habitants, c'est-à-dire le vingt-huitième de la population du globe.

L'importance des villes varie d'ailleurs suivant les pays : la population *moyenne* d'une ville est, en Angleterre, de 47.770 habitants ; en France, de 32.250 ; en Prusse, de 19.685 ; en Suède, de 5.849.

En 1789, d'après les renseignements publiés par *l'Économiste* et reproduits par *l'Homme*, Paris comptait 650.000 habitants, et il n'y avait en France qu'une seule autre ville de 100.000 âmes : c'était Lyon. Lille, qui a aujourd'hui 170.000 habitants, n'en avait que 13.000, et Saint-Étienne, qui en a 126.000, était une pauvre cité de 9.000 âmes. Londres ne renfermait pas 1 million d'habitants. Cinquante ans plus tard, vers 1840, le mouvement de progression des villes s'était accentué, mais encore avec une lenteur bien grande relativement à ce qui se passe sous nos yeux.

Ainsi, en 1836, la population de Paris n'atteignait pas

900.000 âmes, ni celle de Londres 1.500.000 ; Bordeaux n'arrivait qu'à 90.000 âmes ; Lyon et Marseille, qu'à 150.000 ; Berlin était une capitale de 250.000 âmes, c'est-à-dire ayant 100.000 âmes de moins que Lyon aujourd'hui ; Vienne ne comptait que 300.000 habitants. Si nous franchissons l'Atlantique, nous aurons à signaler des différences plus saisissantes encore.

Le recensement de 1836 attribue à New-York 270.000 âmes ; celui de 1880, 1.206.000 ; à Brooklyn, 20.000, contre 556.000 en 1880 ; à Saint-Louis, 10.000 âmes, contre 350.000 ; à Philadelphie, 190.000 contre 847.000 ; enfin Chicago, inconnu en 1836, est actuellement une ville de 500.000 âmes.

En 1882, on comptait en Europe quatre villes ayant plus d'un million d'habitants : Londres, 3.833.440 ; Paris 2.225.910 ; Berlin, 1.222.550 ; Vienne, 1.103.110. Venaient ensuite Saint-Pétersbourg avec 876.570 habitants ; Moscou et Constantinople avec 600.000 âmes ; Glascow et Liverpool avec plus de 500.000 âmes ; Naples et Manchester avec plus de 400.000 âmes. Puis dix villes ayant plus de 300.000 âmes : Lyon, Birmingham, Marseille, Madrid, Buda-Pesth, Amsterdam, Varsovie, Dublin, Rome et au moins quinze villes ayant plus de 200.000 âmes.

Il importe cependant de distinguer le mode d'accroissement de la population totale d'un pays de celui de ses villes et, surtout en France, du mode d'accroissement de sa ville principale : tandis que, pour la France, l'augmentation totale de la population résulte d'un excédent des naissances sur les décès, autrement dit d'une véritable économie d'hommes, l'accroissement des villes, surtout celui des grandes villes et principalement celui de Paris, se fait non pas par une économie, par une épargne, mais, pour continuer la comparaison, par une émission, par un placement fait dans les villes par la population tout entière. En d'autres termes, les grandes villes s'accroissent non par un excédent des naissances sur les décès, mais par une véritable immigration ; car les naissances sont, dans les grandes villes, inférieures aux décès dans le rapport 92.73 naissances à 100 décès. Les immigrés sont, à Paris, dans le rapport de 6.253 sur 10.000 ; c'est-à-dire que sur 10.000 habitants, à Paris, 3.747 sont nés dans cette ville et 6.253 y sont venus. Les natifs ne représentent que le tiers de la population ; les deux tiers sont immigrés. Voilà pourquoi la population du département de la Seine s'accroît, chaque année, de 306 sur 10.000 habitants, tandis que celle de la France entière ne s'accroît que de 35 sur 10.000.

Ces immigrants viennent des campagnes, qui se dépeuplent ainsi au profit des villes. Nombreuses sont les causes de ce grand courant : la facilité des transports ; le chemin de fer, qui passe à portée du village et qui en quelques heures transporte dans la ville, crée, chez quelques individus, une véritable suggestion : ils partent, un peu comme partent les oiseaux migrateurs, pour partir, pour aller à la ville, sans trop savoir au juste pourquoi. Ceux qui raisonnent, sont attirés par l'industrie des villes, par la plus-value des salaires, qui les séduit, parce qu'ils ne réfléchissent pas à l'élévation correspondante des dépenses ; d'autres sont tentés par le plus grand nombre et la plus grande facilité des plaisirs. Quelques-uns ont été charmés par la ville, pendant leur vie de garnison ; tous obéissent à l'impulsion de cette centralisation administrative, qui fait actuellement le malheur de la France et qui est la principale cause du malaise général qu'éprouve la société dans notre pays.

La plupart s'attendent à rencontrer la fortune et la vie facile, sans se douter que ce sont la misère et la lutte autrement âpre que dans les campagnes, qui les attendent ; si tous ces campagnards, quittant le grand air pour la ville, pouvaient consulter les registres du bureau de bienfaisance de Paris, ils verraient que, sur 1.000 indigents, les natifs de Paris et du département de la Seine n'en fournissent que 227, tandis que la province en fournit 706 ! 67 sont fournis par l'étranger.

II.

Prédominance numérique des hommes sur les femmes dans le milieu urbain. — La prostitution est une conséquence de cette proportion. — La prostitution officielle et le socialisme d'État. — Le travail des femmes.

Cette origine, par voie de migration, permet de prévoir quelle sera la caractéristique du milieu social des villes. Il se distingue par la prédominance numérique des hommes sur les femmes; car ce sont les hommes qui croient trouver à la ville des travaux et des plaisirs nouveaux; ce sont eux surtout, qui quittent la campagne pour immigrer dans la ville. Aussi, tandis qu'en France on trouve, dans la population de 20 à 25 ans, 1.576.044 femmes et 1.498.738 hommes, on trouve, dans la population du département de la Seine prise au même âge, 107.809 femmes et 115.107 hommes. La population de la France présente donc un excédent de 78.006 *femmes*, tandis que celle de la Seine présente au contraire un excédent de 7.298 *hommes*.

Les conséquences de ce caractère masculin du milieu social des villes sont nombreuses; mais il en est une importante entre toutes, c'est le développement de la prostitution. Du moment que chaque homme, en eût-il le désir, ne peut trouver une compagne, qui constitue avec lui le couple humain, véritable condition physiologique de la vie sociale, au moins dans le milieu européen où nous vivons actuellement, il faut nécessairement que, en vertu de la loi de l'offre et de la demande, un certain nombre d'hommes, qui n'ont point de foyer domestique, deviennent la clientèle du four banal de l'amour.

Il y a plus : par suite d'une conception qui semble une étrange anomalie, mais qui n'est en réalité que la permanence atavique des idées de nos ancêtres sur l'infériorité de la femme, sur sa fonction naturelle d'esclave et de bétail, l'État, mêlant à cette conception surannée les doctrines socialistes encore chères à tant de politiciens, croit devoir, au nom de ce qu'on nomme la morale, se faire entrepreneur de prostitution et souteneur du monopole des prostituées officielles et patentées.

La prostitution entraîne, à son tour, la syphilis ; car l'expérience de l'Angleterre a montré que la prétendue surveillance de la police ne donnait à ses clients qu'une sécurité trompeuse, et que la syphilis faisait moins de progrès là où, croyant avoir plus de risques, ceux qui s'y exposent prenaient plus de précautions. Ici, comme en toute chose, la liberté est la meilleure des sauvegardes et s'il est un sujet où l'État n'ait pas à intervenir, c'est à coup sûr celui-là.

Un seul remède peut empêcher la prostitution d'être une conséquence forcée de la diminution relative du nombre des femmes dans les villes : mais ce remède n'est pas davantage dans les mains de l'État ; il est tout entier au pouvoir des patrons ; c'est l'admission le plus fréquemment possible des femmes aux emplois dont elles peuvent s'acquitter au moins aussi bien que les hommes. C'est en effet la misère qui vient pousser si souvent la femme dans la voie du vice, et la misère atteint les femmes plus cruellement encore que les hommes : la preuve en est que, dans tous les arrondissements de Paris, le nombre des femmes nécessiteuses est plus considérable que celui des hommes dans la même situation : pour 24 hommes inscrits au bureau de bienfaisance, on trouve 41 femmes !

III.

Prédominance des adultes ; diminution du nombre des enfants et des vieillards dans le milieu urbain. — Sélection urbaine. — Inconvénients de cette sélection pour le reste du pays. — Accaparement des intelligences par les villes. — Dangers de la centralisation. — Nécessité de la décentralisation intellectuelle et administrative. — Fréquence de l'aliénation mentale et du suicide dans les villes.

A côté de cet inconvénient, qui résulte du mode de recrutement des habitants des villes par voie d'immigration, il est cependant juste de constater une autre conséquence de la même cause; mais celle-là, elle est favorable aux grandes villes : les provinciaux, qui se sentent assez courageux et assez forts pour venir affronter les luttes de la vie à Paris, ne le font guère avant vingt ans; ils continuent à arriver jusqu'à trente ans; à partir de ce moment ils quittent de plus en plus la ville, soit qu'ils aient renoncé à la lutte, soit qu'ils aient emporté tout le bagage intellectuel qu'ils étaient venus chercher, soit qu'ils aient amassé la fortune qui avait été le but de leur immigration. Il en résulte que la population de Paris présente moins

FRANCE.		SEINE.	
De 0 à 5 ans...	**3 612 161**	De 0 à 5 ans...	125 986
5 à 10 ans...	3 272 759	5 à 10 ans...	124 229
10 à 15 ans...	3 235 420	10 à 15 ans...	126 994
15 à 20 ans...	3 247 863	15 à 20 ans...	159 812
20 à 25 ans...	3 074 775	20 à 25 ans...	202 647
25 à 30 ans...	2 932 857	25 à 30 ans...	**222 916**
30 à 35 ans...	2 770 188	30 à 35 ans...	209 604
35 à 40 ans...	2 649 414	35 à 40 ans...	180 849
40 à 45 ans...	2 472 838	40 à 45 ans...	153 520
45 à 50 ans...	2 297 747	45 à 50 ans...	123 354
50 à 55 ans...	2 008 918	50 à 55 ans...	99 770
55 à 60 ans...	1 701 848	55 à 60 ans...	71 020
60 à 65 ans...	1 552 915	60 à 65 ans...	66 706
65 à 70 ans...	1 097 742	65 à 70 ans...	38 946
70 à 75 ans...	724 306	70 à 75 ans...	24 730
75 à 80 ans...	419 112	75 à 80 ans...	13 380
80 à 85 ans...	182 837	80 à 85 ans...	5 718
85 à 90 ans...	58 724	85 à 90 ans...	1 229
90 à 95 ans...	12 927	90 à 95 ans...	433
95 à 100 ans...	2 484	95 à 100 ans...	71
100 à 105 ans...	256	100 à 105 ans...	8

d'enfants et moins de vieillards que celle du reste du pays, et que, considérée comme un seul corps, comme un organisme individuel, elle représente un adulte robuste et vigoureux, formé par une véritable sélection des éléments les plus forts, les plus robustes, en pleine période de rapport. Ainsi, tandis que dans la France considérée tout entière, le nombre des individus vivants diminue à mesure qu'on considère les séries par âge, chaque promotion annuelle perdant chaque année quelques-uns des siens, au contraire ce nombre, dans le département de la Seine, va en augmentant de 0 à trente ans et diminue à partir de ce maximum. La lecture du tableau ci-dessus, qui indique pour chaque âge le nombre des survivants, donne idée de cette différence.

Les villes, et notamment les grandes villes comme Paris, représentent donc bien une élite, au moins sous le rapport de l'âge : tout ce qui est encore faible ou déjà affaibli est éliminé ; la population a précisément l'âge où la mort fait le moins de ravages, et pourtant la mortalité est plus considérable que partout ailleurs. Il faut donc que le milieu urbain présente d'autres conditions défavorables! nous les verrons plus loin.

Cette sélection est très flatteuse pour les gens des villes. Ils n'ont pas tort de se vanter d'être le cœur et même la tête du pays, mais elle est désastreuse pour le reste de la nation, pour l'organisme social que représente le pays tout entier et dont tous les organes doivent être également bien partagés. Que penserait-on d'un homme livré à un travail cérébral considérable, qui se féliciterait de ce que tout son sang affluerait dans son cerveau? Voyez, dirait-il, quelle congestion, quelle pléthore dans mon cerveau! Je ne digère pas, il est vrai ; je ne puis plus marcher ; toutes mes fonctions sont languissantes, sauf celles du cerveau ; car tout mon sang, toutes mes forces ont quitté les autres organes pour affluer au cerveau! Cet homme serait un fou, probablement un paralytique général avec idées de grandeur et manie ambitieuse! N'est-ce pas là un peu, avec la dose d'exagération compatible avec toute métaphore, l'écueil des très grandes villes? Sans doute il y a chez elles une sélection des intelligences, puisque la province a été écrémée ; mais, comme la province est, après tout, plus grande que la ville, il s'ensuit que toutes les *forces* de la nation, qui auraient pu et dû évoluer, rendre et produire dans le milieu provincial, en conservant leur originalité, leur saveur de terroir, sont venues se perdre dans l'immense quantité de force consommée à Paris, si toutefois elles ont eu la chance de ne pas être détruites en route par tous les barrages, par tous les obstacles qu'elles ont rencontrés sur leur chemin.

« Combien, dit Bagehot, d'existences perdues! Combien de corps épuisés! Combien d'esprits ruinés! Combien de misères affectant la gaieté! Combien de gaietés qui se sentent misérables! Combien de peines, d'affliction! Combien de maladies dévorantes transmises de génération en génération! Combien d'esprits sont réduits à l'impuissance par une incessante anxiété! Combien d'imaginations fécondes, qui auraient laissé quelque chose au genre humain, sont enchaînées par des soucis vulgaires! Quel faible parti chaque homme tire de lui-même, en comparaison de ce qu'il en pourrait tirer! Combien y a-t-il eu dans le monde d'Irlandes, où les hommes auraient été contents et heureux, s'ils avaient été seulement moins nombreux! Combien y aurait-il eu plus d'Irlandes encore, si le nombre des malheureux n'avait été maintenu dans certaines limites par l'infanticide, le vice et la misère! »

Il se passe, pour les intelligences, quelque chose d'analogue à ce qui aurait lieu pour l'irrigation de nos campagnes, si toute l'eau qui tombe sur les montagnes ou les collines de la France était drainée savamment et conduite par de longs tuyaux dans les grandes villes, où sa force motrice actionnerait de puissantes machines... La prospérité industrielle des villes s'en trouverait peut-être très bien, mais la province et, après tout, la France, seraient ruinées! C'est là une des conséquences déplorables de cette funeste centralisation, qui nous paralyse et dont il est à craindre que nous ne soyons pas près de sortir.

Il est donc urgent de décentraliser, dans le domaine intellectuel aussi bien que dans le domaine administratif. Il est absolument nécessaire de rendre la vie à nos belles provinces si pleines de bons éléments et d'éléments qui varient dans chacune d'elles. Combien cette apparente bigarrure, qui ne serait autre chose qu'une naturelle diversité, serait préférable à notre monotone uniformité! Décentralisons donc et que Taine ne puisse plus dire : « Il y a deux peuples en France, la province et Paris : l'un qui dîne, dort, bâille, écoute ; l'autre qui pense, veille et parle : le premier traîné par le second comme un escargot par un papillon. » Cette boutade est malheureusement vraie, et le seul remède à cet état, c'est de créer, dans chaque province, de petits centres autonomes dans le domaine de la science, de la littérature et de l'administration. Il faut, par mille moyens, susciter la vie dans les campagnes et dans les villes de province; sans quoi, je le répète, notre organisme social périra par congestion cérébrale.

Je n'en veux pour preuve que la fréquence comparée de l'aliénation mentale ou des suicides dans les villes et dans les campagnes : tandis que le nombre des suicides est de 6,4 pour 100.000 habitants en Angleterre, il est à Londres de 9,1. En Danemark, sur 100.000 habitants, on observe dans le pays tout entier 30 suicides ; ce nombre est 37 pour Copenhague, 30 pour les villes de province et 23 pour les campagnes. Pour 110 suicides en France on en observe 646 à Paris, et pour 123 en Prusse, 212 à Berlin. La proportion est la même pour l'aliénation mentale : elle atteint 1 habitant sur 302 à Paris et 1 sur 147 habitants dans les campagnes environnantes ; elle atteint 1 sur 500 à Nancy et 1 sur 1.438 dans le reste du département de la Meurthe.

IV.

Insalubrité des villes. — Malaria urbana. — Microbes. — Les conditions insalubres augmentent avec la densité de la population. — Le paupérisme est caché dans les grandes villes sous le décor du luxe. — Les garnis. — Du rôle de l'État en matière d'hygiène. — Dangers du socialisme d'État et de la centralisation. — Le remède est dans la coopération et dans la spéculation industrielle. — Nécessité du réveil de l'initiative individuelle et de la décentralisation.

Il ne faut pas croire cependant qu'on ne meurt dans les villes que par le cerveau. J'ai dit plus haut que cette population d'adultes vigoureux, dont l'âge était celui de la moindre mortalité, était beaucoup plus frappée que la population rurale cependant moins choisie et en apparence plus exposée à la mortalité, puisqu'elle a plus d'enfants et plus de vieillards : c'est qu'en dehors des conditions mêmes qui résultent de l'intensité de la lutte pour la vie, le milieu urbain présente des conditions atmosphériques très défavorables à la santé : défaut de lumière, défaut d'air, fréquence de la tuberculose et de la fièvre typhoïde, tout l'ensemble de conditions mauvaises auquel on a donné le nom de *malaria urbana*.

Les travaux modernes ont décelé la présence dans l'atmosphère des villes d'un nombre considérable des spores, de bactéridiens et d'organismes microbiens divers. D'après les recherches de Miquel, tandis qu'un volume d'air donné contient à Montsouris 82 microbes, le même volume d'air en contient 734 dans Paris, rue de Rivoli, et 6.166 dans une salle de l'Hôtel-Dieu! Le nombre de ces microbes varie, d'ailleurs, avec les saisons et avec un certain nombre de phénomènes météorologiques. Dans tous les cas, la courbe de leur fréquence est toujours parallèle à la courbe de la mortalité urbaine. Leur importance se trouve ainsi suffisamment démontrée.

Ces conditions propres à l'atmosphère des villes sont encore aggravées par la densité de l'agglomération et varient, par conséquent, avec les quartiers. Ainsi la densité moyenne de la population est pour Paris de 320 habitants par hectare; mais, dans certains quartiers, la densité est trois fois plus considérable : elle est de 1.165 dans le quartier Bonne-Nouvelle; il est vrai qu'elle n'est que de 70 dans celui de la Madeleine; à Londres, elle n'est que de 103; elle n'est que de 59 à Berlin.

Cette densité serait par elle-même moins grave, si elle n'était compliquée de l'insalubrité d'un grand nombre de logements; or cette insalubrité dépasse tout ce que l'imagination pourrait rêver. Il faut avoir vu de près et étudié sur nature le paupérisme des grandes villes, pour se faire une idée des conditions que tant d'hommes, en venant les chercher dans les villes, troquent, de gaieté de cœur, contre le grand air, le soleil et la vie modeste mais saine des champs. Le docteur Du Mesnil a récemment fait un voyage d'exploration dans les quartiers exclusivement habités par des malheureux et qui semblent être là pour protester, antithèse puissante, contre le luxe et la vanité qui les entourent!

Peignant un des coins de la *cité des Kroumirs*, M. Du Mesnil s'exprime ainsi : « Qu'on s'imagine un terrain de 30 mètres de « largeur et de 150 mètres de longueur environ, en pente vers « la rue Jenner, sans issue et sans écoulement d'eau vers cette « rue. Au milieu de ce terrain un chemin en terre grasse, dé- « trempé par la moindre pluie et rendu infect par les détritus « et les déjections de toute espèce qui s'y sont incorporés. De « chaque côté de ce chemin, des abris, plutôt que des baraques, « construits en vieux matériaux, en paillassons, en loques, « en tout ce que l'ingéniosité de la plus poignante misère peut « assembler et coudre pour se préserver de l'intempérie « des saisons. Près de quelques-uns de ces réduits une fosse « en terre, quelquefois un tonneau enfoncé dans le sol, sert « de cabinet d'aisances. Un peu partout des ordures ména- « gères, des matières fécales, des débris de toute sorte. On

« comprendra maintenant pourquoi cette cité a reçu un sur-
« nom qui fait image : *la cité des Kroumirs*...

« Mais, ajoute-t-il, le vice de la situation et, il faut bien le « dire, la cause de tout le mal, c'est que le sol de la *cité des* « *Kroumirs* n'appartient pas aux constructeurs, mais à l'As- « sistance publique, qui le donne à bail à un principal loca- « taire, à la condition qu'en le prévenant six semaines à « l'avance elle pourra rentrer en possession du terrain et faire « disparaître les constructions.

« Si l'Assistance publique prenait à tâche de créer des ma- « lades pour alimenter ses services hospitaliers, elle n'agirait « pas autrement, car, en présence de la situation qui leur est « faite, ceux qui bâtissent sur ces terrains, se sentant toujours « sous l'imminence d'une expulsion, construisent au meilleur « marché possible et se bornent à se faire un abri insuffisant « au lieu de se construire un logement salubre. »

Dans le XIIIe arrondissement, il décrit ainsi une autre installation : « *Maison R*. — La maison R est une voiture de saltim- « banques hors de service, où résident six personnes d'âge et de « sexe différents, dans un état de promiscuité repoussant. Le « coin de terre sur lequel est posée cette voiture est couvert « d'immondices accumulées chaque jour et que des volailles « en liberté étalent sur toute la superficie. Pour diminuer « l'encombrement dans la voiture, on vient d'y adosser un « hangar en planches, de 13 millimètres d'épaisseur ayant « au minimum 1^m,60, au maximum 2^m,10 de hauteur, et dans « lequel on a placé deux lits de camp en bois. Ce hangar, « dont le sol est en terre, qui est couvert en carton bitumé, « est éclairé par des châssis dormants. Il sert en même temps « de remise à l'orgue d'un infirme qui loge dans la voiture. Il « n'y a pas de cheminée, pas de cabinets d'aisances dans ce « hangar. Cette installation est louée 100 francs par an. » Plus loin la *maison P*. — « Une baraque divisée en quatre « pièces, dont deux sont sous-louées en garni, constitue cette « habitation, qui est louée 200 francs annuellement par un chif-

« fonnier. Le mur de fond est formé par des planches clouées « de place en place sur le mur de la maison voisine. Ces « pièces n'ont d'autres moyens d'aérage et d'éclairage que la « porte vitrée par laquelle on y pénètre. Dans le milieu de l'un « de ces logements est étalé le chiffonnage de la nuit précé- « dente. Nous trouvons là une femme aveugle et un enfant « borgne par suite d'ophtalmie purulente.

« La cour sur laquelle ouvrent tous ces logements à rez-de- « chaussée est un cloaque fangeux, d'où s'exhalent des odeurs « fétides. La cause de l'insalubrité est l'aménagement tout à « fait spécial du cabinet d'aisances qui y existe ; il consiste en « un trou en terre de peu de profondeur, entouré de trois « cloisons en osier, à hauteur d'appui et sur lequel on a posé « deux planches distantes de 20 à 25 centimètres. Lorsque « cette fosse est pleine, ce qui arrive fréquemment, vu le peu « de profondeur qu'on lui donne, on enlève le cabinet, on « creuse un autre trou quelques mètres plus loin jusqu'à sa- « turation du sol. Grâce à ce cabinet ambulant, déplacé plu- « sieurs fois depuis l'existence de cet immeuble, on a infecté « tout le sol du voisinage.

« Enfin, dans un bâtiment au fond de la cour, au rez-de- « chaussée, en contre-bas du sol de 0,20 centimètres, existe « une chambre qui n'a d'air que par un petit châssis, ouvert « sur la sortie des cabinets d'aisances, horriblement sales, qui « desservent l'immeuble. Il y a là quatre lits, placés sur deux « rangs en profondeur. La pièce cube $29^{m},57$, c'est-à-dire « environ 7 mètres par individu ; elle est sombre, sans che- « minée, humide. Nous y arrivons avant que les locataires ne « soient levés, l'odeur nauséabonde qu'on y perçoit dépasse « toute prévision. 35 centimes la nuit, 10 à 14 francs par « mois, sont les prix des loyers. »

Paris n'a pas le triste privilège de ces misères. L'Allemagne n'a rien à nous envier sous ce rapport : la promiscuité est même, dans plusieurs villes de Prusse, plus grande encore, par suite de l'habitude qu'ont certains ménages pauvres, pour augmenter leurs modestes ressources, de loger ce qu'on nomme des *coucheurs*. Dans une étude sur les logements insalubres faite par Pistor, au congrès de Stuttgart, l'auteur s'exprime ainsi : « Certaines familles logent de 6 à 8 locataires, qu'elles mettent coucher tantôt avec elles dans leur seule pièce, qui est exiguë, basse et sordide, tantôt dans une misérable cave, tantôt enfin dans un galetas situé sous le rampant du toit. Entassés les uns contre les autres sur de la paille, ces coucheurs respirent une atmosphère indescriptible en disposant tout au plus chacun de 2 1/2 à 3 1/2 mètres cubes d'air. « On devine tout ce que cette promiscuité entre la famille du logeur et ses locataires peut engendrer d'immoralité, d'autant plus que souvent le chef de famille va travailler la nuit et le locataire le jour. Il n'est pas rare alors de voir la syphilis transmise à la femme et ensuite par cette dernière à son mari ou bien encore à de jeunes filles de onze à quatorze ans, qui ont eu, du consentement de leurs parents, des rapports sexuels avec les locataires de nuit. Assez souvent, le mari autorise des relations adultères entre sa femme et ses hôtes. On prétend même que, dans la Prusse rhénane, beaucoup de contrats de sous-location prévoient cyniquement ce cas, en stipulant une rétribution suffisante, payée en espèces sonnantes. »

A Berlin, en 1875, d'après le Dr Bex, 44.708 ménages représentant environ le cinquième de la population, logeaient ainsi 78.098 individus *coucheurs*, dont 18.124 femmes. Goltdammer cite des garnis berlinois où les coucheurs n'ont que 3 mètres cubes d'air et sont étendus sur une paille fétide !

A Londres, d'après une enquête de M. Bright, sur 100 familles, 41 n'ont *qu'une* chambre et 37 en ont *deux ;* 78 % de la population se trouvent ainsi dans des conditions déplorables.

Sir James Paget, pour se rendre compte de l'influence du séjour dans la ville sur la santé des ouvriers, a relevé les livres des sociétés de secours mutuels, qui sont bien plus nombreuses en Angleterre que chez nous. Suivant lui, la morbidité de la population anglaise faisant partie de ces sociétés se traduit par une perte annuelle de travail égale à environ 9 jours pour les hommes et à un peu plus pour les femmes. En somme, la perte annuelle par suite de maladie est, pour les hommes, de 9.692.505 semaines de travail et de 10.592.761 pour les femmes; au total, 20 millions de semaines pour les deux sexes.

En France, M. le Dr Rochard a évalué à 1 milliard 649 millions la perte annuelle causée par la maladie et par la mort dans les hôpitaux et au dehors.

Il ne faut donc voir dans les boulevards, dans les riches constructions de nos grandes villes, qu'un décor propre à émerveiller le touriste. Soulevez le travestissement doré, vous verrez les haillons et, sous les haillons, l'ulcère du paupérisme, qui ronge le corps social! Le philanthrope qui flâne sur les grands boulevards, en dégustant un fin havane, peut se féliciter d'avoir contribué à l'extinction du paupérisme; les beaux quartiers ont en effet vu le nombre de leurs pauvres diminuer, mais ce n'est là qu'un trompe-l'œil : il y a des élégants à prix réduits, qui croient s'être mis en règle avec la propreté, en ne changeant de leur linge que ce qui se voit; mais les dessous seraient moins corrects! la grande ville a fait de même disparaître le paupérisme des parties que l'on voit; mais ses *dessous,* ses bas-fonds, ce que le bourgeois ne va jamais voir! C'est là qu'elle entasse le pauvre dans des conditions beaucoup plus malsaines qu'avant! c'est là que la pauvreté, accrue par la pauvreté voisine, s'élève à je ne sais quelle puissance non calculable!

Autrefois une sélection aussi funeste n'existait pas : le pauvre vivait à côté du riche et chacun gagnait à ce voisinage. De ce milieu créé pour chacun d'eux résultait une tendance à l'équilibre : le pauvre réagissait davantage; son amour-propre aidant, il imitait la propreté de son voisin; le riche était moins facilement hypnotisé dans son égoïsme; la vue d'un moins heureux le rendait lui-même meilleur, et tous deux pouvaient, en s'appréciant, oublier moins facilement que le chiffre de la fortune n'est pas un caractère suffisant de classification des hommes. Aujourd'hui, alors que certains arrondissements, comme le VIIIe et le IXe, voient le nombre des pauvres tomber à 1,65 %, en revanche le XIIIe voit sa population pauvre s'élever à 12,37 %; le XXe voit la sienne monter à 12,24.

En dehors du paupérisme même, il est une autre cause, qui contribue à l'encombrement des garnis, c'est l'affluence à Paris d'une population ouvrière de plus en plus nombreuse. C'est ainsi que de 1870 à 1882, d'après le docteur Du Mesnil, le nombre des locataires en garni a augmenté de 2/3, tandis que le nombre des logeurs n'a augmenté que de 1/4. Enfin les ouvriers sont souvent refoulés dans certains quartiers éloignés et maintenus parfois dans des logements malsains, dont ils sont forcés de se contenter, faute de mieux, par l'étrange fantaisie de certains propriétaires, qui refusent de loger les ménages qui ont trop d'enfants ou même ceux qui en ont plus d'un.

Que faut-il faire pour empêcher les villes de devenir, suivant le mot de J.-J. Rousseau, « le gouffre de l'humanité »? les législateurs et les économistes oscillent entre deux théories opposées : celle de l'hygiène officielle, forcée et imposée par ordre de l'État ou de la commune; celle du laisser-faire : Entre les deux il est un juste milieu. L'État, à mon avis, se mêle déjà de bien des choses qui ne le regardent pas; faut-il encore qu'il vienne vérifier si nous nous sommes suffisamment lavé les mains? J'applaudis à toutes les sages mesures actuellement demandées par les hygiénistes, mais je crains qu'ils fassent fausse route en voulant centraliser la médecine publique comme les postes : l'intention est excellente; le résultat sera mauvais. Les médecins, à Paris, dicteront des mesures très sages; les bureaux les transformeront en absurdités; à la périphérie, à l'extrémité du réseau, on ne sentira plus que des mesures vexatoires ou illusoires. C'est ainsi qu'une bonne intention, partie du centre et se transformant en chemin, aboutira à l'extrémité du réseau à une bêtise administrative! Je partage donc complètement l'avis du rapporteur de la commission des pétitions à la chambre des députés; voici comment il exprimait son opinion : « Tout en reconnaissant qu'il serait désirable, au point de vue de l'intérêt général, que des institutions médicales plus nombreuses et mieux organisées fussent répandues sur la surface du territoire, cependant la commission estime que c'est plutôt à l'initiative départementale ou communale qu'il appartient de combler cette lacune. L'État a déjà trop d'attributions. Quand l'opinion publique réclame si instamment comme le véritable fondement des libertés publiques une décentralisation effective, on serait mal venu à proposer une organisation qui ferait de la santé publique un *service d'État* et mettrait le gouvernement dans la nécessité de créer encore de nombreux fonctionnaires émargeant au budget. »

C'est au département ou à la commune qu'il appartient de donner des conseils aux habitants, car en pareille matière, lorsque le cercle s'agrandit, lorsque l'hygiéniste parle de trop loin, le but est manqué; d'ailleurs, encore faudrait-il que les hygiénistes du département et de la commune fissent leur devoir; or, en 1878, dit M. Vallin, sur 88 conseils départementaux, 25 seulement avaient pu envoyer des rapports imprimés ou manuscrits, complets et intéressants; 6 rapports étaient insuffisants; 14 n'étaient que des simulacres de rapports; 4 étaient négatifs, le Conseil ne s'étant pas réuni, faute d'éléments à soumettre à ses délibérations; 7 départements enfin ont laissé sans réponse les appels réitérés du ministère et n'ont pas même envoyé d'état négatif.

Le plus sage est, selon moi, de laisser les gens, tout en leur facilitant la tâche, en les conseillant, les guidant et les inspectant, s'arranger pour le mieux. « Ce n'est donc qu'à titre exceptionnel, en temps d'épidémie, que j'admets, dans une mesure restreinte, l'application, par l'autorité municipale, de certaines précautions de police sanitaire, ayant pour but d'empêcher le développement d'une contagion, dont la négligence ou l'incurie de quelques-uns rendrait le plus grand nombre victime. En dehors de telles exceptions, qui sont des concessions faites au temps et aux mœurs, il faut toujours craindre de verser dans l'arbitraire. » Ainsi s'exprimaient avec raison, selon moi, plusieurs orateurs dans une récente discussion à la Société d'économie politique.

Est-ce à dire qu'il n'y ait rien à faire? je crois qu'au contraire on peut beaucoup, mais par un tout autre moyen : on a eu recours, en Angleterre, à la coopération et à la spéculation industrielle. Des sociétés se sont fondées à Londres pour construire des logements destinés aux ouvriers ; elles ont concilié le bon marché de la location avec les exigences de l'hygiène ; plus de 100.000 personnes se sont fait recevoir de ces sociétés de construction (*building societies*) qui relèvent uniquement de l'initiative privée. Les résultats qu'il était permis d'espérer ne se sont pas fait attendre : 50.000 individus sont logés dans ces conditions nouvelles ; ils forment 11.000 familles. La mortalité de cette population a diminué de 1.000 par an : les cas de maladie s'y sont réduits de 20.000 à 15.000. Galton a calculé que l'économie réalisée en ce cas sur la mort, la maladie, les frais d'inhumation estimés à 125 fr. par décès, etc., représente bien plus que l'intérêt du capital de 47 millions 1/2 de francs dépensés pour construire ces nouveaux logements. Ajoutant que la vie des habitants de ces quartiers plus sains serait en moyenne prolongée de dix ans et calculant à 25 francs par semaine et par famille le salaire moyen, il évaluait à 116 millions le bénéfice réalisé par l'effet de ces améliorations dans le logement. A Rouen s'est également formée une société pour la création de logements salubres et à bon marché.

Qu'on multiplie en outre les conférences sur l'hygiène, les articles de journaux édifiant en peu de mots le lecteur sur ses intérêts : on n'aura pas perdu son temps si on a seulement réveillé chez nous l'initiative individuelle depuis longtemps en sommeil. Je crois que c'est là la seule voie pratique, la seule qui assure la liberté et qui soit compatible avec le plus grand besoin de la société française, telle que son passé nous l'a faite, le besoin de décentraliser.

Un projet de loi récemment déposé sur le bureau de la chambre par M. Lockroy, ministre du commerce, me semble heureusement concilier la surveillance de l'État, indispensable au moins au début, et l'autonomie départementale. L'auteur du projet sent tout le besoin de donner la vie et l'autorité, qui leur ont manqué depuis leur création, aux *conseils d'hygiène départementaux*. Il crée des inspecteurs départementaux et des inspecteurs adjoints, qui assureront ainsi la décentralisation nécessaire à l'efficacité d'une mesure émanée du pouvoir central. Il ne faut pas d'ailleurs méconnaître que si l'État doit aux citoyens la sécurité de la rue, il leur doit aussi la sécurité hygiénique et que, tout en respectant la liberté de chacun, il a le devoir de leur assurer *la liberté de la santé*. En Angleterre, toutes les fois que la mortalité d'une ville dépasse 19 pour 1.000, le *Board local government* demande un plan d'assainissement de la ville.

V.

Amoindrissement physique de la population urbaine. Déficit à la conscription. — Cachexie urbaine.

En présence du tableau que je viens de tracer, il n'y a pas lieu d'être surpris de l'état d'amoindrissement physique que présente partout la population moyenne des villes ; il y aurait plutôt lieu de s'étonner que ce qu'on a nommé l'*anémie urbaine*, la *cachexie urbaine*, ne produise pas des ravages plus considérables.

En 1875, Francis Galton a relevé la taille et le poids des enfants de quatorze ans qui fréquentaient les écoles publiques :

509 habitaient Londres et 206 vivaient à la campagne. Or cette enquête lui a permis de constater que la taille des enfants de la campagne dépassait de 3 centimètres celle des enfants des villes, et que le poids des premiers dépassait de 3 kilogrammes celui des seconds!

C'est pour la même cause que l'aptitude des jeunes conscrits au service militaire est en raison inverse de l'importance et de la densité de la ville à laquelle ils appartiennent : tandis que les campagnes donnent une moyenne de 8.058 réformés pour 20.000 conscrits, les villes industrielles donnent, pour le même nombre de conscrits, une moyenne de 14.451 réformés. Sur 100 conscrits on trouve en France 22 réformés et 29 dans la Seine.

Cette faiblesse native d'un grand nombre de citadins s'explique par l'état de santé précaire des parents et surtout par les mauvaises conditions au milieu desquelles s'effectue la maternité.

VI.

Influence du milieu social des villes sur la pathologie. — Caractère épidémique de la pathologie urbaine.

Tuberculose. — Son rapport avec la densité de la population et l'encombrement. — Inoculation de la tuberculose aux habitants des villes par l'usage alimentaire d'animaux ou de produits animaux tuberculeux. — Contagion de la tuberculose transportée avec la civilisation. — La tuberculose accompagne tout changement brusque du milieu social.

La syphilis. — Elle marche avec la civilisation. — Les populations isolées en sont à l'abri. — Le milieu social modifie la forme de cette maladie. — Sa fréquence dans les villes augmente avec la densité de la population. — Inutilité des règlements. — Impossibilité de les appliquer strictement.

Fièvre typhoïde. — Maladie essentiellement urbaine. — Elle s'accroît par l'arrivée incessante des immigrants. — Sa fréquence croît avec la misère. — Grande réceptivité de la population militaire.

Alcoolisme. — Il est surtout développé dans les villes. — Il a sa cause dans l'excès de travail, la misère, et dans la falsification de l'alcool, due elle-même aux droits élevés dont il est grevé. — Progression de la consommation de l'alcool. — Augmentation du nombre des débits. — Rôle de l'alcoolisme dans la mortalité des villes. — Diminution proportionnelle de la quantité d'alcool de vin ; augmentation de celle des alcools toxiques. — Inefficacité des mesures proposées, telles que la vente de l'alcool par la commune ou par l'État. — Inefficacité de la restriction du nombre des débits prouvée par l'exemple de la Suède et du Danemarck. — Inutilité des sociétés de tempérance. — Le vrai remède contre l'alcoolisme.

Il est si vrai que les conditions malsaines de la ville résultent surtout du grand nombre des individus ainsi mis en contact les uns avec les autres, que la caractéristique des maladies des villes c'est la forme épidémique. Tout est épidémique dans les villes, même la civilisation, même parfois l'esprit, même certaines idées courantes auxquelles on reconnaît le Parisien. Malheureusement la contagion ne se fait pas moins dans le mal que dans le bien, et les mauvaises habitudes, les vices et les crimes se propagent comme la fièvre typhoïde, la variole et la diphtérie.

En dépit des embellissements, qui ne portent d'ailleurs que sur les quartiers riches, le nombre des étrangers toujours croissant apporte un nombre de germes morbides de plus en plus considérable dans un terrain dont les détails que j'ai donnés sur la cité des Kroumirs et d'autres habitations insalubres, font assez prévoir la fécondité. D'après les recherches de Brouardel, le tribut payé par un groupe de 100.000 habitants de Paris à la fièvre typhoïde et à la diphtérie a doublé en dix ans!

Toutes les maladies ont leur maximum de fréquence dans les villes. Il n'en est qu'une seule dont elles mettent à l'abri, c'est la fièvre palustre. M. Colin a judicieusement remarqué que les villes sont relativement à l'abri de cette maladie, et que les quartiers du centre le sont même plus sûrement que ceux de la circonférence : cela tient, ainsi qu'il le dit, à l'obstacle qu'apportent le pavage et surtout les maisons au passage et à la germination des corpuscules microscopiques qui donnent naissance à la fièvre.

Au premier rang dans les causes de la morbidité des villes

on doit placer, avec la misère, la tuberculose, la syphilis et l'alcoolisme.

La *tuberculose* est, sans contredit, la maladie la plus redoutable des villes; elle fait périr, chaque année, dans le monde plus de *trois millions* d'individus. Elle figure, à elle seule, dans les pays civilisés, pour le 1/8 et même le 1/5 des décès. Répandue partout, avec une intensité plus ou moins grande, elle se montre partout en rapport direct avec la densité de la population ; on peut même dire que si le séjour sur les hauteurs semble un préservatif, c'est que la densité des populations leur est proportionnellement inverse. Il est tellement vrai que la diminution dans la densité des populations joue son rôle ici, que les populations peu denses, mais sans altitude, ont la même immunité. Voilà pourquoi la phtisie est aussi rare dans les plaines peu élevées des Kirghiss nomades que sur les hauteurs peu peuplées.

Veut-on voir un exemple de l'action de la densité de la population sur la phtisie? cet exemple sera fourni, pour l'Angleterre, par le Dr Pears, au moyen d'une statistique qui porte sur 300.000 habitants de 34 districts du Devonshire, observés pendant une période de dix ans (1861-1870).

Districts.	Superficie en mètres carrés.	Décès phtisiques. par 1000 vivants.
Tavistsck	80 000	0,37
Barnstaple	32 300	1,42
Molton	24 200	1,45
Saint-Thomas	6 470	2,42
Newton	1 738	2,62
Plymouth	84	2,85
Londres	84	2,87

La phtisie est si bien une maladie qui croît comme la densité de la population, que la mortalité provoquée par elle dans les campagnes même les plus peuplées est toujours inférieure à celle qu'elle occasionne dans les villes voisines. On a donc raison de regarder l'émigration des campagnes, l'extension de l'industrie et les difficultés de la vie ouvrière dans les grandes villes comme une des causes de son accroissement. Dans l'année 1883, la tuberculose à Paris a causé 11.438 décès sur 57.024. Il en est de même chaque année à Londres, à Berlin et à Vienne.

Un autre exemple bien remarquable de l'influence de l'encombrement sur la production de la phtisie nous est fourni par sa fréquence incomparablement plus grande dans la population *militaire* que dans la population civile. Cet exemple a d'autant plus de valeur, qu'il s'agit ici d'une population préalablement triée par les conseils de revision. J'aurai l'occasion de revenir sur ce point, en étudiant l'action spéciale des professions.

Il est aujourd'hui, depuis les découvertes récentes, plus facile qu'autrefois de se rendre compte du mode d'action de l'encombrement comme producteur de phtisie : il met l'organisme, qu'il affaiblit, dans des conditions de réceptivité favorable ; en outre la présence des bacilles de Koch dans l'air des villes, où des milliers de phtisiques pulvérisent en quelque sorte leurs crachats semés de bacilles, nous explique suffisamment comment un terrain quelque peu prédisposé est malheureusement assuré de trouver dans les villes la graine de tuberculose qui y pullule.

Si la transmission de la tuberculose dans une même famille est moins commune dans les classes aisées de la société que chez les ouvriers, cela tient à ce que les soins de propreté sont mieux entendus, les appartements plus spacieux, moins encombrés ; le malade a pour lui seul une chambre suffisamment grande, bien aérée, tandis qu'il n'en est point ainsi dans les logements d'ouvriers, d'artisans ou de petits commerçants. « Entrons, dit le Dr Cornil, dans un de ces logis : un tout « petit couloir, une cuisine grande comme la main et obscure, « une seule chambre, de 3 à 4 mètres sur chaque côté, basse

« de plafond, pour toute une famille. Il n'y a qu'un lit dans « cette pièce, celle où couchent le mari et la femme. Le soir, « on étend un lit de fer ou on met un matelas pour les en- « fants. Le père, la mère, deux ou trois enfants couchent et « respirent dans cet air confiné. Que le père ou la mère ou « l'un des enfants devienne phtisique, ce sera miracle s'il « est le seul malade, si la maladie ne se communique pas à « presque toute la maisonnée. »

La découverte de la nature parasitaire de la pthisie et la possibilité de son inoculation par l'intestin nous permettent en outre de comprendre comment l'usage, plus fréquent dans les villes qu'à la campagne, de lait tuberculeux, de viande tuberculeuse, d'aliments quelconques ayant pu être souillés par des bacilles, peut, toutes les fois que la cuisson n'a pas détruit la puissance germinative du bacille, engendrer la tuberculose dans les villes.

C'est encore la contagion parasitaire qui nous explique comment les populations demeurées jusqu'ici en dehors des grands courants de civilisation ont été, par cela même, à l'abri d'un mal qui éclate chez elles aussitôt que nous l'y portons, avec une intensité d'autant plus grande qu'elles sont jusque-là vierges de toute atteinte de la maladie. C'est ainsi que depuis 1844 la phtisie a pris, au Brésil, une extension exactement proportionnelle à l'arrivée des étrangers de plus en plus nombreux dans ce pays; c'est ainsi encore que les Polynésiens sont décimés par cette maladie depuis que nous la leur avons apportée.

Après s'être expliqué sur ce mécanisme de la fréquence de la maladie dans les villes et de son mode de contagion, on peut dire, sous ces réserves, que toutes les fois que le milieu social change brusquement, la phtisie fait son apparition; c'est que le changement brusque du milieu social suppose l'apparition de conditions mauvaises d'encombrement; il entraîne un mélange de populations, toutes conditions qui sont favorables à la contagion.

La *syphilis* est un autre fléau des villes. L'état social des populations influe sur sa forme comme sur sa fréquence. Ici, comme pour la phtisie, la maladie arrive avec la civilisation, avec les marchands d'un pays voisin, aussi bien qu'avec les soldats ; c'est pour cela que chaque pays a cru devoir donner à cette maladie le nom du pays voisin. Les populations isolées sont plus à l'abri.

L'état social influe même sur sa forme : chez les populations primitives, qui ne connaissent pas encore le chez soi, le *home*, qui vivent, surtout dans un climat chaud, dans une promiscuité presque complète, le mal, lorsqu'une première fois il a fait son apparition, se communique moins souvent encore par les rapports sexuels que par toute autre façon banale ; c'est alors qu'on voit apparaître ces petites épidémies locales, d'abord méconnues, que nous avons nous-mêmes subies en Europe à une certaine époque et qui ont reçu des noms divers : *mal de charane*, *Falcadine*, etc.

La fréquence de la syphilis dans les villes augmente avec la densité de la population, et cela, il est bon de le dire, en dépit des mesures répressives, qu'on a cru devoir prendre à des époques diverses contre cette maladie. En 1496, le Parlement de Paris ordonne que tous ceux qui sont atteints de *grosse vérole* et qui ne sont pas nés dans la ville doivent en sortir par la porte Saint-Denis et la porte Saint-Jacques et s'en aller « où bon leur semblera ». Quant à ceux qui sont Parisiens, ils doivent se renfermer dans leurs maisons jour et nuit! A Édimbourg, en 1497, « Sa Majesté (Jacques IV) ordonna expressément à toutes personnes domiciliées dans l'intérieur du bourg, lesquelles sont infectées ou ont été infectées et non guéries de ladite peste contagieuse appelée *grandgor* (grosse vérole), de partir et d'aller hors la ville et de se réunir sur la grève de Leith à dix heures avant midi ; là, elles trouveront des bateaux préparés pour elles, convenablement pourvus de vivres et destinés à les transporter à Inche, où elles resteront *jusqu'à ce que Dieu ait pourvu à leur rétablissement.* Ceux qui se soustrairaient à la précédente ordonnance seront marqués à la joue avec un fer rouge, afin qu'on puisse les reconnaître dans l'avenir. »

Encore aujourd'hui, dans un grand nombre de pays, on soumet les prostituées à des visites ; on punissait jadis les syphilitiques, même ceux du sexe masculin, comme des criminels. « Il n'y a guère plus d'un siècle, dit le Dr Colin, que la fustigation préalable à tout traitement ne leur est plus appliquée. » Aucune de ces mesures cruelles, pas plus que celles qui sont aujourd'hui simplement vexatoires, n'a réussi à diminuer le mal ! Comment de nos jours des hommes sérieux ont-ils pu proposer « d'établir aux barrières de Paris des bureaux, où chaque personne, homme, femme, fille entrant dans la ville, serait tenue de se faire examiner, de manière à ne laisser entrer aucun vénérien » ? comment, plus récemment, a-t-on pu émettre l'idée de demander, sous tous les prétextes, un certificat ou patente nette de syphilis : avant le mariage, avant d'entrer dans une école, avant d'être admis dans la magistrature ou dans l'administration, lorsqu'on veut recueillir une succession, porter une plainte en justice, voter comme électeur, prendre un passe-port...? »

Sans compter tout ce que ces mesures ont d'odieux, d'arbitraire, et sans tenir compte de l'impossibilité de leur application, comment ne s'est-on pas encore convaincu qu'en matière vénérienne, comme ailleurs, c'est à chacun qu'il appartient de se garantir soi-même? Invoquera-t-on les mesures prises aujourd'hui par les dispensaires contre la prostitution officielle? elles montrent leur inutilité au point de vue de la transmission de la syphilis, car, si rigoureuses qu'elles soient, elles n'atteindront jamais la prostitution clandestine ; or c'est elle qui communique la syphilis. En effet, en 1883, sur 1.733 hommes malades, la contagion a été opérée 1.514 fois par des insoumises. La visite officielle des prostituées officielles ne fait d'ailleurs que donner aux clients de la police une sécurité trompeuse, car la contagion s'est effectuée 219 fois par des filles inscrites. D'une enquête du Dr Maurinc sur 5.008 hommes il résulte que 733 ont été contaminés par des filles inscrites, 4.012 par des insoumises et 263 par des femmes non prostituées. D'où il est permis de conclure que la protection n'est pas ici efficace et que, le fût-elle, comme on ne peut atteindre la prostitution clandestine et encore moins agir quand il n'y a pas de prostitution du tout, la visite est au moins inutile, sans compter qu'elle est illégale, attentatoire à la liberté et que, pour être logique, elle devrait s'appliquer aux hommes comme aux femmes. On voit alors où cela conduirait!

Comment d'ailleurs atteindre, fût-ce au prix de la légalité et de la liberté individuelle, une maladie qui prend des formes diverses, qui se cache sous les apparences les moins visibles, sous les états sociaux les plus divers, dans les deux sexes et à tous les âges?

Il est impossible de parler du milieu social des villes sans dire un mot de la *fièvre typhoïde,* maladie essentiellement sociale, en ce sens qu'elle augmente avec la densité de la population et qu'elle a son maximum dans les villes, surtout dans les grandes cités populeuses.

Les causes de cette fréquence sont multiples et le Dr Colin cite, avec raison, comme les principales : l'encombrement, la défectuosité des latrines, le manque de pente et d'irrigation des égouts, retenant ainsi les matières typhoïdes qui y sont jetées, l'infection de la banlieue par les usines ammoniacales, l'insuffisance de l'eau potable, enfin l'arrivée incessante d'étrangers, qui offrent à la maladie une réceptivité plus grande que les personnes déjà acclimatées ou en quelque sorte vaccinées par une attaque antérieure.

Ce rôle d'aliment nouveau pour le foyer morbide joué par les immigrants est manifestement démontré par l'accroissement de la maladie aux époques des grands travaux du bâtiment, qui amènent dans Paris des quantités considérables de jeunes ouvriers, à celle du retour des vacances, qui ramène la population absente l'été, enfin à l'époque des changements de garnison, où viennent de nouveaux régiments non acclimatés.

Dans les grandes villes, comme Paris, les foyers d'épidémie varient d'ailleurs avec la topographie de la ville, suivant certaines conditions variables elles-mêmes avec la population de chaque quartier : c'est ainsi qu'à Paris le VIIe arrondissement, qui contient la population militaire de l'École militaire et les malades de l'hôpital militaire du Gros-Caillou, est toujours très frappé; d'après les recherches de Jacques Bertillon, le XIXe arrondissement (Buttes-Chaumont), qui contient le port très important des bassins de la Villette et qui est habité par un grand nombre de journaliers très misérables, souvent étrangers (Italiens, Allemands, Belges, etc.), est également très frappé.

D'une manière générale, la fièvre typhoïde tue dans les villes 1,46 sur 1.000 habitants, tandis que dans les campagnes elle ne tue que 0,94 sur 1.000 habitants. D'après les renseignements réunis dans le rapport de M. Lockroy, sur 100.000 habitants la fièvre typhoïde cause 14 décès à Vienne, 17 à Londres, 19 à Bruxelles, 63 à Paris, 149 à Marseille; la population militaire, qui présente les trois conditions les plus favorables, la jeunesse, l'absence d'acclimatement au milieu urbain et l'encombrement, est surtout frappée : la mortalité par la fièvre typhoïde s'est élevée, dans certaines années d'épidémie, pour l'armée, à 9,34 sur 1.000. Sur 10.000 hommes de troupe elle est, en temps ordinaire, de 3 à Lille, de 4 à Châlons-sur-Marne, de 37 à Paris et à Lyon, de 104 à Toulon, de 115 à Brest, de 126 à Carcassonne et de 137 à Troyes.

Indépendamment des conditions de température, de latitude, de profession, etc., qui influent sur la fréquence de *l'alcoolisme,* et, bien que les campagnes n'en soient pas à l'abri, on peut dire que cette maladie exerce surtout ses ravages dans le milieu social des villes. L'intensité, la rudesse de beaucoup de travaux qui s'y exécutent, les conditions de chaleur extrême ou, au contraire, de froid vif, au milieu desquelles beaucoup d'ouvriers sont forcés de travailler, l'exemple, souvent aussi la misère et le besoin d'un cordial qui stimule artificiellement les forces insuffisamment réparées par une nourriture peu hygiénique, telles sont les causes de la fréquence de l'alcoolisme dans le milieu urbain. A toutes celles-là il faut ajouter les propriétés toxiques d'une bonne partie de l'alcool vendu dans les villes : c'est là une conséquence de l'élévation des droits d'octroi et des diverses charges qui, pesant sur les débitants, retombent forcément sur les consommateurs.

J'aurai l'occasion de revenir plus loin sur ce chapitre important : pour le moment je me borne à signaler que les octrois des villes accusent une progression constante dans la consommation d'alcool. Cependant, d'après Jules Simon, en 1861 il se débitait déjà à Rouen, outre le cidre, le vin ou la bière, 5 *millions* de litres d'eau-de-vie par année ; à Amiens, d'après le même auteur, il se consommait 80.000 petits verres d'eau-de-vie par jour.

J'emprunte au Dr Lancereaux les chiffres suivants donnés par M. Armand Husson sur la quantité moyenne de liquides spiritueux consommés dans Paris pendant une série d'années.

De 1825 à 1830..........	69 071	hectol. d'alcool	pur à 45°.
1831 à 1835..........	72 315	—	—
1836 à 1840..........	91 538	—	—
1841 à 1845..........	110 762	—	—
1846 à 1850..........	116 200	—	—
1851 à 1854..........	150 047	—	—

Ce qui donne une consommation moyenne par chaque habitant :

	Litres.	Litres.
De 1825 à 1830........	8,96 par an	0,024 par jour.
1831 à 1835........	8,74 —	0,023 —

	Litres.		Litres.	
De 1836 à 1840........	10,15	—	0,021	par jour.
1841 à 1845........	11,14	—	0,031	—
1846 à 1850........	11,03	—	0,030	—
1851 à 1854........	14,25	—	0,039	—

Les recherches de Parent-Duchâtelet pour 1821 et 1822 indiquent, dit Lancereaux, qu'il existait alors dans Paris *un* débit de liqueurs pour *neuf* maisons. Or il existait en 1880 à Paris, d'après l'*Annuaire de la ville*, 74.740 maisons et 20.886 débitants de boissons, cafetiers et liquoristes, ce qui ferait un débit de boisson pour 3,57 maisons. En 1883, le nombre des maisons s'élève à 79.812. Quant à celui des cabarets, l'*Annuaire* ne le donne pas exactement ; il dit seulement que les déclarations reçues par application de la loi du 17 juillet 1880 ont été, en 1881, de 9.584 ; en 1882, de 9.142, et en 1883, de 6.000 ! cela fait alors 45.672 débits pour 79.812 maisons, soit 1 débit par 1,74. Ce chiffre est évidemment inexact, car l'*Annuaire*, qui donne 45.672 comme chiffre supposé de débits, a soin de faire remarquer que les déclarations de 1881, 1882 et 1883 ne peuvent être, sans réserve, ajoutées au chiffre de 20.886 qui était celui des années antérieures, parce que la préfecture de police ne reçoit pas seulement des déclarations d'ouverture de débits de boissons : toute mutation dans la personne du propriétaire ou gérant, toute translation de débit font aussi l'objet de déclarations. On n'en peut pas moins conclure que la proportion a singulièrement augmenté ! Il n'est donc pas étonnant que le Dr Lancereaux ait pu dire que l'alcoolisme figurait à Paris pour au moins 1/20 de la mortalité, et que, dans la seule année 1858, il ait pu recueillir dans son service plus de 100 observations avec autopsie, où la mort par l'abus des alcooliques ne lui paraît nullement douteuse.

Au surplus, il ne faut pas ajouter une trop grande importance au nombre des débitants en lui-même. Il ressort en effet de toutes les discussions sur ce sujet, que leur augmentation n'est pas toujours parallèle au progrès de l'alcoolisme ; chaque débitant fait moins d'affaires, voilà tout ! Quoi qu'il en soit, on estime aujourd'hui le nombre des débitants pour la France à 400.000, ce qui fait environ 1 débit pour 100 habitants, soit, en ne comptant que le quart pour représenter la population mâle et adulte qui fréquente ces établissements, 1 pour 25 consommateurs.

Un fait beaucoup plus important, c'est que, en présence des droits considérables, qui, surtout depuis 1870-71, frappent les alcools, l'industrie a développé la fabrication des alcools autres que l'eau-de-vie de vin. De 1840 à 1850, la production annuelle de l'alcool en France était de 976.500 hectolitres environ, dont 900.000 d'alcool de vin, 500 d'alcool de betteraves, 40.000 d'alcool de mélasse et 36.000 de substances farineuses. On a vu depuis, principalement à cause des ravages du phylloxéra, l'alcool de vin diminuer constamment et, aujourd'hui, sur une production de plus de 1.800.000 hectolitres, c'est à peine s'il y en a 60 ou 62.000 provenant du vin, du cidre, des marcs et fruits, tandis que le reste, 5 à 600.000 hectolitres, est de l'alcool de betteraves ou de l'alcool de mélasses (700.000 hectolitres environ), plus 500 à 510 ou 520.000 hectolitres d'alcools de pommes de terre et de diverses substances farineuses.

Or ces alcools, notamment l'alcool amylique, sont beaucoup plus toxiques que l'alcool de raisin. Ils donnent non seulement une ivresse plus maladive, en quelque sorte, mais ils contribuent plus souvent et plus vite que l'alcool de raisin à produire les lésions graves de l'alcoolisme. Les mesures fiscales qu'on a prises n'ont donc pas réussi, ainsi que le pensaient naïvement ceux qui les votaient, à diminuer l'alcoolisme ; ils l'ont au contraire rendu plus grave.

Les divers moyens imaginés dans plusieurs pays pour prévenir cette maladie, ne sont pas d'ailleurs plus efficaces. En Angleterre M. Chamberlain préconise un système, qui consisterait à charger la commune du débit des boissons, afin qu'elle pût contrôler la consommation et l'empêcher d'être excessive. Mais, comme le fait observer avec raison M. Raffalovich, « il est trop dangereux de transformer les municipalités en grandes sociétés de commerce. Il est, en outre, souverainement injuste de donner à une majorité le droit de contrôler les goûts de la minorité et de la priver de l'usage modéré des boissons, parce qu'il y a des ivrognes. »

Il est contraire à la liberté et tout aussi inefficace de vouloir limiter le nombre des cabarets, comme on l'a fait en Hollande, où, en 1881, on l'a réduit de 85.000 à 15.000. Dans les villes de plus de 50.000 habitants on autorise un débit par 500 habitants; dans les communes de moins de 10.000 habitants, un débit par 250. C'est là de la simple protection en faveur des négociants privilégiés, mais cette sorte de monopole, qui enrichit les débitants, ne diminue nullement l'alcoolisme.

En effet, la Suède a également limité depuis 1855 le nombre des distilleries et celui des débits; or, depuis cette époque, le nombre des délits pour ivresse s'est élevé de 322 à 376 pour 100.000 habitants, puis à 421, enfin à 493, et le nombre des décès par suite d'alcoolisme a passé de 60 à 152 et à 171.

Il en est de même en Danemark, où, depuis qu'on a limité le nombre des débits, l'alcoolisme a toujours été en augmentant.

Il faut donc chercher autre chose: mais d'abord pourquoi s'attaquer avec acharnement au cabaret? Les cafés du *high-life*, les cercles, certaines réunions n'ont-ils pas pour la classe qui les fréquente les mêmes inconvénients et aussi les mêmes avantages que les cabarets? Pourquoi les ouvriers n'auraient-ils pas, eux aussi, leurs lieux de réunion, où l'on boit, où l'on fume, mais où l'on se délasse après tout et où, par la lecture de quelques journaux, par l'échange de quelques idées, on s'instruit, on se civilise, on s'améliore! « Une considéra-
« tion importante, dit encore M. Raffalovich, c'est que le ca-
« baret, le débit de boisson est un lieu de réunion, de dis-
« traction pour l'ouvrier qui est condamné à la vie la plus

« tristement monotone dans son atelier ou à la fabrique. Il « y est chauffé, éclairé, il y va parce que son logement est « étroit, insalubre. Au lieu de faire intervenir l'État et de « s'enrôler parmi les apôtres de la tempérance, qu'on offre à « l'ouvrier un endroit pour remplacer le cabaret, où on lui « vendra du thé, du café, du chocolat, où il aura tous les « agréments du débit d'eau-de-vie sans les tentations mau- « vaises. On l'a fait en Angleterre et avec grand succès, « même au point de vue financier. Il a été fondé des sociétés « pour la vente des boissons chaudes (coffee houses socie- « ties) qui font d'excellentes affaires, en moyenne 8 à « 8 1/2 % de dividende : les ouvriers les fréquentent; à « Liverpool, les ouvriers des docks (15.000) ont pris l'habi- « tude de s'y nourrir. Tant il est vrai, ajoute-t-il, qu'il faut « compter sur l'action simultanée et continue d'une foule de « facteurs, non pas se fier à la panacée de l'intervention gou- « vernementale ».

Les sociétés de tempérance n'ont réussi que lorsqu'au lieu de se borner à donner de bons conseils et à verser à flots les lumières de l'Évangile, elles ont donné à boire et versé du thé, du chocolat ou même du bon vin; lorsque surtout elles ont employé les distractions, les révulsions intellectuelles, seules propres à faire oublier à l'estomac son funeste besoin. D'ailleurs il ne faut pas que les sociétés de tempérance oublient cette fine appréciation de M. Summer sur leur compte : « A et B, dit-il, décident qu'ils s'abstiendront de spiritueux, ce qui est fort sage. Mais A et B s'unissent pour faire une loi qui force C à s'abstenir de spiritueux, à cause de D qui est en danger de trop boire. Il n'y a pas de pression sur A et B : ils ont ce qu'ils veulent et sont satisfaits ; il y a peu de pression sur D : la loi lui déplaît, il l'élude. La pression est tout entière sur C. Vous demandez qui est C? C'est l'homme qui a besoin de spiritueux pour une fin honnête, qui userait de sa liberté sans en abuser. Vous frappez celui-là précisément que vous ne visiez pas! »

La loi contre l'ivresse est tout aussi illusoire, outre qu'elle est vexatoire ; car pourquoi emprisonner le pauvre diable, qui sort de l'assommoir empoisonné par l'alcool amylique, plutôt que le viveur à qui le potage à la bisque, le madère et la fine.champagne ont donné une indigestion, ou que celui qui paie d'une attaque de goutte ses excès gastronomiques ?

Il en faut revenir à la liberté et à cet axiome justement émis par le président de la *Ligue belge contre l'alcoolisme,* au congrès de 1882 : « Il n'y a que deux remèdes contre l'alcoolisme ; c'est la suppression de la misère et la suppression de l'ignorance. »

Le Dr Schuler, dans son enquête sur les divers modes d'alimentation des cantons suisses, confirme cette appréciation. Dans le riche canton de Vaud, à Genève, à la Chaux-de-Fond, dans le canton de Zurich, partout où l'on consomme beaucoup d'aliments azotés sous forme de viande, de fromage mi-gras, de pain de bonne qualité, la consommation de l'eau-de-vie est très faible. Dans les cantons pauvres, dans la partie inférieure de l'Emmenthal, dans l'Oberghale, à Interlaken, dans la vallée de la Surh, dans le Hinterland, dans les petits cantons, dans les cantons primitifs, là où l'alimentation, composée surtout de pommes de terre et de maïs, est seulement relevée par de mauvais café, où le lard est un objet de luxe, là le schnaps, le brandevin, l'eau-de-vie de pomme de terre à 0,50 c. la bouteille au détail, jouent un rôle considérable.

Quand la protéine et les corps gras manquent, l'estomac a besoin d'être rempli. L'homme se sent débile ; il essaye de tromper son besoin, de se donner une vigueur factice avec de l'eau-de-vie. Yves Guyot rappelant ces faits dans une discussion sur l'alcoolisme devant la Société d'économie politique ajoutait avec raison : « Mais que font donc les législateurs « qui veulent restreindre à l'aide de tarifs douaniers la con- « sommation du blé et de la viande ? Ils donnent une prime « à l'alcoolisme ! »

C'est donc à une question de dégrèvement et non pas de protection que se réduit la lutte contre l'alcoolisme. Faites que l'alimentation soit à bon marché, et l'alcoolisme diminuera. Faites la politique du *pain cher*, de la *viande chère*, de l'alimentation chère, et l'alcoolisme croîtra. C'est un produit du milieu social des villes : c'est ce milieu social que nous devons nous appliquer à améliorer. Mais nous ne devons le faire que par nous-mêmes et sans appeler l'État à notre secours. Nous devons agir dans la mesure rappelée par cette maxime de Summer : « Tout homme, toute femme en société a un « grand devoir ; c'est de prendre soin de soi ; c'est là le de- « voir social. »

VII.

Phénomènes démographiques du milieu social des villes. — Influence de la vie sédentaire sur la fécondité. — Diminution des naissances dans les villes. — Fréquence moindre des mariages. — Ceux-ci sont plus tardifs. — Grand nombre des enfants mort-nés. — La plupart de ces mort-nés sont illégitimes. — Mortalité des enfants illégitimes. — Causes de ce phénomène. — Le remède consiste dans l'autorisation de la recherche de la paternité et dans le rétablissement des tours. — Fréquence des naissances illégitimes dans les villes. — Mortalité générale des enfants. — Grande mortalité de tous les âges dans les villes. — Chances de survie comparées dans la France et à Paris. — Extinction de la population des grandes villes livrée à elle-même. — Nécessité du croisement entre les natifs des villes et les immigrants.

Tant qu'on n'aura pas remédié à l'état de choses actuel, les phénomènes démographiques dont les villes sont le théâtre se distingueront par un caractère spécial, qui est loin d'être favorable à l'évolution de leur population.

Pour bien des raisons la natalité des villes est affaiblie : misère et richesse, causes l'une et l'autre de ce qu'on a nommé la *restriction volontaire*, fatigue du travail ou des plaisirs mondains, défaut d'hygiène, manque d'exercice, centralisation trop exclusivement cérébrale des forces organiques, voilà bien des causes qui, à des degrés divers, jouent leur rôle dans la production de ce phénomène.

Pour ne parler que du défaut d'exercice, des conditions de confinement et de réclusion d'une partie de la population, on peut rapprocher ce qui se passe dans les villes des conséquences de la vie sédentaire constatées par Darwin chez nos oiseaux domestiques : chez les poules, qui vivent libres en plein air, 20 % des œufs avortent ; chez celles qui sont moins complètement libres, la proportion des œufs avortés s'élève à 40 % ; chez celles qui vivent complètement enfermées, ce chiffre atteint 60 %. Quoi qu'il en soit de ces explications, le fait de la diminution des naissances dans les villes est indéniable : tandis que, pour toute la France, 100 mariages donnent 313 naissances légitimes, ils n'en donnent, dans le département de la Seine, que 241 ; différence, un cinquième !

Si les mariages sont moins féconds dans les villes que dans les campagnes, ils sont en outre moins nombreux : on se marie moins, parce que, ainsi que je l'ai déjà dit, les hommes sont plus nombreux que les femmes, parce que la vie de garçon trouve dans les villes des plaisirs faciles, enfin parce que la vie est chère dans la ville et que beaucoup de ceux qui y sont venus chercher la fortune ne l'ont pas encore trouvée au moment où il leur conviendrait d'ailleurs de se marier. Si la population du département de la Seine se mariait, dit Bertillon, avec la même fréquence que celle du reste de la France, on compterait annuellement, dans la Seine, 40.505 mariés de plus.

On se marie en outre plus tard dans les villes que dans les campagnes : l'âge moyen du mariage est de 28 ans 3 mois pour la France et de 29 ans 6 mois pour la Seine.

Un des phénomènes démographiques les plus remarquables présentés par les villes, c'est le grand nombre d'enfants qui y sont déclarés *mort-nés*. Sur 10.000 naissances on constate :

A la campagne.	1000	mort-nés.
Dans les villes.	1280	—
Dans la Seine.	1460	—

La plupart de ces mort-nés, aussi bien à la ville qu'à la campagne, sont des enfants illégitimes :

A la campagne.........	368	mort-nés	légitimes.
	641	—	naturels.
Dans les villes........	494	—	légitimes.
	795	—	naturels.
Dans la Seine...........	610	—	légitimes.
	856	—	naturels.

Il est facile de comprendre pourquoi les enfants illégitimes donnent un plus grand nombre de mort-nés : les filles-mères étant partout rebutées et méprisées sont forcées, pour échapper à ce cruel préjugé, de dissimuler leur grossesse le plus longtemps possible ; elles doivent en outre, généralement abandonnées par leur amant aussitôt qu'il connaît leur situation, se livrer pour vivre et pour élever bientôt leur enfant à des travaux au-dessus de leurs forces et se priver de tous les soins nécessaires dans leur état. Il n'est pas étonnant que, dans ces conditions, l'embryon succombe avant sa naissance ; enfin il existe une autre cause : lorsque, malgré tous ses efforts pour se cacher et pour lutter, la fille abandonnée se trouve seule dans sa chambre avec ce petit être, qui vient de naître, il arrive qu'elle perd la tête et que, voulant d'abord étouffer les cris compromettants qu'il fait entendre dans son premier vagissement, elle étouffe l'enfant, qui, si rien ne s'ébruite, sera simplement enregistré mort-né par la bureaucratie.

Il est évident que ce nombre de mort-nés illégitimes diminuerait, si nos préjugés contre la fille séduite étaient moins sévères pour elle et l'étaient davantage pour le séducteur, si nos lois permettaient la *recherche de la paternité*, et si la suppression des tours n'ôtait à la femme qui est tentée de se débarrasser de son enfant le moyen de le faire sans commettre un crime.

Si les mort-nés, même légitimes, sont plus fréquents dans

les villes, cela tient, non plus aussi souvent à l'infanticide, mais aux conditions de dur labeur et de faible alimentation auxquelles la mère a dû s'astreindre pendant sa grossesse.

L'illégitimité de la naissance est d'ailleurs plus fréquente dans les villes :

SUR 1000 NAISSANCES.

La France entière donne.......	78	illégitimes
Les campagnes..............	41	—
La Seine....................	266	—

La promiscuité des villes, la facilité des relations, la longue durée du service militaire, le grand nombre des célibataires expliquent suffisamment ce phénomène. Encore ici la recherche de la paternité serait un remède efficace et mettrait mieux les filles à l'abri de la séduction des jeunes gens.

La mortalité des enfants illégitimes de 0 à 1 an est également plus forte que celle des enfants légitimes. Du reste, qu'il s'agisse d'enfants légitimes ou d'enfants naturels, la mortalité infantile est, on le sait, considérable dans nos pays civilisés.

A tout âge, d'ailleurs, la mortalité des villes est considérable : en France, de 1861 à 1865 la mortalité des campagnes étant de 21,5 pour 1.000 habitants, celle des villes était de 26,1 pour 1.000 ; en Suède la différence est encore plus marquée : la mortalité des campagnes est de 19,65 pour 1.000 et celle des villes de 26,5. Les villes de manufactures sont surtout caractérisées par une grande mortalité : elle est de 35,25 pour 1.000 à Liverpool et seulement de 25,7 à Londres.

Voici, d'après la *Revue médicale de Berlin,* le nombre des personnes qui meurent en moyenne dans une semaine sur un chiffre de 100.000 habitants dans chacune des principales villes :

Wiesbaden........	37	Calcutta..........	43
Dublin............	38	Amsterdam........	45
Vienne............	43	Bombay...........	45

Copenhague	46	Christiania	57
Boston	46	Magdebourg	59
Paris	47	Munich	69
Liverpool	48	La Haye	70
Francfort	50	Berlin	72
Leipzig	50	Alexandrie	73
Rotterdam	52	Cologne	75
Bruxelles	53	Breslau	76
Carlsruhe	54	Philadelphie	77
Londres	56	Madras	79
Chicago	56	Prague	79
Stockholm	56	New-York	82

Voici, d'un autre côté, sur 10.000 nouveau-nés, le nombre de ceux qui survivront, à chaque âge, dans la France tout entière et dans le département de la Seine comparés l'un à l'autre :

SUR 10.000 NÉS IL RESTERA :

	France.	Seine.
A 5 ans	7 035	4 897
A 15 ans	6 392	4 561
A 20 ans	6 114	4 313
A 40 ans	4 880	2 918
A 60 ans	3 353	1 588
A 80 ans	714	247

Il restera à 80 ans 1/14 des 10.000 nés 80 ans plus tôt en France et 1/40 seulement dans la Seine, c'est-à-dire dans Paris.

D'après une autre statistique, sur 100 Français qui naissent aujourd'hui, il en restera 63,8, dans 20 ans ; sur 100 Parisiens il en restera 39,2. Rien mieux que de pareils chiffres ne peut donner une juste idée de l'action pernicieuse des grandes villes.

D'une série de calculs il résulte, en somme, que l'âge moyen des décès est :

En France	35 ans	10 mois	9 jours.
Dans Paris	30 —	8 —	14 jours.
Mais l'âge moyen des décès des *natifs* de Paris est de	24 —	8 —	11 jours.

De ces diverses conditions démographiques il résulte que la population de Paris, si elle ne se renouvelait pas par l'immigration, si elle était livrée à elle-même, s'éteindrait rapidement : on a calculé que 10.000 natifs de Paris ne se mariant qu'entre eux seraient réduits à chaque génération de la façon suivante :

A la 2e génération, au nombre de	....	5 996
3e — —	....	3 595
4e — —	....	2 151
5e — —	....	1 292
6e — —	....	744
7e — —	....	464
8e — —	....	278
9e — —	....	166
10e — —	....	100
11e — —	....	59
12e — —	....	35
13e — —	....	21
14e — —	....	12
15e — —	....	7
16e — —	....	4
17e — —	....	2
18e — —	....	1

Le croisement des Parisiens avec les immigrés est donc absolument nécessaire. Se plaçant au seul point de vue de la valeur intellectuelle, Bouchardat a pu dire que, lorsque les gens intelligents des grandes villes, et en particulier les savants, recherchent des alliances exclusivement dans leur milieu, dans les natifs de la ville, au bout de 3 à 4 générations ils n'engendrent que des enfants peu intelligents. Il faut, pour empêcher la lignée de dégénérer, que les fils contractent des alliances plus rustiques.

CHAPITRE XIII.

LE MILIEU SOCIAL DES CAMPAGNES.

I.

L'agriculture manque de bras. — La population rurale suit une marche inverse à celle des villes. — Dépopulation des campagnes. — Prix élevé de la main-d'œuvre. — Le phénomène n'est pas propre à la France. — Son ancienneté dans notre pays : Colbert; la Convention; la *fête des animaux compagnons de l'homme*. — La Chine. — Accroissement comparé des villes et des campagnes dans les différents pays. — La France est cependant un pays d'agriculteurs propriétaires. — Division de la propriété. — Accroissement du rendement du sol.

Étudions donc ce milieu social des champs, puisque c'est la population des campagnes qui seule entretient les villes et qu'elle est appelée à en régénérer la population.

« L'agriculture manque de bras. » Voilà un cliché que nous avons tous entendu ; chacun s'incline alors ; on répète en signe d'assentiment : « L'agriculture manque de bras, » et l'on passe sans se demander la cause de ce phénomène, sans chercher les moyens de porter remède à cette situation.

Ce que j'ai dit précédemment de l'accroissement des villes, plus rapide que celui du pays entier, et de l'immigration continue, qui entretient leur population, fait prévoir qu'un phénomène inverse doit se produire dans les campagnes : il faut bien que les villes prennent leur population quelque part ! Le fait est qu'au fur et à mesure que la population urbaine s'accroît, la population rurale diminue d'autant. On se fera l'idée de ces deux mouvements inverses, en voyant la répartition de 100 habitants de la France, dans les villes et dans les campagnes, à différentes époques :

SUR 100 HABITANTS DE LA FRANCE.

Années.	Proportion urbaine.	Proportion rurale.
1851...........	25,52	74,48
1856...........	27,31	72,69
1861...........	28,86	71,14
1866...........	30,46	69,54
1872...........	31,12	68,88
1876...........	32,44	67,56
1882...........	33,50	66,50

La conséquence économique de ce mouvement de dépopulation des campagnes est toute simple : les bras devenant plus rares sont plus chers ; la main-d'œuvre grève de plus en plus le produit du sol ; c'est là une des causes de la crise agricole.

Avant de gémir sur cette dépopulation, constatons au moins qu'elle est plus prononcée encore dans les pays voisins que dans le nôtre, ainsi qu'on le verra en consultant le tableau suivant :

SUR 100 HABITANTS.

	Urbains.	Ruraux.
Saxe............	66,15	33,85
Angleterre.......	53	47
Belgique........	45,05	54,95
Prusse..........	38,50	61,50

Il est vrai que la dépopulation rurale est moins prononcée dans les pays suivants :

SUR 100 HABITANTS.

	Urbains.	Ruraux.
Italie................	31,30	68,70
Suisse...............	23	77
Espagne..............	16,15	83,85
Norvége..............	12	88
Russie...............	9,90	89,10
Finlande.............	6	94

Le mal chez nous date de loin, car, en 1388, un chanoine de Montdaie, en Normandie, se plaignait déjà du « manque de bras » ; Colbert avait eu l'intention, à son tour, de porter remède au même mal, en augmentant les taxes municipales des villes : il pensait détourner ainsi le courant qui apportait les populations des campagnes vers les villes. C'était dans le même but que la Convention avait institué, sur la proposition de Lakanal, *la fête des animaux compagnons de l'homme;* elle se proposait de réveiller le goût de l'agriculture et ce fut là l'origine de nos comices agricoles.

Les Chinois nous donnent un meilleur exemple encore ; mais nous ne connaissons pas assez ou plutôt nous méconnaissons trop leur civilisation, qui serait pourtant bien curieuse à étudier, car elle a évolué dans un milieu différent du nôtre et s'est développée sans contact avec les civilisations étudiées par nous. L'agriculture y est en grand honneur; la loi élève la profession d'agriculteur à la hauteur des professions libérales : le médecin, l'artiste, le laboureur jouissent de la même considération ; leur salaire est le même. Aussi en supposant que tout le territoire ne porte que des récoltes de riz, de blé, de maïs, de sorgho ou de millet, Simon pense qu'on ne pourrait pas estimer la valeur des terres à moins de 1.100 ou 1.200 milliards de francs, auxquels il faudrait encore ajouter la plus-value des terres cultivées en mûriers, en thé, en canne à sucre, orangers, palmiers à chanvre, arbres à huile, à cire, etc.

Chez nous les efforts tentés ont été inefficaces, car le mouvement de dépopulation s'accentue de plus en plus, dans tous les pays : ainsi l'accroissement annuel de la population des villes et celui de la population des campagnes comparés est, dans les différents pays et pour 1.000 habitants :

	Villes.	Campagnes.
Angleterre...........	15,3	0,8
Prusse...............	26,2	3,2
France...............	13,3	0,18
Saxe.................	36	— 6
Belgique.............	28	— 3

On remarquera que j'ai fait précéder les chiffres relatifs à l'accroissement de la population rurale en Saxe et en Belgique du signe —, c'est-à-dire que l'accroissement est nul et qu'il est remplacé, au contraire, par une diminution annuelle du chiffre de la population.

On voit que, malgré tout, la France n'est pas encore le pays le plus mal partagé. Nous sommes même un pays essentiellement agricole, car sur 100 individus on trouve, en moyenne, chez nous :

Agriculteurs	53,04
Industriels	25,93
Commerçants	10,73
Professions libérales	4,28
Rentiers	6,02

La majorité des Français est donc adonnée à l'agriculture. Il y a mieux : le plus grand nombre des agriculteurs cultive la terre qui lui appartient ; sur 100 agriculteurs on trouve en effet :

Propriétaires cultivant eux-mêmes	56
Fermiers, colons, métayers	30,09
Vignerons, bûcherons, jardiniers	13,91

La propriété foncière est, chez nous, très morcelée, et ce n'est pas un des moindres bienfaits de la révolution, que d'avoir éparpillé le sol au profit des paysans devenus propriétaires et d'avoir fait rentrer dans les mains du peuple les grands domaines jadis stérilisés dans celles de la noblesse ou du clergé. Aujourd'hui 100 propriétés foncières se divisent ainsi, d'après leur importance :

Petite propriété de 5 à 10 hectares	75,48
Propriété moyenne de 10 à 40 hectares	19,75
Grande propriété de 40 hectares et au delà	4,75

Les conséquences de cette grande division de la propriété sont une augmentation de la culture, un rendement plus considérable. Pour ne parler que du blé, la quantité produite par notre sol a subi une augmentation croissante depuis le commencement du siècle mais surtout depuis 1815, c'est-à-dire depuis le jour où la France a été débarrassée de l'ogre qui prenait ses enfants pour les faire tuer sur tous les champs de bataille de l'Europe. De 1700 à 1800 la production du blé s'était élevée lentement de 1 hect. 5 par habitant à 1 hect. 674, mais depuis lors l'accroissement a été autrement rapide : en 1815 notre pays produisait 39.460.471 hectolitres de blé; en 1874 il en produisait 133.130.103 hectolitres, et la population ne s'est accrue pendant ce temps que de 7 millions d'habitants; de 1 hect. 674 par habitant, on est donc arrivé à 2 hect. 80 par habitant. Le rendement moyen à l'hectare, pour tout le pays, a monté de 1820 à 1880 de 11 hect. 41 à 15 hectolitres. C'est là une conséquence de la division de la propriété.

II.

C'est une illusion pour les peuples comme pour les individus, que prétendre se suffire. — L'échange des services et des choses est la base de l'organisation sociale. — Utilité de diminuer la culture du blé. — Dangers de la dépécoration. — Utilité du bétail. — Exemple de l'Angleterre. — Connaissance de la nature géologique du sol. — Élaboration successive du bétail sur les plateaux jurassiques du centre de la France et sur les alluvions de la Charente. — Les herbagers du Nord-Est.

Malgré cette situation prospère, beaucoup de Français se lamentent de ce que le blé français ne suffit pas à notre consommation. La question est précisément de savoir s'il est utile qu'un peuple se suffise à lui-même? A ce compte, pourquoi l'idéal ne serait-il pas que chaque citoyen se suffît à lui-même, sans avoir recours à ses voisins, pour faire faire ses habits, ses chaussures ou son pain? L'échange de services entre les nations, comme entre les individus d'une même nation, n'est-il pas la base de l'organisation sociale? et si nous pouvons produire avec profit autre chose que du blé, pourquoi nous obstiner quand même à produire autant de blé que nous en consommons, dans le seul but de nous passer de nos voisins? Les racines fourragères, les légumineuses y gagneront et la production du lait, celle de la viande, plus rémunératrices, se développeront. Un ministre de l'agriculture, M. Méline, dont je suis cependant loin de partager toutes les idées économiques, disait récemment avec raison : « Une évolution nécessaire s'impose, il faut restreindre la culture du blé aux terres de premier ordre, à celles dont on peut obtenir des rendements de 25 à 30 hectolitres à l'hectare, et transformer les autres en prairies partout où cela est possible, ou en cultures variées, maraîchères, horticoles et arboricoles ». Le savant Dehérain dit de son côté dans ses *Annales agronomiques* : « Il faut « modifier les pratiques séculaires, faire une part de plus en « plus large au bétail, de plus en plus étroite aux céréales. »

C'est bien ce qu'a compris l'Angleterre, qui, depuis plusieurs années, augmente le nombre de ses têtes de bétail, alors que nous diminuons les nôtres, malgré les dangers que présente pour l'agriculture française cette *dépécoration*, dont nous sommes menacés. De l'avis de ceux qui, de tout temps, ont compris en France les hautes visées de l'agriculture, l'essence de la culture française, c'est pourtant le bétail! Si l'on a de bons troupeaux, on a de bons engrais et par conséquent de bonnes emblavures. Les agriculteurs doivent faire ce que la nature géologique du sol qu'ils possèdent leur permet de faire : c'est ainsi que les jeunes bœufs élevés dans les herbages du plateau granitique du centre de la France sont vendus dans le Poitou et dans la Saintonge, terrains jurassiques et calcaires, où on les fait travailler, où ils développent leur squelette; après ce stage ils sont revendus avec un bénéfice de 400 à 500 francs dans les pâturages des alluvions de la Charente-Inférieure et de la Vendée, où ils s'engraissent. Le plateau central est ainsi l'atelier qui construit la machine vivante; le calcaire du Poitou perfectionne cette machine tout en l'utilisant pour le travail ; les herbages de la Vendée fabriquent enfin avec elle de la viande et de la graisse.

Cette sériation dans l'élaboration par le sol de la matière nutritive animale ne se fait pas uniquement dans les limites de nos frontières : dans le nord-est de la France on achète à l'étranger de jeunes bœufs maigres ; on les engraisse pour les revendre avec profit soit à Paris, soit à Bruxelles, dont le marché devient, ainsi qu'on l'a dit, « la planche de salut des *emboucheurs* de la région ». Les agriculteurs qui se livrent à cette industrie prospère ont, on le devine, énergiquement protesté sous le nom de « Ligue des herbagers du Nord-Est », contre toute loi qui, grevant l'entrée du bétail étranger, les priverait forcément de la matière première transformée si utilement par leurs herbages !

III.

Ségrégation dans les campagnes. — Rôle de l'instituteur. — Criminalité moindre dans les campagnes. — Le mobile des crimes diffère de celui des villes. — Moindre fréquence de l'aliénation mentale et du suicide.

Influence de l'ignorance sur la mortalité. — La ségrégation évite certaines maladies. — Kératite des moissonneurs. — Cataracte. — Hernies. — Phtisie. — Tableau de la pathologie rurale. — Défaut d'ouvertures aux maisons. — Impôt des portes et fenêtres.

Mortalité des femmes à la campagne supérieure à celle des hommes. — Fréquence des mort-nés au moment des grands travaux.

Un grand nombre de maladies sont liées à l'état même de la culture. — Fièvre intermittente et cachexie palustre. — Mortalité infantile. — Le marais. — Les Dombes. — Le drainage. — Goître et crétinisme goîtreux. — Parallélisme de la culture du sol et de celle de l'intelligence.

Un fait domine le milieu social des campagnes, c'est la *ségrégation*, c'est-à-dire un ensemble de conditions opposées à celles des villes, où se fait au contraire la *sélection*. La *densité* de la population des villes, d'une part, et, de l'autre, la tendance de tous les hommes à *l'imitation,* donnent aux mœurs des villes, comme à toutes les maladies qu'on y observe, un caractère, en quelque sorte, épidémique et contagieux : le bien tend, comme le mal, à se répandre ; il existe un certain *habitus* des villes, que chacun de nous revêt, sans s'en douter, comme un uniforme sous lequel se cache notre couleur individuelle. Ici, c'est tout le contraire : les relations sont peu fréquentes ; dans un même village chacun garde son individualité ; les relations d'une localité avec une autre sont moins fréquentes encore ; il en résulte que chaque localité garde ses préjugés, ses mœurs, ses coutumes, son patois, comme elle garde aussi ses maladies, sans que l'extension du bien comme du mal soit aussi fatale que dans les villes. Or vivre isolé est mauvais pour un individu, pour une famille, pour un groupe d'hommes plus étendu et même pour une nation.

Cette ségrégation devient d'ailleurs de jour en jour moins rigoureuse, il faut le reconnaître ; elle tend même à disparaître, au fur et à mesure que les routes, les chemins de fer et surtout l'instituteur abaissent les barrières locales placées en travers du développement des intelligences et qu'ils tendent à équilibrer le *milieu mental* de la France. Depuis dix ans, il s'est, sous ce rapport, fait dans notre pays un progrès considérable : l'argent qu'on a dépensé pour les écoles et pour les chemins est un placement sûr, dont nous ne tarderons pas à toucher les bénéfices considérables ; mais il reste encore beaucoup à faire dans cette voie : « Heureux le laboureur ! s'écrie Georges Sand, après Virgile ; oui sans doute, je le serais à sa place, si mon bras devenu tout à coup robuste, et ma poitrine devenue puissante, pouvaient ainsi féconder et charmer la nature, sans que mes yeux cessassent de voir et mon cerveau de comprendre l'harmonie des couleurs et des sons, la finesse des tons et la grâce des contours, en un mot la beauté mystérieuse des choses ! » Or cette incompatibilité profonde entre les jouissances du travailleur des champs et celles du penseur des villes existe encore ; mais elle cessera et déjà un progrès considérable s'est fait dans cette voie, grâce à l'instituteur!

Cette ignorance, dont certaines campagnes avaient jadis le privilège, avait des conséquences dont la gravité s'étendait plus loin qu'on eût pu le supposer; les recherches de Layet lui ont, en effet, montré que la mortalité était d'autant plus grande, dans les différents départements, que le nombre des illettrés présentés à la conscription était plus considérable : dans les départements qui ne présentent que 725 *lettrés(?)* pour 100 conscrits, la mortalité est de 25,9 % ; dans ceux qui ont 825 lettrés, elle est de 23 %; enfin elle est seulement de 22 % dans les départements qui ont 925 lettrés pour 1.000 conscrits. Les motifs qui rendent l'ignorance ainsi meurtrière sont variés : sans doute l'instruction en elle-même ne garantit pas de la mort, mais elle garantit des préjugés malsains, des pratiques et des superstitions dangereuses; elle guérit les maladies, parce qu'elle remplace le scapulaire par le vésicatoire et le rebouteur, le diseur de prières ou le faiseur de miracles par le médecin. Ce qui est vrai pour les gens ne l'est pas moins pour les bêtes, et je suis convaincu que la mortalité du bétail doit être également moins grande dans les campagnes où l'ignorance a reculé et a cédé la place à une instruction relative.

Cet isolement du campagnard le met au moins à l'abri de certaines contagions malsaines : les occasions de crime sont pour lui moins fréquentes; mais, après tout, sa moralité n'est peut-être pas meilleure, et ce qui lui manque ce n'est peut-être pas tant le désir que l'occasion de faire une mauvaise action. Quoi qu'il en soit, sur 100.000 habitants de la France on trouve 59 criminels, dont 14 agriculteurs, 23 ouvriers de manufacture et 22 commerçants; toutes proportions gardées, on trouve, d'après le Dr Lacassagne, pour 1.000 crimes dans les villes, 865 dans les campagnes. En Italie, 10.000 citadins donnent 12 détenus, tandis que 10.000 ruraux n'en donnent que 8. C'est à peu près la même proportion qu'en France.

Il est particulièrement intéressant, pour juger le milieu mental des campagnes, de constater la différence entre le mobile des crimes à la ville et à la campagne : à la ville, ce qui domine, ce sont les viols, les attentats à la pudeur, les coups et blessures, les assassinats. A la campagne, on observe plus souvent qu'à la ville le faux témoignage, le parricide et l'empoisonnement. Le campagnard a plus que le citadin le respect de la propriété et moins que lui le respect des personnes : les ruraux présentent 667 crimes contre les personnes pour 468 contre la propriété ; les citadins présentent 314 crimes contre les personnes pour 458 contre la propriété. C'est que le campagnard est avant tout un propriétaire. C'est pour une raison inverse que les gens sans domicile fournissent 19 crimes contre les personnes pour 74 crimes contre la propriété ; ce qui prouve une fois de plus qu'on apprécie surtout ce qu'on n'a pas !

Ce que j'ai dit du peu d'intensité de la vie cérébrale dans les conditions de ségrégation qui dominent à la campagne, fait pressentir que l'aliénation y est moins fréquente que dans les villes. Certaines statistiques donnent le tableau suivant des cas d'aliénation :

	Villes.	Campagnes.
France	254 cas	82 cas
Prusse	187 —	102 —
Danemark	307 —	271 —

Il en est de même du suicide : pour 100 cas de suicide dans les campagnes, on en compte dans les villes[1] :

Bavière	114
Saxe	144
France	184
Italie	228
Suède	249

Les déboires, les revers, qui poussent au suicide tant de campagnards immigrés dans les villes, sont au moins épargnés à ceux qui, plus modestes dans leur ambition, sont restés au pays natal.

La ségrégation, c'est-à-dire l'état d'isolement relatif, où vit le campagnard, lui épargne le plus souvent certaines maladies contagieuses, la syphilis, par exemple ; mais on trouve chez lui d'autres maladies, en quelque sorte professionnelles : de ce nombre est la *kératite* dite des moissonneurs, inflammation de la cornée, qu'on attribue à la piqûre d'un épi de blé et qui, en réalité, succède aux traumatismes produits par une foule de corps étrangers divers et parfois aussi est due au défaut de soins, au soleil ou à la position que prennent souvent les paysans au travail, la tête penchée vers le sol.

La *cataracte* est de même assez fréquente dans les départements agricoles, surtout dans ceux dont le sol de couleur claire renvoie dans l'œil avec intensité les rayons du soleil :

Les *hernies*, les *varices* sont également fréquentes.

Moins fréquente qu'à la ville est la *phtisie*, sans être cependant aussi rare qu'on pourrait le croire.

Des recherches de Layet il ressort surtout que les maladies sont moins longues chez le paysan que chez le citadin. Il est juste d'ajouter que, s'il est plus dur, plus rustique, il est aussi moins attentif, moins soigneux de lui-même ; il *s'écoute* moins : 100 années de vie donnent, chez le citadin, 176 semaines de maladie, approximativement plus de trois ans et quatre mois ; 100 années de vie donnent, chez le campagnard, 91 semaines seulement (un an et neuf mois environ) de maladie.

Le Dr Andréas a fait une étude statistique des maladies des paysans en Bavière. L'auteur a fait porter sa statistique sur la presque totalité du territoire bavarois, d'après les documents officiels pour les années 1871-75.

Le résultat auquel il est arrivé, est que la mortalité à la campagne est moindre qu'à la ville. La diarrhée infantile présente un chiffre très inférieur à la moyenne urbaine : lait de meilleure qualité, air plus pur et moins chaud. Malgré des écarts de régime si fréquents à la campagne, l'athrepsie y fait encore moins de victimes : en ville, la syphilis intervient sans doute dans les décès de cette catégorie. Les accidents puerpéraux sont sensiblement aussi fréquents de part et d'autre ; il en est de même de la petite vérole ; mais la scarlatine et la coqueluche y font beaucoup plus de ravages. La tuberculose présente une baisse remarquable.

Les recherches du Dr Andréas sont applicables à une certaine période limitée, et seulement à la Bavière. Le tableau suivant relatif à la fréquence comparée des maladies à la ville et à la campagne s'étend à plusieurs pays et sur une période beaucoup plus longue :

MORTALITÉ COMPARÉE POUR 1.000 HABITANTS.

	Villes.	Campagnes.
France...............	26,1	21,5
Belgique..............	25,1	21,1
Angleterre............	25	18
Prusse...............	30,45	28
Italie................	31,60	27,60
Saxe.................	32,15	27,5

Il est incontestable que, dans toutes les campagnes, la mortalité est d'autant plus grande que la proportion et le nombre des ouvertures aux maisons sont moins considérables : c'est donc fort sagement que M. Martin Nadaud a proposé naguère de supprimer ou, au moins, de diminuer l'impôt des portes et fenêtres pour les maisons ayant moins de quatre ouvertures.

L'étude de la mortalité dans les campagnes, présente un résultat assez inattendu : c'est que les femmes lui payent un tribut plus fort qu'à la ville. En Italie, sur 1.000 décès des deux sexes, en ville, on compte 478 femmes, et à la campagne, sur le même nombre, 490 femmes ; de même en Roumanie, sur 1.000 décès de ville, on compte 443 femmes, et sur 1.000 décès à la campagne, 464 femmes. Il faut vraisemblablement chercher les causes de cette mortalité féminine dans le travail excessif des femmes à la campagne, dans le manque de soins au moment de l'accouchement, surtout dans le peu de précautions qu'elles prennent dans les jours qui le suivent, dans la privation du grand air, la femme jouissant trop pleinement de tous les inconvénients, de toutes les dispositions malsaines du logis, tandis que le mari travaille dehors une partie du jour. La femme des champs est, d'ailleurs, victime du milieu social encore peu avancé en évolution au milieu duquel elle vit : si elle n'est plus tout à fait l'esclave et la bête de somme, comme chez les populations primitives, sa condition n'est guère supérieure ; encore aujourd'hui, elle ne mange pas en général avec les hommes ; elle les sert et mange à des heures variables, accroupie dans un coin.

C'est encore une conséquence du travail excessif auquel se livrent la plupart des femmes de la campagne, que ce fait constaté partout de la fréquence des morts-nés, aux époques des grands travaux : alors, en effet, la femme, fût-elle sur le point d'accoucher, sans cesser en rien de s'occuper des corvées qui lui sont dévolues habituellement, s'associe, par surcroît, aux travaux des hommes, se levant avant eux pour préparer leur soupe et ne se couchant qu'après qu'elle a soigné le bétail.

Si la mortalité dans les campagnes est liée aux habitudes sociales de la population, elle ne l'est pas moins intimement à la culture elle-même. Les terres que la culture ne remue pas, que le drainage n'assainit pas, sont des foyers permanents de fièvre intermittente et de cachexie palustre (1). Or la première manifestation de la cachexie palustre sur une race est caractérisée par l'énorme augmentation de la mortalité infantile. Montfalcon, qui écrivait en 1824, cite des parties marécageuses du département de l'Ain, où la population avait diminué de 1/8 depuis 1786 ; faisant allusion à l'influence de la

(1) Voir, pour plus de détails, *Géographie médicale*, par le Dr Bordier, *op. cit.*

malaria sur la densité de la population, il ajoute que si, pour un espace donné, on trouve, dans les parties non marécageuses du département de l'Ain, 12 habitants, on n'en trouvera que 5 dans la partie marécageuse.

Quant à la vie moyenne, elle diminue en raison directe de l'étendue du marais, ainsi que l'a montré Becquerel.

Les besoins du recrutement donnent, d'ailleurs, l'occasion de se faire une idée de l'état des habitants des pays marécageux : les exemptions pour défaut de taille, hernies, faiblesse de constitution, atteignent, dans les cantons marécageux, des proportions effrayantes, qui, dans certaines parties des Dombes, vont ou plutôt allaient jusqu'à 62 et 65 %. Il s'est même rencontré des années et des cantons, où l'on ne trouvait pas un seul homme pour répondre à l'appel de sa classe. Toute la classe était morte avant l'âge de vingt et un ans.

Les polders de la Hollande sont également moins malsains aujourd'hui qu'autrefois, car les Pays-Bas étaient jadis une des contrées les plus meurtrières de l'Europe. Partout, à mesure que la culture et le milieu social s'améliorent, la fièvre intermittente diminue et disparaît.

Il en est de même du *goître* et du crétinisme, qui semblent si voisins de la fièvre intermittente et de la cachexie paludéenne, souvent compliquée elle-même d'un véritable crétinisme paludéen : à mesure que la charrue et l'instituteur s'avancent, à mesure que la culture entame le sol du pays et le cerveau des habitants, ces deux fléaux disparaissent :

Plus les communications d'un pays avec ses voisins augmentent et plus décroissent le goître et surtout le crétinisme. Les habitants sont, en effet, par suite de ces communications, mieux logés, mieux habillés, mieux nourris. Ils boivent plus de vin, plus de café, plus de bière. Tout cela contrebalance l'ation nocive de l'eau; tout cela soutient l'organisme et retarde ou empêche la cachexie.

IV.

Alimentation à la campagne. — Ration alimentaire. — L'azote de l'air. — Faible teneur en azote de la plupart des aliments végétaux usités à la campagne. — Tableau des unités de chaleur et de force mises à la disposition des paysans par l'alimentation. — Matières grasses et amylacées. — Rendement du paysan français.

Progrès dans l'alimentation des campagnes. — Le bon vieux temps. — Les famines sous l'ancien régime ; leur action sociale. — Impossibilité de leur retour.

Maladies alimentaires d'autrefois. — Leur disparition.

La culture du sol n'agit pas seulement en détruisant les germes qui, répandus dans l'air ou dans l'eau, amènent ces grandes endémies palustres ou crétino-goîtreuses ; elle agit plus radicalement encore par l'alimentation.

A l'heure actuelle, le régime des habitants des campagnes est loin d'être suffisant ; il le serait bien moins encore, si l'azote atmosphérique ne fournissait très probablement, dans une certaine mesure, à leur alimentation ; car aucun ouvrier travaillant dans les villes ne pourrait s'en contenter !

Bien que les éléments fournis par le règne végétal soient les mêmes que ceux qui sont fournis par le règne animal, il n'en est pas moins vrai que le régime végétal est insuffisant, parce qu'il obligerait, pour être équivalent au régime animal, à l'ingestion dans l'estomac d'une quantité trop considérable de nourriture. En tenant compte de la teneur moyenne des aliments végétaux et des aliments empruntés au règne animal, on calcule que la ration normale doit, pour 100 de matière végétale, contenir 28 de matière animale : pour 100 de matière végétale la ration du marin contient 31 de matière animale, celle du soldat 22 seulement, au moins il y a quelques années; or celle du paysan français contient en matière animale :

Dans le Nord.......	7,7 %	
— la Corrèze.....	4,5	
— Vaucluse......	3,3	
— la Suisse......	17	(ce qui tient à l'abondance du lait).
— la Lombardie...	2	
— l'Irlande.......	1	

Ces chiffres infimes cessent de surprendre, lorsqu'on considère la faible teneur en azote de la plupart des végétaux, qui entrent dans l'alimentation. Elle est en effet :

Dans les pommes de terre.............	0,30 %
— les châtaignes....................	0,78
— le seigle.........................	1,90
— le maïs...........................	1,97
— le froment........................	2,37
— le millet.........................	3,29
— les haricots......................	3,65
— les lentilles.....................	3,85
— les féveroles.....................	4,60

Néanmoins, comme la force musculaire n'est que de la chaleur transformée et que les substances quaternaires, comme les substances ternaires produisent de la chaleur par leur combustion dans l'organisme, le tableau suivant, qui indique la quantité d'unités de chaleur et de force mécanique développée par 1 kilogramme des diverses substances alimentaires, permet de juger la valeur de l'alimentation des campagnes, comme source de chaleur, c'est-à-dire de force. Voici ce tableau emprunté à Gavarret.

UNITÉS DE CHALEUR ET DE FORCE MÉCANIQUE DÉVELOPPÉES PAR UN KILOGRAMME

	Unités de chaleur.		Unités de force.	
De pommes de terre..........	1 013	=	430 525	kilogrammètres
— gruau d'avoine..........	4 004	=	1 701 700	—
— farine	3 941	=	1 674 925	—

	Unités de chaleur.		Unités de force.	
De farine de pois	3 936	=	1 672 800	kilogrammètres
— carottes	537	=	228 225	—
— choux	434	=	184 450	—
— gras de bœuf	9 069	=	3 854 325	—
— pain (mie)	2 231	=	948 175	—
— pain (croûte)	4 459	=	1 895 075	—
— bœuf (maigre)	1 567	=	665 975	—
— jambon (maigre)	1 980	=	841 500	—
— œufs durs	2 383	=	1 012 775	—
— lait	662	=	281 350	—

Les matières grasses fournissent à l'économie plus de chaleur et de force disponible que les matières amylacées, et celles-ci plus que les viandes. C'est là ce qui compense la pauvreté du régime rural en azote ; mais cela ne le remplace cependant pas.

L'insuffisance de la ration est tellement réelle, que le rendement du paysan en travail est moins considérable que celui de l'ouvrier des villes : c'est pour la même raison que le rendement de l'ouvrier français en travail est moins considérable que celui de l'ouvrier anglais. « En 1841, dit Gavarret, sur les chantiers du chemin de fer de Paris à Rouen, les travailleurs anglais eurent d'abord une supériorité très marquée sur les Français. Pour rétablir l'équilibre et donner à nos nationaux la même puissance de travail qu'à leurs camarades d'outre-Manche, il suffit de remplacer par des viandes rôties et grillées le bouilli, les soupes et les légumes dont se nourrissaient presque exclusivement les ouvriers français. » Il ajoute : « Dans un établissement industriel du département du Tarn, M. Talabot a amélioré l'état sanitaire des travailleurs, en introduisant la viande de boucherie dans leur régime alimentaire. Sous l'influence d'une nourriture à peu près exclusivement végétale, chaque ouvrier perdait moyennement *quinze journées de travail par an,* pour cause de fatigue ou de maladie ; du moment où l'usage de la viande fut adopté, la perte moyenne par tête et par an ne fut plus que de *trois journées de travail.* »

Quelque défectueux que soit encore le *milieu social* des campagnes, au point de vue de l'alimentation, nous sommes du moins à l'abri de la famine, mal qui fit mourir bon nombre de nos pères au bon vieux temps ! Depuis que la propriété est divisée, la terre cultivée, le paysan devenu citoyen, les chemins nombreux, les communications faciles, le commerce à peu près libre, plus libre même que quelques attardés le voudraient, on mange peut-être mal, mais on mange! il n'en était pas de même autrefois (1). Je renvoie encore ici le lecteur à ma *Géographie médicale* (p. 114 et suiv.) pour la description des épidémies de famine si fréquentes en Europe, jusqu'à la Révolution.

Notre *milieu social,* incompatible avec la famine, l'est également avec ces maladies qui provenaient jadis de ce que le peu de nourriture dont le peuple disposait était avarié. Nous ne connaissons plus heureusement ces épidémies *d'ergotisme* connues sous les noms de *feu-sacré,* de *mal des ardents;* notre pays ne connaît pour ainsi dire plus la *pellagre,* due au maïs altéré et aussi à la misère physiologique : les voies de communication, les lumières, sous toutes les formes, en un mot, tout ce qui combat la misère combat aussi ces maladies céréales qui désolaient les campagnes du temps de nos pères.

Nous sommes loin aujourd'hui du paysan dépeint par La Bruyère : allez dans les campagnes, vous y trouverez partout l'indépendance, la dignité, le bien-être relatif, la gaieté et le sentiment de la dignité du citoyen libre.

(1) *Géographie médicale*, op. cit.

V.

La crise agricole. — Le phylloxéra et les mauvaises saisons. — Retard de l'évolution du milieu rural. — L'agriculture en retard sur l'industrie.

La quantité de blé dans l'Europe n'a pas augmenté comme la population. — Nécessité de l'importation. — Climat favorable des pays importateurs. — Nécessité d'accroître le rendement par surface. — Les terres à blé n'ont pas diminué de valeur. — Cherté de la main-d'œuvre. — Difficulté du fermage. — Avantages du métayage et du mode de culture à mi-fruit. — Nécessité d'une réforme. — Libre échange. — Erreur de la protection.

L'agriculture industrielle et scientifique. — Évolution naturelle de l'économie agricole. — Chimie agricole; engrais. — Variété des cultures. — Réforme de l'outillage : l'Amérique; la Flandre française. — Bon exemple donné par les viticulteurs. — La Chine et le Chili.

Cependant la campagne se plaint : c'est qu'en effet la culture n'a pas encore subi d'évolution parallèle à celle qui a entraîné et modifié toutes choses, depuis une cinquantaine d'années. Elle a eu à lutter contre le phylloxéra, contre les mauvaises récoltes, mais surtout elle n'a pas encore su se mettre au pas des progrès sociaux ni des découvertes scientifiques. « A vrai dire, il n'y a pas de crise, dit avec raison M. Georges Ville, il y a un ordre de choses nouveau, qui commence et ne finira pas ; il y a la concurrence des sociétés nouvelles, plus favorisées que nous, et avec lesquelles la lutte est destinée à devenir permanente ». C'est cette même idée que M. Lecouteux développe sous le nom de concurrence universelle : « Jamais l'histoire n'accumula de faits plus imposants, plus saisissants, pour rappeler à l'agriculture que rien ne s'aurait l'affranchir de l'action des lois économiques qui, dans un monde maintenant sillonné de routes rapidement parcourues par la vapeur sur mer comme sur terre, commandent impérieusement à chaque nation d'équilibrer ses industries, ses productions, non pas seulement au point de vue exclusif de tel ou tel marché national, mais au point de vue positivement calculateur du marché universel. Ne pas accepter ce fait, c'est faire preuve de théorie abstraite, c'est s'immobiliser dans le pays des attardés. »

Dans toute l'Europe la consommation du blé s'est accrue sous l'influence du développement des villes et de l'extension de l'industrie; or la production totale du blé n'a pas augmenté; d'après M. Broch, elle était, en 1880, à peu près la même qu'en 1868, soit 1.710 millions d'hectolitres, bien que, dans l'intervalle, la population de l'Europe se soit accrue de 29 millions d'habitants; les importations des autres parties du monde, notamment de l'Inde et de l'Amérique, sont donc absolument nécessaires. Il ne faut pas se dissimuler, d'ailleurs, que ces pays importateurs sont, par leur situation climatérique, en mesure de récolter le blé à un prix de revient beaucoup moins élevé que nous.

Cela ne veut pas dire que le paysan français doive renoncer à faire du blé, mais il ne faut pas vouloir en faire quand même, là où d'autres cultures seraient plus rémunératrices : je me suis expliqué plus haut sur ce point. Tout en se bornant à ne faire du blé que là où cette culture est indiquée, il faut surtout tâcher d'augmenter le rendement par surface. C'est déjà ce qui s'est produit : d'après M. Levasseur, la production du blé par surface a sensiblement augmenté dans les dernières années; cela ne tient pas à ce que de nouvelles terres aient été consacrées à la culture de cette céréale; car la superficie cultivée en blé est restée la même; mais on a mieux cultivé et obtenu par conséquent de plus forts rendements.

Les terrains à blé n'ont pas d'ailleurs diminué de valeur, dans la France en général, au moins jusqu'en 1886, car l'enquête faite par le ministère des finances établit que la valeur de l'hectare de terre labourable, qui était en 1851 de 4.359, s'élevait en 1879 à 5.502. Le revenu de ces terres s'était élevé dans le même temps de 42 fr. 49 par hectare à 56 fr. 74.

Ce qui est incontestable, c'est que par suite du petit nombre de bras restant, dans les campagnes, à la disposition de l'agriculture, la main-d'œuvre a augmenté suivant la loi de l'offre et de la demande et que, dans un grand nombre de cas, la culture cesse d'être rémunératrice pour le propriétaire. D'après le rapport de M. Rissler, les frais ont passé, par hectare, de 275 francs à 365 francs de 1865 à 1882, c'est-à-dire qu'ils ont augmenté de 90 francs en 17 ans.

L'élévation du prix de la main-d'œuvre n'est pas due seulement à l'abandon des campagnes; elle est due aussi à la demande considérable de bras, faite sur le marché du travail par les grands travaux, par les chemins de fer, par l'industrie; elle est due à ce que beaucoup d'ouvriers agricoles sont de petits propriétaires, dont les femmes sont suffisamment occupées chez elles.

L'habitude du fermage n'est pas non plus étrangère à la crise : d'abord, dans beaucoup de pays, où les fermiers enrichis, instruits, qui avaient commencé la culture il y a cinquante ans, sont morts, leurs fils n'ont plus continué; ils ont émigré avec leur argent dans les villes et la ferme est tombée dans des mains moins instruites et dans des familles qui ne sont pas assez riches pour faire face aux avances nécessaires. Les nouveaux fermiers, en présence des mauvaises années et du prix de la main-d'œuvre, ne peuvent tenir; ils ne peuvent continuer que si le propriétaire consent à diminuer le prix de la ferme; aussi cette diminution est-elle descendue dans certaines contrées jusqu'à 33 %. Il est vrai que, depuis cinquante ans, le prix avait considérablement monté.

Il n'en est pas de même dans les pays où, au lieu de fermiers, on trouve des métayers et où la culture se fait à moitié. Le métayage oblige le propriétaire à fournir le cheptel, et il donne de bons résultats quand le propriétaire apporte un capital et une terre de qualité suffisante au métayer, qui fournit son travail.

Il faut aujourd'hui que la terre soit cultivée par celui à qui elle appartient ou que la culture se fasse soit par métayage soit par moitié, mais l'ancien fermage devient de plus en plus difficile. Alors seulement on pourra voir évoluer l'agriculture dans la même voie que l'industrie, et il n'est que temps! il importe de faire cesser cet état que Duponchel a caractérisé en disant : « Tandis que la population agricole, s'élevant à plus de 20 millions d'âmes, mettant en œuvre un capital de près de 100 milliards, réalise à peine 6 ou 7 milliards de produits réels, ce qui fait moins de 300 francs par tête; l'industrie manufacturière, occupant au plus 3 millions de personnes, produit 15 milliards, soit 5.000 francs par tête au lieu de 300 francs. »

« D'une façon plus générale, » dit le *Journal des Économistes* dans un remarquable article sur la situation de l'agriculture en 1884, « si l'agriculture française s'est attardée, elle « ne doit s'en prendre qu'à elle-même. A l'abri d'une puis- « sante organisation administrative étroitement centralisée, « d'un système de protection de tous les instants, de régle- « mentations sans fin, de tarifs douaniers très savamment « compliqués, le producteur français s'est laissé aller à une « douce somnolence, son initiative s'est assoupie; il a trouvé « parfait et commode ce que ses devanciers lui avaient légué « et n'y a ajouté, de loin en loin, que ce qu'il ne pouvait pas « éviter ou ce qui flattait son amour-propre; ses méthodes « n'ont progressé que par la force de la routine, ses expé- « riences ont été nulles ou peu s'en faut. Et aujourd'hui que « d'autres, mieux avisés et peut-être moins favorisés l'ont « devancé, il sent son infériorité et ne trouve de moyen plus « simple de continuer sa vie de civilisé endormi comme l'In- « dien ou le Chinois, que de réclamer l'intervention de son « protecteur et défenseur habituel, l'État, la collectivité dans « laquelle il n'a que le minimum d'effort personnel à fournir. « Aussitôt, l'administration, toujours empressée à continuer « ses traditions tutélaires, s'enquiert de ses griefs, lui donne « tout ce qu'elle peut. »

La protection, c'est la grande panacée que les cultivateurs

et quelques hommes politiques croient ou font semblant de croire efficace! On a tant et tant écrit pour et contre, que je me borne à citer une page magistrale, écrite par G. de Molinari dans le *Journal des Économistes*, sous le titre de « *les Illusions de la protection agricole.* »

« Nous convenons volontiers que c'est une panacée des plus « séduisantes. De quoi souffre l'agriculture? De la diminution « de ses revenus. Et pourquoi ses revenus ont-ils diminué? « Parce que les prix du blé ont baissé. Il ne s'agit que de les « relever, et c'est, au dire des protectionnistes, un remède « d'une application simple et facile. Il suffit d'exhausser suffi- « samment les droits d'entrée sur les grains étrangers pour « que ce remède opère d'une manière instantanée. Les doc- « teurs des comices agricoles demandaient 5 francs par quintal « métrique, la commission de la Chambre des députés en ac- « corde 3 sur le blé, 2 sur l'orge et 1,50 sur l'avoine (1). Admet- « tons que ces chiffres soient votés; quel en sera l'effet? De « quelle somme augmenteront-ils les revenus de l'agriculture? « La France produit en moyenne 110 millions de quintaux « métriques de froment. Au droit de 3 francs, ce sera une « augmentation de 330 millions; elle produit 85 millions de « quintaux métriques d'avoine et 25 millions de quintaux « métriques d'orge; aux droits de 1 fr. 50 et de 2 francs, ce « sera 177 millions et demi; total 507 millions et demi; met- « tons 500 millions, un demi-milliard pour faire un compte « rond. C'est assurément un joli chiffre et qui suffira pour « apaiser bien des souffrances.

« Malheureusement, ce demi-milliard ne descendra pas de « la lune; il ne pourra entrer dans les poches des uns qu'à la « condition de sortir de celles des autres. De quelles poches « sortira-t-il? D'abord de celles des agriculteurs eux-mêmes.

(1) Au moment où je corrige les épreuves de ce livre, la Chambre vient de voter le droit de 5 francs. Il est bon de remarquer qu'avec les économistes tels que Yves Guyot, F. Passy, etc..., les partisans du libre échange ont eu pour eux le seul député qui fût lui-même vraiment cultivateur, M. Lesage, député du Cher.

« Environ la moitié de la France tire ses moyens d'existence
« de l'agriculture. Sur les 500 millions de subvention qu'elle
« recevra d'une main pour le blé, l'orge et l'avoine qu'elle
« vend, elle sera obligée de restituer de l'autre 250 millions
« pour le blé, l'orge et l'avoine qu'elle consomme. Ajoutons
« que cette restitution se fera d'une manière fort inégale. Il
« n'y a guère que les propriétaires de plus de huit hectares,
« c'est-à-dire un propriétaire sur dix tout au plus, qui ven-
« dent plus de blé qu'ils n'en consomment; ceux-ci recevront
« donc à peu près la totalité de la subvention, déduction faite
« du montant relativement insignifiant de leur consomma-
« tion, tandis que la masse des petits propriétaires, cultiva-
« teurs et laboureurs, rembourseront, à titre de consomma-
« teurs, tout ce qu'ils auront reçu à titre de producteurs, sinon
« davantage. En tous cas, voilà bien, sur le demi-milliard
« alloué à l'agriculture, 250 millions pris dans les poches des
« agriculteurs et, en particulier, dans les petites. Restent les
« 250 millions fournis par les consommateurs appartenant à
« l'industrie, au commerce, aux professions libérales, et qui
« constituent déjà, nous en convenons, dans les temps diffi-
« ciles où nous vivons, un joli cadeau d'étrennes agricoles.
« Mais sera-ce un cadeau tout à fait volontaire? En supposant
« qu'au lieu de le demander aux industriels, aux négociants,
« aux artistes, aux avocats, aux employés, aux artisans et
« aux ouvriers sous la forme d'un renchérissement de 15 à
« 20 % du prix du pain, on le leur demandât sous la forme
« d'une souscription volontaire pour les agriculteurs gênés
« dans leurs affaires et les propriétaires qui ne louent pas
« leurs fermes à un bon prix, comme la chose s'est pratiquée
« pour les inondés de Murcie et pour les cholériques, croit-
« on que les offrandes s'élèveraient bien à 250 millions? Il s'en
« faudrait probablement d'un zéro, et peut-être de deux. L'a-
« griculture, comme l'industrie, est obligée de transformer son
« outillage et ses méthodes. La protection, en diminuant cette
« pression incommode, mais salutaire, permettra aux agri-

« culteurs routiniers de conserver leurs vieilles charrues et de « continuer à ignorer l'existence des locomobiles, des semoirs « et des faucheuses mécaniques, des engrais chimiques, des « *bonanzas farms* qui ont remplacé aux États-Unis le petit « atelier par la grande manufacture agricole. D'ailleurs, pour « réaliser ces progrès nécessaires, il faut posséder des capitaux « et n'être pas surchargé d'impôts et d'entraves qui font fuir « l'esprit d'entreprise et les capitaux. Ces impôts excessifs et « ces entraves qui paralysent leurs mouvements, les agricul- « teurs continueront sans doute à en demander la réforme. « Mais leur situation ne sera-t-elle pas moins bonne pour « l'obtenir? Ne seront-ils pas exposés à ce qu'on les éconduise « comme des quémandeurs importuns, en leur disant : Com- « ment! on vient de vous donner, et vous demandez encore!

« D'un autre côté, la protection est de sa nature conta- « gieuse. Si l'on alloue une subvention d'un demi-milliard « aux agriculteurs et aux propriétaires dans l'embarras, pour- « ra-t-on en refuser d'autres aux patrons et aux ouvriers vic- « times de la crise industrielle?

« C'est qu'il y a, comme disait Bastiat, dans toutes les pa- « nacées protectionnistes, ce qu'on voit et ce qu'on ne voit « pas. Ce qu'on voit, c'est la somme ronde que doit rapporter « le droit protecteur, c'est la subvention d'un demi-milliard « ajoutée aux revenus des propriétaires fonciers et des fer- « miers dont les baux ont encore plusieurs années à courir. « Ce qu'on ne voit pas, c'est la portion notable de cette sub- « vention que les agriculteurs seront obligés de tirer de leurs « poches à titre de consommateurs de froment, d'orge et d'a- « voine; c'est le ralentissement que subira le progrès agricole « sous l'influence énervante de la protection ; c'est la situation « difficile et précaire où ils se trouveront, avec leur vieil ou- « tillage et leur vieille routine, le jour où ils seront de nouveau « exposés à la concurrence de l'agriculture progressive de « l'étranger; ce qu'on ne voit pas enfin, ce sont les protec- « tions de toute sorte aux patrons et aux ouvriers industriels,

« sans oublier les ouvriers agricoles, qui s'autoriseront de la « leur et dont ils seront contraints de faire les frais. Voilà le « revers de la médaille de la protection et voilà ce qui fait « qu'elle n'a de commun que l'apparence avec les médailles « de sauvetage.

« Cependant, nous crient de toutes parts les propriétaires « et les cultivateurs désolés, nous souffrons, vous en convenez « vous-mêmes. Si nous ne trouvons pas le salut dans la pro- « tection, où le trouverons-nous? Avez-vous un remède plus « efficace à nous offrir?

« Certainement, et ce remède est des plus simples, et il « n'exige l'intervention d'aucun législateur. Il consiste à vous « protéger vous-mêmes, en produisant à aussi bon marché « que vos concurrents, contre lesquels vous êtes d'ailleurs « protégés naturellement par des frais de commerce et de « transport qui ne s'élèvent pas à moins de 8 francs par quintal « métrique pour les blés de l'Inde, les plus redoutables! Vous « êtes, à la vérité, surchargés d'impôts. M. Pouyer-Quertier « vous le disait hier encore, et l'on sait que l'illustre orateur « protectionniste ne saurait être taxé d'exagération. Il n'éva- « luait pas à moins de 956 millions, près d'un milliard, les « charges annuelles que l'impôt payé à l'État et les centimes « additionnels payés aux communes font peser sur l'agricul- « ture. Et il ne disait pas tout. Il oubliait, involontairement « sans doute, dans son énumération, les tributs énormes et « variés que vous payez à l'industrie sous forme de droits pro- « tecteurs de 20, 30 et jusqu'à 50 % sur votre combustible, « vos outils, vos charrues, vos faulx, vos moissonneuses, vos « locomobiles, sur les vêtements de vos ouvriers et en parti- « culier sur vos chemises de coton, les robes de cotonnades ou « de tissus mélangés de vos femmes. Faites-en le compte et « vous trouverez bien encore quelques centaines de millions « à ajouter à l'addition de l'éloquent filateur et défenseur des « intérêts de l'agriculture. Eh bien, toutes ces charges qui « augmentent artificiellement vos prix de revient, il dépend

« de vous de faire diminuer raisonnablement celles qui vous « sont imposées dans l'intérêt du Trésor et de supprimer to« talement celles qu'on vous inflige au profit des proprié« taires de charbonnages, des maîtres de forges, des fabricants « d'outils et de machines et des filateurs de coton. Unissez« vous, constituez une Ligue pour réclamer la diminution des « dépenses publiques, pour empêcher la multiplication des « centimes additionnels et finalement pour demander l'abais« sement des droits sur les produits industriels au niveau du « tarif des produits agricoles. Que disons-nous! Cette Ligue, « vous n'aurez pas besoin de la constituer, elle existe ; c'est la « Ligue contre le renchérissement qui s'est formée récem« ment à Paris, à Lyon, à Bordeaux et à Marseille, et qui « compte, parmi ses adhérents les plus fervents, des profes« seurs d'agriculture et même des propriétaires fonciers. Avec « votre appui la Ligue fera merveille; elle vous débarrassera « des lourdes charges et des entraves plus lourdes encore qui « ralentissent vos progrès. Elle vous donnera les moyens de « vous protéger vous-mêmes, ce qui vaut mieux que d'être « protégé par autrui et aux dépens d'autrui. »

Ces paroles n'ont malheureusement pas été écoutées ; l'esprit de protection est encore celui de beaucoup de nos compatriotes. Il ne faut pas s'en étonner, lorsqu'on songe combien grande est l'ignorance de la plupart des citoyens et du plus grand nombre de leurs mandataires sur les questions sociales. Beaucoup d'entre nos hommes d'État semblent ignorer l'existence même d'une science sociale et font de la politique, comme un rebouteur fait de la médecine, par pur empirisme! Si le mal guérit, tant mieux! Si le bras se casse, on le verra bien! Au petit bonheur! On vote, au jour le jour, suivant les circonstances et les interêts personnels. Mais de méthode, point! mais de science générale, aucune! Des principes, jamais!

Voyons donc quel est le moyen de remédier à l'état actuel des choses.

Ce moyen consiste à mettre l'agriculture au même niveau

que l'industrie, à la faire profiter du mouvement social, qui a évolué, des découvertes de la science et des enseignements de l'économie politique.

Royer a montré que la culture du sol suivait une évolution naturelle, qui est celle-ci : le sol est d'abord couvert de forêts ; on le défriche et on a des pâturages ; dans une troisième période on se livre à la culture fourragère : les animaux vivent plus à l'étable que dans la phase précédente ; dans une quatrième période la stabulation devient permanente et la culture des céréales se généralise ; plus tard le champ devient une usine, on adopte la culture industrielle ; dans une dernière période, qui est en rapport avec le voisinage des villes et avec la densité de la population, on se livre à la culture maraîchère. Suivant les régions, suivant leur *milieu social*, l'agriculture doit présenter l'une ou l'autre de ces phases ; elle doit évoluer de façon à ce qu'il y ait équilibre et harmonie entre son degré d'évolution et le milieu social de la population de la région.

D'une manière générale, ainsi que l'a montré Lecoûteux, la culture, d'abord extensive, doit devenir intensive, à mesure que la densité de la population augmente et que le milieu social évolue.

Dans la phase où se trouve actuellement la population moyenne de la France, l'agriculture doit devenir scientifique et industrielle ; c'est seulement à ce prix qu'elle pourra lutter contre la concurrence étrangère.

Elle doit d'abord consulter la géologie et ne confier au sol que les végétaux qu'il peut nourrir avec avantage. M. Eugène Rissler, le savant directeur de l'Institut agronomique, a montré tout le parti que les cultivateurs pourraient tirer d'un enseignement pratique et élémentaire des conditions chimiques de leur sol : « Il y a des terres, dit-il, trop sèches et trop pauvres pour la culture arable, éloignées des villages, ne valant que 100 à 150 francs l'hectare, qu'au lieu de cultiver, on ferait mieux de planter en bois. » Ce sont des placements parfois à

8 ou 10 %, avantageux pour ceux qui peuvent attendre. Dans son cours d'agriculture comparée, qui pourrait être la matière première d'un enseignement vulgarisateur dans les campagnes, M. Risler indique par des cartes géologiques les méthodes d'exploitation, qui réussissent le mieux dans tel ou tel terrain. Les Champenois apprendraient à leur lecture comment leurs confrères de l'Artois, de la Flandre ou du sud de l'Angleterre ont su tirer parti de leur sol crayeux; les Bretons verraient comment les habitants de l'île de Jersey ont amélioré les terres granitiques et siluriennes, qui ont la même origine et les mêmes caratères que les leurs. On n'arrivera à lutter sérieusement contre l'étranger, dit le savant agronome, « qu'en em« ployant tous les procédés mécaniques et chimiques que la « science moderne offre à l'agriculture, et surtout en spéciali« sant les productions suivant les aptitudes naturelles des cli« mats et des sols. Il faut augmenter les prairies, les herbages « et les fourrages temporaires partout où ils ont des chances « de succès. Il faut consacrer à la production des bois toutes « les terres trop ingrates pour celle des céréales.

« Après avoir consacré quelques millions d'hectares à la « production des fourrages et des bois, qui augmentent de « valeur et exigent peu de travail, on aura plus d'engrais, « tout en ayant à cultiver une surface moins grande en cé« réales. On obtiendra ainsi un produit brut plus considéra« ble sans accroissement de frais correspondant : avec une « moyenne de deux ou trois hectolitres de blé en plus par « hectare, on abaissera son prix de revient au point de pou« voir lutter sans crainte contre la concurrence américaine. »

Lorsque l'esprit du cultivateur aura appris à apprécier les conseils de la science et que les notions de géologie lui auront montré que la culture n'a rien de mystique ni d'empirique, mais qu'elle consiste en une équation, il appréciera mieux la valeur des engrais naturels ou chimiques ; il sentira davantage la nécessité de s'assurer de leur bonne qualité ; il demandera la création de laboratoires, où il puisse faire analyser ses engrais et éviter d'avoir, comme aujourd'hui, du guano, qui ne contient plus que 2 à 3 % d'azote au lieu de 14 ou 15 %, ou de prendre pour des engrais complexes, dits de poisson, un mélange de débris de schiste, de briques, de cailloux, de plâtres, de coquillages et de paille. Il appréciera tous les avantages qu'on peut retirer de l'utilisation des eaux d'égout ou des résidus de l'industrie, tourteaux des huileries, drêches des distilleries, noir animal des raffineries de sucre, noirs d'os et phosphates, qui ont déjà amélioré les landes de la Bretagne et celles de la Gascogne.

Lorsqu'il aura compris tout cela, le paysan français saura faire des engrais un emploi judicieux, il augmentera son bétail, qui lui donnera l'engrais naturel, réduira la surface de ses emblavures, réservant le blé aux terres aptes à le donner, et élèvera ses rendements par chaque surface cultivée.

On ne saurait trop en outre encourager la variété des cultures. Les agronomes, dans certains terrains, recommandent la culture du houblon comme très rémunératrice : elle peut, disent-ils, rapporter 1.000 francs nets à l'hectare ; c'est ainsi que récemment, à Saint-Egrève, près de Grenoble, MM. Gaché, Poulat et Papet, brasseurs, n'ont pas hésité à cultiver le houblon sur une étendue de 30.000 hectares. Les bénéfices réalisés sont déjà considérables ; il est vrai que la main-d'œuvre a été singulièrement diminuée, grâce à l'idée qu'a eue M. Poulat de supprimer les deux tiers des grandes perches habituellement employées dans cette culture et de les remplacer par des fils de fer, grosse économie, qui dispense, en outre, de faire l'arrachage annuel des piquets.

Plus encore que notre industrie, l'agriculture française a besoin de réformer son outillage et de le mettre au niveau de notre milieu social. On reproche, par exemple, à la minoterie française de ne pas tenir son outillage au courant des progrès. « Confiants, dit M. Paul Muller, dans les meules de la Ferté-« sous-Jouarre, les meuniers ont dédaigné les nouvelles ma-« chines hongroises, et aujourd'hui les farines de Hongrie ar-

« rivent à Paris, malgré le droit de 1 fr. 20 par 100 kilog. et « des frais de transport considérables. M. Paul Sée, dans une « excellente brochure sur la situation de la meunerie, estime « à 15 francs l'ensemble des frais (transport, douane, com- « mission, etc.) pour le quintal métrique de farine hongroise. « Les farines hongroises se vendent avec une plus-value no- « table sur les nôtres, à cause de leur beauté. Que nos meu- « niers travaillent aussi bien que les Hongrois, et ils seront « amplement protégés par cette dépense de 15 francs qui « grève le transport des farines hongroises.

« La substitution des nouveaux procédés aux anciens s'o- « père à l'étranger. Les résultats obtenus par les grands « moulins hongrois montrent les avantages de la mouture « graduée. En dix ans les principaux moulins à cylindres de « Pesth ont payé annuellement un dividende moyen de « 14 %. Un de ces moulins a donné une moyenne de 27 % et « est arrivé jusqu'à 40 %. »

Il en est de même pour notre agriculture, qui ne peut se sauver qu'en devenant industrielle; nous n'avons qu'à prendre modèle sur l'Amérique et à voir ce qui se pratique dans les grandes fermes à blé de l'ouest, où abondent les batteuses, botteleuses, hache-paille, coupe-racines, etc... Grâce à cet outillage, M. Dalrymple, le directeur de la grande ferme à blé de Casselton, déclare que le prix de revient moyen du blé qu'il récolte ne dépasse pas 5 francs l'hectolitre.

Tout cela, dira-t-on, est possible en Amérique, dans ces grandes exploitations; mais allez donc demander cet outillage au paysan français, là où la terre est heureusement très divisée! Il suffit, pour répondre à cette objection, de citer ce qui se passe dans notre Flandre, où la terre est très divisée, car la moitié des exploitations n'excède pas 5 hectares; le quart varie entre 5 et 6; un huitième se tient entre 10 et 20; enfin un autre huitième entre 20 et 50. Eh bien, là, grâce à une culture industrielle et intensive, toujours tenue au courant de tous les perfectionnements des machines et des engrais, le rendement de l'orge par hectare, qui est aux États-Unis de 21 hectolitres et de 29 en Angleterre, s'élève à 36 hectolitres. Dans cette même Flandre, à Armentières, le blé contient, d'après les analyses de Corenwinder, 1,48 d'azote pour 100 grammes de farine sèche, comme le blé de Californie, alors que le blé Balland ne contient que 1,14 ; le blé bleu 1,16 ; celui du Chili 1,39 ; le blé dit de pays 1,41 !

Il serait également à désirer que tous les agriculteurs, stimulés par la concurrence, déployassent la même activité que les viticulteurs du midi, dont les vignobles ont été phylloxérés. En ce sens on peut, en parodiant le mot de Littré sur l'utilité des maladies, qui agissent, d'après lui, comme stimulant de l'activité humaine, dire que le phylloxéra a rendu la culture de la vigne plus scientifique qu'elle était avant son invasion. Il serait à souhaiter que tous les agriculteurs se tinssent au courant des découvertes, comme le font les viticulteurs de quelques-uns de nos départements phylloxérés : les départements de l'Hérault, du Gard, les deux Charentes, la Gironde et le Var avaient, en 1883, 28.000 hectares plantés en cépage américain greffé ; en 1884, ils en avaient 52.777 ; ils en avaient de 90.000 à 100.000 en 1885.

Les États-Unis ne sont pas seuls à nous donner l'exemple de l'agriculture industrielle : la Chine est, dans toute son étendue, et cela depuis longtemps, un modèle d'irrigation ; au Chili, toute l'eau des fleuves du nord, du centre et du centre-sud est versée dans les plaines par un système compliqué de canaux : on estime la surface des terrains irrigués à 600.000 hectares, c'est-à-dire à 4 ou 5 fois l'étendue des terrains soumis en France au même régime de l'irrigation. Dans cet admirable pays, l'usage des machines est général ; dans un grand nombre de laiteries on ne se sert plus que d'écrémeuses centrifuges.

VI.

Enseignement agricole. — Nécessité d'un enseignement au moins cantonal. — Musées cantonaux. — Champs d'enseignement.

Association agricole. — Syndicats et anonymats agricoles. — Ligue agricole en Allemagne. — Associations françaises. — Coopération agricole.

Crédit agricole. — Banques populaires. — La Suisse, l'Allemagne et l'Italie. — Inconvénients de notre caisse d'épargne.

L'initiative individuelle. — La terre ne manque pas aux capitaux. — Dangers du déboisement. — Nécessité de reboisement. — L'enseignement de la sylviculture. — Repeuplement des rivières. — Réunion parcellaire. — La loi Torrens.

Tout le monde est d'accord sur l'utilité qu'il y a pour l'agriculteur à s'inspirer des principes de la science et à se mettre à la hauteur du mouvement général, qui nous entraîne tous, quelle que soit la profession que nous exercions ; mais il en est de l'agriculture comme de la politique : tout le monde croit pouvoir en faire et tout le monde se croit dispensé de l'apprendre. On ne croit pas pouvoir faire une paire de sabots, sans l'avoir appris ; mais on fait de l'agriculture ! Sans doute il existe de grandes écoles d'agriculture, comme il existe de grandes universités. Mais Grignon, Grand-Jouan et Montpellier ne sont pas faits pour enseigner l'agriculture pratique à tous les paysans de la France entière. Les fermes-écoles, peu nombreuses d'ailleurs dans toute la France, ne remplissent pas non plus ce but. Nos écoles pratiques d'agriculture ne répondent pas davantage aux besoins des masses : il s'agit de donner une instruction agricole primaire, au moins cantonale.

Je ne vois pas pourquoi, dans chaque canton, au moins, on ne mettrait pas à la portée des paysans les notions de géologie, de chimie et d'histoire naturelle générale, qui sont indispensables pour s'élever tant soit peu au-dessus de l'agriculture empirique.

Les musées cantonaux fondés dans quelques points, sur l'initiative de M. Groult, répondraient à ce besoin : de petites collections locales apprendraient non seulement aux enfants mais aux adultes à connaître les qualités du sol, et en quelque sorte le mécanisme de cette Nature, qu'ils manient tous les jours sans la comprendre autant que leurs intérêts même le commanderaient. Si le médecin, l'instituteur, un propriétaire instruit du canton faisaient parler ce musée dans quelques conférences simples et facilement compréhensibles, le cultivateur s'élèverait insensiblement et sans s'en douter, non certes au niveau d'un savant, mais à celui du moindre industriel, qui connaît toujours les données de la science spéciale en rapport avec son industrie.

Déjà des musées semblables existent à Fresnay (Sarthe), à Lisieux, à Pont-Audemer, à Lamastre (Ardèche), à Libourne, à Royan-les-Bains, à Altkirch, à Sidi-Bel-Abbès, en Algérie; partout ces tentatives sont appréciées des populations. Il serait à souhaiter que l'initiative privée en créât de semblables dans chaque canton.

Il en est de même des *champs d'enseignement*. Quelques instituteurs sont déjà entrés dans cette voie : à Mercy-Corbon notamment, dans l'arrondissement de Lisieux, M. Larcher, instituteur, possède un champ d'enseignement, qu'il a divisé en 98 petits carrés. Il les distribue entre ses élèves, qui les cultivent eux-mêmes, en rendant compte du pourquoi et du comment de leurs opérations. Les produits de ce champ, exposés au comice agricole de Mézidon, y ont été remarqués.

Depuis plus de vingt ans, le lycée du Havre possède un jardin botanique, où maîtres et élèves cultivent presque tous les principaux représentants des différentes familles végétales. A Saint-Romain, à 20 kilomètres du Havre, se trouve un jardin modèle dû à l'intelligente initiative de M. Leseineur, instituteur dans cette commune. Sur un terrain qu'on a bien voulu lui concéder, lui et ses élèves ont fait de petits champs de blé, d'avoine, de trèfle, de betteraves, etc., où l'on expérimente les procédés les plus perfectionnés de l'agriculture; une attention spéciale est apportée à la question des engrais; dans un coin séparé on se livre à la culture des légumes, dont le produit aide à entretenir les élèves. Une grande pancarte portant ces mots : *Expériences agricoles* signale le champ à l'attention des cultivateurs des environs, qui peuvent venir le critiquer ou profiter des résultats obtenus. L'expérience tentée par M. Loseineur a donné de si bons résultats, que plusieurs de ses collègues, dans l'arrondissement, ont tenu à honneur de l'imiter.

L'initiative individuelle a donc devancé M. Gomot, un moment ministre de l'agriculture, dans la création de champs de démonstration, et elle a montré que le paysan français était beaucoup moins réfractaire à l'enseignement que quelques esprits réactionnaires s'obstinent à le prétendre.

L'enseignement agricole ne devra pas se borner à apprendre aux paysans ce que c'est que la chimie agricole ni quels sont les principes de la zootechnie; il aura également à lui montrer et à lui faire apprécier les bienfaits de l'association. Les travailleurs de la campagne sont, sous ce rapport, en retard sur ceux des villes. Une des causes de la concurrence étrangère, c'est que, ailleurs que chez nous, la propriété étant peu divisée, les riches propriétaires de grands domaines peuvent faire les frais de machines agricoles, parce que la grande surface qu'ils exploitent en permet l'emploi. L'agriculture, dans de semblables conditions, n'a pas de peine à devenir scientifique et industrielle; mais il est impossible à la petite culture de marcher seule dans cette voie. Or la division de la propriété a chez nous trop d'avantages sociaux, pour que nous regrettions ce legs précieux entre tous, que nous a fait la Révolution française : il faut donc trouver le moyen, tout en conservant les grands avantages de la petite propriété, de nous mettre en même temps dans les conditions favorables à l'agriculture présentées par la grande propriété. Ce moyen, c'est l'association sous toutes ses formes : pour l'achat d'engrais, pour la culture même, pour la vente des récoltes, pour la fabrication des fromages dans les fruitières... Déjà le Jura, les Alpes et les Pyrénées ont avec succès suivi l'exemple de la Suisse et de ses fruitières prospères. Dans plusieurs départements il se forme de véritables syndicats agricoles, acheminement vers les grands anonymats agricoles, analogues à ceux de l'industrie. M. Paul de Jouvencel a décrit par avance l'état social de l'agriculture, lorsqu'elle aura achevé cette évolution, qui commence à l'heure actuelle. « Au moyen de la charrue à vapeur et des grandes « machines, les labours et toutes les façons principales, aussi « bien que les récoltes, étant faites à meilleur marché et en « temps utile, avec célérité, on évite une foule de pertes « petites, mais fréquentes, dans l'agriculture actuelle.

« Le fermier actuel achète souvent à crédit, c'est-à-dire en « subissant une majoration des prix ; au contraire, l'association agricole *achète au comptant* et avec un escompte à son « profit.

« Dans la ferme actuelle, il arrive qu'on n'a pas tout le fumier nécessaire ; peu s'en faut, peut-être, cependant il en « manque. D'ailleurs, les fumiers sont, le plus souvent, assez « mal préparés, mal conservés ; on perd les jus, on ne tient « pas assez compte du besoin spécial des champs selon leur « nature.

« Dans l'association agricole, tout se fait scientifiquement ; « tels champs reçoivent tels fumiers appropriés, tels autres « reçoivent d'autres amendements particuliers qui leur sont « nécessaires ; la chimie, consultée, donne des indications certaines. De tout quoi il résulte, au profit de l'association « agricole, des avantages nombreux, les uns considérables, les « autres petits, mais multipliés par le coefficient des 365 jours « de l'année.

« Le fermier actuel a souvent besoin de vendre lorsqu'il y « aurait intérêt à garder : l'association agricole n'est jamais « dans ce cas.

« Le fermier actuel n'ose pas toujours, souvent même il ne

« peut pas avoir tout le bétail nécessaire ; l'association agri-
« cole ne manque jamais de se munir complètement.

« Le fermier actuel manque à chaque instant des opérations « partielles faute d'ouvriers ; il est obligé d'avoir souvent re- « cours aux ouvriers étrangers.

« L'association agricole n'éprouve jamais ces ennuis et ces « nécessités : les ouvriers sont à la fois salariés et associés ; « plusieurs petits manouvriers, propriétaires de quelques lo- « pins, ont abandonné leur terre à l'association ; ils sont por- « teurs d'actions, extrêmement intéressés au succès de l'af- « faire ; ils y travaillent avec ardeur, parce que c'est leur chose « propre. Dans ce système d'exploitation, la main-d'œuvre « n'est plus appliquée pour les grandes opérations, labourage, « fauchage, etc., mais elle est nécessaire sur une bien plus « grande échelle que dans la culture actuelle. On fait des « drainages, des fossés ; on supprime tels chemins d'exploita- « tion incommodes et onéreux, on les remplace par d'autres « chemins plus directs, plus larges, mieux établis ; c'est du « travail pour les hommes. »

Sans aller jusque-là, il est aisé, dès maintenant, de pratiquer l'association sans rien changer au milieu social des campagnes ; déjà en Allemagne, sous l'inspiration de Lansdorff, de Schulze-Delitch et du Dr Schneider, une propagande énergique, sous le nom de *ligue agricole,* répand dans les campagnes les principes de l'association. Il existe chez nos voisines 28 sociétés pour l'acquisition des semences et des engrais, 30 pour l'achat du bétail, 46 pour l'outillage agricole.

Dans le département de l'Oise, il existe deux sociétés de *battage* du grain. Il en existe ailleurs pour l'achat des instruments, des plants, des engrais achetés en commun, au comptant par conséquent, et rigoureusement analysés. Des syndicats agricoles fonctionnent depuis 1883 dans le Loir-et-Cher, dans l'Aisne, dans l'Oise.

Il en existe un semblable dans l'arrondissement de Grenoble. Ce syndicat est une association, dont peuvent faire partie tous les cultivateurs de l'arrondissement moyennant un franc par an. Son but principal est l'achat en commun des matières premières utiles à l'agriculture : engrais chimiques, soufre, semences, etc. Ces achats sont faits dans des conditions telles, qu'ils assurent à la fois le bon marché, la pureté des produits et la suppression des dommages résultant de la fraude dont les cultivateurs isolés sont si fréquemment victimes. Il est administré par un bureau élu en assemblée générale. Toutes les fonctions sont gratuites. Son budget se compose des cotisations annuelles qui servent à couvrir les frais d'analyses, de correspondances et autres. Deux fois par an, avant le 1er janvier et le 1er août, les associés adressent leurs commandes au président. Le bureau fait alors appel à la concurrence des fabricants en leur imposant, comme règle absolue, la garantie sur facture. Les remises obtenues sont d'autant plus fortes que la commande a été plus considérable. Les livraisons sont faites au comptant par les soins des membres du bureau.

L'association agricole peut prendre d'ailleurs des modes divers et devenir une véritable coopération. Ainsi, à Lescun (Basses-Pyrénées), il existe un moulin coopératif. Il est censé appartenir à une association de propriétaires, mais il est, en réalité, communal ; ses bénéfices considérables sont employés en dépenses d'utilité communale et d'intérêt général.

Au Cannet, près de Cannes, il existe une société coopérative pour la production de la fleur d'oranger ; il existe également à Nice une union coopérative de propriétaires *oléiculteurs de Nice*.

Enfin, dans la Loire-Inférieure, à Couffé et à Mésanger, les cultivateurs de 104 exploitations sont associés dans le but de s'indemniser les uns les autres, en *nature*, contre l'incendie des fourrages, ainsi que dans le but d'acheter des engrais en commun.

Mais l'association, pour être complète, doit procurer mieux encore que l'engrais : le crédit. Il est, en effet, impossible à nos agriculteurs de renouveler leur outillage, de faire les frais que leur impose la concurrence étrangère, s'ils n'ont pas à leur disposition l'arme que possède du moins l'industrie, le crédit.

Il y a longtemps qu'on parle en France du crédit agricole. En 1848, M. Tourret, alors ministre de l'agriculture, avait signalé sa nécessité; nous avons bien depuis 1852 le *Crédit foncier de France,* mais ses statuts ne lui permettent que des prêts immobiliers, sauf aux départements, aux communes et aux associations syndicales ; il ne peut faire aux agriculteurs des prêts mobiliers. Le prêt sur gage mobilier, sur les récoltes, est d'ailleurs interdit chez nous à l'agriculteur par l'article 2076 du code civil, qui interdit le gage au domicile de l'emprunteur, et par l'article 2102, § 1, qui consacre le privilège du propriétaire pour les fermages dus par le fermier.

Le crédit agricole existe cependant à l'étranger, où nous ferons bien de l'aller prendre : il existe tantôt sous la forme de banque coopérative, comme en Allemagne et en Danemark, tantôt sous la forme de caisse d'épargne et de crédit, comme en Italie.

En Danemark, depuis plus de vingt-cinq ans, des sociétés de crédit prêtent aux cultivateurs à 4 ou 5 %; en 1877, il existait dans ce pays 418 banques pour 2 millions d'habitants, soit à peu près 1 par 4.000 habitants.

En Suisse et en Allemagne, ces banques de crédit sont coopératives : en d'autres termes, les sociétaires qui placent là leurs économies ne prêtent qu'aux sociétaires. De telle sorte que l'emprunteur, étant en même temps prêteur, retrouve à la fin de l'année, sous forme de dividende, une partie des intérêts qu'il a eu à payer. En Allemagne, il existe un grand nombre de ces sociétés coopératives de crédit; une association du même genre fonctionne en Suisse depuis 1869 : elle a commencé avec un personnel de 53 sociétaires et un modeste capital de quelques centaines de francs. Or, en 1882, elle avait déjà groupé 3.086 sociétaires (2.623

hommes et 463 femmes); on y comptait 172 cultivateurs, 817 artisans, 507 commerçants, 495 instituteurs ou petits fonctionnaires, et le mouvement total de ses opérations annuelles atteint 15 millions.

On sait qu'en Italie ces banques de crédit ont remplacé notre caisse d'épargne, au grand avantage du petit commerce et de l'agriculture; tandis que chez nous l'État draine, en quelque sorte, au moyen des caisses d'épargne, les petites économies, en Italie, ces petites épargnes restent à la disposition de l'industrie. Comme le dit très bien M. Paul Leroy-Beaulieu, la caisse d'épargne française est en quelque sorte un instrument de stérilisation pour les campagnes, dont elle pompe les capitaux par sommes minimes. En Italie, au contraire, les économies d'une région servent à féconder le travail de cette région et viennent souvent aussi en aide à la classe même des citoyens d'où part l'épargne des déposants. La banque agricole de Milan réunit dans sa caisse d'épargne les petites économies de 886 déposants et emploie son capital ainsi que ses dépôts à faire des prêts à ses associés ou à escompter leurs effets. La garantie de la banque est assurée, d'abord parce que la clientèle est limitée, et ensuite parce qu'elle est surveillée par la clientèle elle-même. On ne prête qu'aux sociétaires, et les sociétaires ne peuvent entrer dans la Société que s'ils y ont été admis.

Du reste il n'y a pas, dans la loi italienne, de distinction entre les effets commerciaux et les effets agricoles : tous les effets à ordre sont commerciaux, et la cause pour laquelle ils sont créés n'entre aucunement en considération. « C'est bien là, fait judicieusement remarquer M. Léon Say, ce qu'on peut appeler la solution de la question du crédit agricole; le crédit agricole n'existe que quand il est le crédit tout court et sans phrases. »

Le jour où l'agriculture serait ainsi fécondée par la science et par l'argent, mis l'une et l'autre en circulation jusque dans les plus petits canaux, c'est-à-dire par l'enseignement et par le crédit, elle pourrait entreprendre elle-même tout ce qu'elle demande aujourd'hui à l'État, sans que les efforts que ce dernier parvient à faire puissent jamais être aussi efficaces que seraient les efforts individuels ou ceux des associations libres et indépendantes.

Que l'on songe d'ailleurs qu'une partie considérable du territoire français n'est pas en culture ! Un journal, *La terre aux paysans !* estime à 17 millions d'hectares la surface du sol libre, c'est-à-dire qui, sans être bâtie ou consacrée aux routes, n'est pas cultivée (jachères mortes, 5.000.000 d'hectares ; pacages et pâturages, 3.000.000 ; terres incultes, 4.000.000 ; taillis et broussailles, 5.000.000. Total, 17 millions d'hectares de terre en chômage). On voit que la terre ne manque pas aux capitaux qui voudront s'employer à la culture industrielle du sol.

D'ailleurs cette absence de culture est d'autant plus préjudiciable, qu'elle n'a pas empêché le déboisement ; or les parties non boisées s'émiettent, pour ainsi dire, lorsqu'elles sont en pente, sous l'action des pluies.

Les effets de cette dénudation ont été démontrés par une expérience directe. Une pente de 45° a été divisée en trois zones : l'une entièrement boisée, une autre partiellement défrichée et la troisième dénudée complètement. Dans la première, la pluie n'a pas formé de ravines ; elle en a formé trois dans la deuxième zone et quatre dans la troisième. D'après Lombardini, le Pô, depuis que les Alpes ont été en partie déboisées, transporte beaucoup plus de sédiments qu'autrefois ; de telle sorte que, dans les pays montagneux, on peut dire que la terre ne peut être maintenue chez son propriétaire que par le boisement. On calcule que, depuis dix ans que les terres sont déboisées et qu'elles ne sont plus retenues par les racines, le département des Basses-Alpes a perdu, par l'action des torrents, 25.000 hectares de terres cultivées, et que dans l'Ardèche 28.000 hectares de bonnes terres ont été, par suite du déboisement, recouverts de sable et de gravier. Les roches mises ainsi à nu s'affouillent plus tard par suite de l'altération que leur fait subir l'atmosphère, et des éboulements considérables, entraînant parfois des villages entiers, peuvent se produire.

Il est donc nécessaire de recourir à la méthode des reboisements. Il faut rendre cette justice à l'administration des forêts, qu'elle a fort bien mené cette expérience du reboisement. Il appartient maintenant à l'initiative individuelle, centuplée dans son pouvoir par l'association, de suivre cet exemple ; il appartient à ceux qui font des conférences dans les campagnes, à ceux qui ont souvent l'occasion de s'entretenir avec les cultivateurs, de leur montrer quel intérêt l'agriculture a dans le reboisement. Seules les forêts peuvent retenir, ménager l'eau ou les neiges et s'opposer à la formation des torrents, au ravinement et à l'affouillement. Elles agissent, suivant l'expression de Viollet-Leduc, « comme une « immense éponge retenant les eaux pluviales ou les neiges « et distillant goutte à goutte le liquide absorbé. » Quand on voit des condensations brusques et colossales, comme celle qui, récemment dans les Basses-Alpes, à 1.200 mètres d'altitude, donna en vingt minutes $75^{mm},6$ d'eau au pluviomètre, on conçoit de quelle ressource doivent être les forêts et combien facilement au contraire s'ébouleraient, sous une telle masse d'eau, des terrains inclinés à 45° et dépourvus d'arbres.

Malheureusement l'administration des forêts, comme toute administration, dépasse la mesure. — Reboiser est fort bien ! déboiser est fort mauvais ! mais ne pas profiter des bois est pire ! car non seulement les communes sont ainsi privées d'un produit qu'aucun propriétaire ne laisserait perdre, mais, sous prétexte de ménager les coupes, on laisse, en refusant aux communes l'autorisation d'abattre, les bois poussés et adultes se détériorer au détriment des jeunes arbres qu'ils étouffent !

Les travaux du reboisement ont d'ailleurs permis de constater que la limite des forêts était bien plus élevée qu'on le supposait. Dans les Alpes on a pu planter le pin Cembro et des mélèzes à 2.700 mètres et à 2.800 mètres, alors que la limite moyenne des forêts y est communément de 2.000 mètres. Cette limite, que nous croyions naturelle, n'était qu'artificielle ; c'est l'homme, qui, depuis longtemps, avait déboisé les hauts sommets; mais jadis la végétation, livrée à elle-même, s'élevait à une hauteur bien supérieure : c'est ainsi que M. Vaussenat, l'ingénieur distingué du Pic du Midi, l'un des hommes qui connaît le mieux les montagnes et surtout, Dauphinois d'origine, les Alpes françaises, a vu de vieilles souches d'arbres qui étaient demeurées à une altitude de 2.870 mètres, dans des anfractuosités de roches, comme témoins de l'antique végétation, que la cognée de l'homme a seule fait disparaître.

Mieux instruits, plus libres d'agir, une fois aidés par l'association et par le crédit mis à leur portée, les cultivateurs sortiront de l'ignorance complète où nous sommes aujourd'hui, en France, sur la sylviculture. « Or l'ignorance, dit avec raison « M. Reuss, se traduit ici, comme en tout ordre de choses, par « des sacrifices d'argent considérables, à côté desquels les som« mes affectées à l'enseignement sont insignifiantes. Ainsi c'est « pour avoir méconnu les effets désastreux du déboisement des « montagnes, que nous sommes obligés de consacrer aujour« d'hui tous les ans de 3 à 4 millions de francs à la restaura« tion des terrains sur les versants dénudés des Alpes, des Py« rénées et du Plateau central ; c'est faute d'avoir constitué « dans nos forêts, principalement dans celles de l'État et des « communes, le capital ligneux nécessaire pour produire an« nuellement des gros bois d'œuvre, que nous payons à l'é« tranger un tribut qui s'est élevé en 1880 à 243 millions « de francs et qui représente un volume de plus de 3 millions « de mètres cubes en grume, c'est-à-dire un chiffre presque « égal à la quantité de bois d'œuvre que nous tirons du sol « national. »

Que de choses ne pourra-t-on pas faire, quand la science aura remplacé la routine dans nos campagnes et que le cultivateur, ayant acquis les qualités de l'industriel, aura le droit de s'attendre aux mêmes bénéfices que lui !

Je pourrais parler ici du repeuplement de nos rivières, soit avec des poissons sédentaires, soit avec les poissons anadromes comme l'alose. Qu'il me suffise de rappeler qu'il y a quelques années, aux États-Unis le congrès vota 75.000 francs pour l'introduction de l'alose dans les eaux des États du Pacifique et de la vallée du Mississipi, ainsi que pour l'introduction du saumon, du lavaret et des autres espèces de poissons de table, dans les eaux qui leur conviendraient le mieux ; on y ajouta 50.000 francs spécialement pour la propagation de l'alose et enfin, l'année suivante, on consacra encore 87.500 francs pour assurer les mêmes opérations ! Le résultat de ces dépenses fut qu'en quatre années seulement, et rien que dans 18 stations de pisciculture, on ne *sema* pas moins de 302.693.000 œufs d'alose ! Nous sommes loin de nous douter, en France, que les rivières sont non seulement « des chemins qui marchent », mais encore des réservoirs presque inépuisables de matière alimentaire.

Je ne puis quitter l'étude du milieu social des campagnes, sans dire un mot de deux réformes, qui seraient de nature à rendre, elles aussi, les plus grands services, la *Réunion parcellaire* et la *loi Torrens*.

On a beaucoup parlé des avantages de la *réunion des parcelles*. Je n'ai pas besoin de dire que, si je vais faire l'apologie de ce mode de remaniement de la propriété rurale, je ne fais aucune allusion aux lois qui, en Allemagne, autorisent ce remaniement contre la volonté des propriétaires. Je ne parle ici que des remaniements volontaires, consentis par l'*unanimité* complète et absolue des intéressés.

L'intrication que présentent, après avoir plusieurs fois changé de propriétaire, un certain nombre de parcelles enclavées les unes dans les autres, offre à la culture de sérieux inconvénients : les propriétaires sont, en quelque sorte, paralysés les uns par les autres et une bonne partie du terrain est consacrée aux moyens d'accès. De là l'idée d'arrondir les lots de telle façon que chacun ait d'un seul tenant l'équivalent en surface et en valeur vénale de ce qu'il avait à l'état dispersé.

A une époque reculée cet échange était forcé. En Suisse, en 1551, le canton de Berne fut remanié; il en fut, plus tard, de même en Bavière et dans la Haute-Souabe; en 1695 le parlement écossais autorisa le remaniement sur la demande d'un seul des propriétaires intéressés. Le Danemark fut presque en entier remanié, par ordre, dans le courant du siècle dernier. L'Angleterre accordait les mêmes facilités sur la demande des deux tiers des intéressés. Dans l'Empire allemand des lois modernes et même contemporaines autorisent le remaniement, lorsque plus de la moitié des propriétaires le demandent; personne alors n'a le droit de s'opposer à la réunion parcellaire. Il en est de même en Autriche.

Je n'ai pas besoin de répéter qu'un tel régime est un odieux abus, une violation de la propriété et de la liberté et qu'à aucun prix le paysan français ne se laisserait ainsi remanier malgré lui : je plaindrais les agents du pouvoir central qui se risqueraient, dans nos campagnes, à venir toucher à la terre; plus d'un coup de fusil répondrait. Néanmoins, si nous constatons que le résultat de cet abus a été en somme avantageux pour l'agriculture, nous pourrons conclure non certes que l'abus est excusable, car la fin ne justifie jamais les moyens, mais bien qu'il serait à désirer, que, dans les pays où les parcelles sont ainsi enchevêtrées, l'*unanimité* des propriétaires s'entendît pour un remaniement, l'*unanimité* des intéressés étant la condition *sine qua non*.

Une certaine commune saxonne, citée par M. de Foville, montre en effet quelle plus-value ce remaniement peut donner aux terres : les 589 hectares de cette petite commune se partageaient, dit-il, entre 35 propriétaires seulement, mais on n'y comptait pas moins de 774 parcelles, d'une contenance moyenne de 76 ares. Le parcellement nouveau auquel il a été procédé, il y a un peu plus de vingt ans, en vertu de la loi de 1861, a réduit le nombre des parcelles à 60, d'une étendue moyenne de près de 10 hectares (9 hect. 82). Le travail, terminé en un an, n'a coûté que 3.126 francs. La réduction des surfaces occupées par les chemins et clôtures représentait un bénéfice très supérieur à cette dépense et la productivité totale du territoire s'est trouvée accrue à ce point, qu'il a fallu agrandir tout à la fois les granges et les étables.

Nos paysans français ont d'ailleurs depuis longtemps compris ces avantages, dans certaines provinces, au moins. Dès 1697 les habitants de Rouvres, près Dijon, s'étaient *entendus* pour remanier leurs parcelles. François de Neufchâteau, cité par M. de Foville, rapporte que « l'arpenteur Feugeray « divisa toutes les contrées du ban en sections aboutissant « toutes sur des chemins... 4.000 journaux de terre divisés « en un nombre infini de petits champs et appartenant « à 300 propriétaires furent réunis de manière à ne former « que 400 à 500 pièces de terre. Par le bienfait d'un tel « travail le territoire de Rouvres est devenu à la longue « comme une espèce de jardin, et rien n'est plus admirable « que la variété des cultures qu'on y aperçoit aujourd'hui. »

Il en fut de même en Lorraine en 1763 et en 1773 : le remaniement fut fait par l'accord *unanime* des « syndics, habitants, propriétaires et autres ayants-droit ».

Aujourd'hui même, dans la Meurthe, sous l'inspiration d'un propriétaire, M. Gorce, un grand nombre de communes ont procédé librement à ce remaniement et après consentement de l'unanimité des propriétaires. Organisés sous la forme d'association syndicale, les propriétaires déclarent « asso- « cier leurs intérêts en vue d'une opération, qui constituera « une des œuvres d'amélioration agricole ayant un caractère « collectif prévu par le paragraphe 8 de l'article 1er de la « loi du 21 juin 1865 sur les associations syndicales, et qui « comprendra :

« 1° La création de chemins d'exploitation ;

« 2° Le redressement des parcelles courbes ou irrégulières, « ainsi que des petits cours d'eau ;

« 3° Le remembrement général du territoire, avec abor- « nement des cantons, bênes et lieux dits ;

« 4° Le renouvellement du cadastre. »

Après avoir étudié ces faits contemporains, M. de Foville s'exprime ainsi : « Voilà donc une opération qui, sans imposer « à qui que ce soit d'autres obligations que celles qui ont été « volontairement acceptées, tarit dans une localité la source « des procès et profite à tout le monde. M. Gorce, à lui seul, « a depuis 1860 porté son *fiat lux* dans quinze communes : « Altroff, Lening, Omelmont, Bermering, Clercy-Tonnoy, « Saint-Firmin, Benney, Praye, Burthecourt, Azelot, Remeré- « ville, Sommerviller, Xirocourt et Villey-Saint-Étienne, en « tout 13.762 hectares et 65.715 parcelles ; il y a créé un réseau « de 250 kilomètres de chemins ruraux, dont l'emplacement « a été prélevé à titre gratuit sur le parcellaire ; et il ne « semble pas que les gens du pays exagèrent la plus-value « acquise par les territoires ainsi réorganisés en l'évaluant « à une demi-douzaine de millions. »

D'une façon générale M. Tisserand estime la plus-value foncière qui résulte de l'opération à 25-30 % et l'accroissement du revenu net à 30-40 %.

Je ne parle ici de la *loi Torrens*, que pour compléter la série des réformes que réclame le milieu social des campagnes. C'est ailleurs que le lecteur trouvera les documents nécessaires sur cette loi facultative, introduite en Australie grâce à l'initiative de Torrens.

J'espère que Yves Guyot réussira à l'acclimater en France, car en Australie elle a fait ses preuves et, toute facultative qu'elle soit, tout le monde veut être sous sa protection : excellent exemple, soit dit en passant, en faveur de l'utilité qu'il y aurait à faire des lois temporaires, facultatives et locales, qu'on adopte ou qu'on rejette définitivement, selon que l'expérience faite volontairement et librement, pendant un certain temps ou sur un certain point du territoire, a satisfait ou déplu. C'est là la *politique expérimentale*, dont M. Donnat vient de décrire si excellemment les principes et la méthode (1).

On sait que l'*act Torrens* a pour effet de créer, en quelque sorte, la propriété mobilière au porteur, d'éviter les frais nombreux dont sont grevées, chez nous, les mutations ainsi que la lenteur de toutes les opérations et de faciliter, par conséquent, la circulation de la propriété foncière. Voici, en deux mots, en quoi consiste la loi Torrens : Tout propriétaire qui veut mettre sa propriété sous le régime Torrens fait une déclaration au bureau d'enregistrement, lequel examine les titres du propriétaire de la même manière que s'il s'agissait d'en prendre possession. La demande est publiée afin d'avertir les voisins ou les intéressés. Si, au bout de six mois, aucune réclamation ne s'est produite, on trace le plan cadastral sur un registre, avec la mention des servitudes ou hypothèques qui grèvent la propriété ; on remet alors au propriétaire, sur une feuille détachée, une copie du registre ou même la photographie du registre lui-même ; le propriétaire est alors garanti contre tout procès. Si une réclamation se produit, c'est à l'État qu'elle doit s'adresser ; si une indemnité est à payer, c'est l'État qui la paye. Pour prix de cette garantie l'État reçoit 5 centimes pour 25 francs du capital ainsi protégé. Le propriétaire veut-il vendre son bien ? il présente sa feuille de propriété au maire ou à tout autre officier public et remplit la formule de transfert imprimée en blanc au verso ; le titre est alors expédié par la poste au bureau d'enregistrement, qui inscrit le transfert sur le registre et imprime sur le titre un timbre rouge : au bout de vingt-quatre heures le titre parvient au nouveau propriétaire.

(1) *La Politique expérimentale*, par Donnat. Paris; Reinwald, 1886.

Les avantages que confère cette facilité de circulation de la propriété mobilière sont, paraît-il, bien appréciés, puisque cette mesure facultative a été adoptée par plus de 537.000 propriétaires : c'est que, comme l'écrit M. Torrens, « elle a « substitué la sécurité à l'insécurité, la simplicité à l'em- « barras, les schellings aux livres et les jours aux mois ».

Le milieu social des campagnes devra subir plusieurs changements, il devra évoluer d'une quantité très appréciable, avant que toutes ces réformes soient comprises. La mission de ceux qui représentent le peuple dans nos assemblées est précisément de faire comprendre ces réformes en les faisant apprécier, et de les faire apprécier en les inscrivant dans nos lois, ne serait-ce que pour ne rien brusquer, d'une manière d'abord facultative, temporaire ou même locale.

CHAPITRE XIV.

INFLUENCE DE LA RICHESSE SUR L'ORGANISME SOCIAL.

I.

La notion de propriété n'est pas inconnue aux animaux. — La pauvreté semble spéciale à l'homme. — Son antagonisme avec la richesse a augmenté jusqu'ici avec la civilisation. — La propriété commune précède la propriété individuelle. — Nos sociétés modernes offrent de nombreuses traces de cette évolution. — Le *mir* russe. — Biens de l'État. — Biens de la commune. — Les prestations. — Avantages de la propriété commune. — Elle supprime le paupérisme relatif et la paresse. — Avantages de la propriété individuelle : elle est un stimulant. — Conditions mauvaises faites par le collectivisme et par le socialisme césarien. — Le collectivisme a surtout pour effet d'uniformiser la pauvreté. — Utilité de la richesse et de la propriété pour les nations, comme pour les individus. — L'ouvrier des campagnes est, sous le rapport de la propriété, plus avancé en évolution que l'ouvrier des villes. — L'ouvrier des villes doit devenir propriétaire industriel, comme l'ouvrier des campagnes est devenu propriétaire agricole. — La science amènera ce résultat. — Transport de la force motrice.

Jusqu'ici nous avons pu le plus souvent étudier le milieu social de l'homme et celui des animaux d'une manière parallèle : la domestication répond à la civilisation ; les conditions faites par la densité, l'agglomération, le taux de la ration alimentaire sont les mêmes chez l'homme et chez les animaux. Il en est autrement, lorsqu'on étudie l'influence de la richesse et de la pauvreté sur l'organisme social. Encore cette différence n'est-elle vraie que pour la propriété considérée dans son état le plus avancé d'évolution, celui qu'on ne rencontre que chez l'homme, car les origines de la propriété ne commencent pas avec l'homme et sa notion n'est pas étrangère aux autres animaux : le chien connaît fort bien le *tien* et le *mien*, ce dernier surtout, et la fourmi, qui a la réputation de n'être pas prêteuse, connaît parfaitement la valeur des galeries, propriété de sa fourmilière et celle des pucerons, qui semblent être également la propriété commune de la tribu.

L'homme seul semble, à vrai dire, avoir le privilège de la pauvreté; cet antagonisme entre la richesse et la pauvreté semble même s'accentuer d'autant plus que la civilisation est plus avancée. Cela semble, au premier abord, une critique de la civilisation : nullement; tout au plus est-ce une critique de la phase dans laquelle nous vivons; cela nous montre surtout que notre évolution sociale est loin d'être accomplie, et que tout n'est pas encore pour le mieux dans notre société.

Qu'est-ce que la richesse? un troupeau d'antilopes, qui parcourt en sécurité de belles prairies, est riche; une tribu de Peaux-rouges, qui possède de grandes prairies habitées par de nombreux buffalos, si les hommes sont adroits et vigoureux, si les femmes sont fécondes, est riche. La richesse n'eut point d'autre forme au début de l'évolution des sociétés : la propriété fut commune, avant d'être individuelle. Cette forme commune de la propriété se retrouve encore, même dans les pays les plus avancés en évolution, même dans ceux où la propriété individuelle a pris la plus grande importance.

Tant qu'un peuple est nomade et qu'il vit de la chasse ou de la seule industrie pastorale, la propriété foncière ne s'individualise pas ; on ne possède individuellement que des armes, des vêtements, des objets mobiliers. Le partage individuel n'apparaît pour la propriété foncière qu'avec l'agriculture, et encore celle-ci à ses débuts se pratique en commun ; alors même que, par la suite, le travail personnel de la terre amène un lotissement individuel, d'abord temporaire, et qui ne devient définitif et transmissible que beaucoup plus tard, toutes les cultures qui ne demandent pas beaucoup de travail, les bois et les prairies, restent en commun. Cette évolution de la propriété du communisme à l'individualisme se fait dans toutes les civilisations, comme celle du langage, comme celle de tous les phénomènes que nous observons dans la nature.

La communauté des biens fut la règle, partout, au début. Les Germains possédaient en commun les immenses forêts de leur pays ; les champs cultivés appartenaient à la tribu, à la famille, mais étaient mis, chaque année, dans des mains nouvelles et désignées par le sort : *arva mutant per annos neque longius anno remanere uno in loco sinunt*. Il en était de même en Italie, avant l'établissement des Romains ; il en était de même dans les pays scandinaves. L'Inde, le Mexique, le Pérou avaient et ont encore plus ou moins la propriété commune ; elle était la règle chez les Anglo-Saxons avant la conquête normande : la trace des communautés de village se retrouve même encore dans l'est de l'Angleterre, celle des communautés de tribus dans l'ouest et dans le clan écossais. Les Slaves ont conservé la propriété commune des champs avec lotissement temporaire d'une petite partie : le *mir* russe réalise cet idéal du communisme primitif. La commune ou *mir* est seule regardée comme propriétaire ; elle seule administre son bien, paye au seigneur la rente, à la couronne l'impôt ; les habitants n'ont que l'usufruit et ne possèdent qu'en commun. Tous les trois ans on fait un lotissement par tête, opération qui devient une prime au grand nombre d'enfants et empêche d'ailleurs le paupérisme. Dans toute cette phase de la propriété commune, on partage, en effet, les récoltes proportionnellement au nombre de têtes ; on décide en commun, sous la présidence des anciens, l'opportunité des travaux des champs, on se partage les corvées nécessaires à l'entretien ou à la réparation du bien commun.

Même dans les pays où la propriété individuelle est la plus appréciée et où elle est devenue un dogme, comme en France, il est aisé de reconnaître encore des vestiges de l'ancien communisme : le domaine de l'État, les forêts de l'État, les biens communaux sont encore, en somme, une permanence du communisme de la propriété foncière : certaines communes, grâce à leurs communaux, évitent le paupérisme. La coutume ancienne des *bans,* pour les vendanges notamment, remontait elle-même à l'époque communiste ; encore aujourd'hui l'impôt des prestations est un souvenir de l'antique solidarité qui unissait les copropriétaires d'un même bien.

Il est certain que, sous cette évolution du communisme vers l'individualisme dont la grande ligne est bien nette, les détails sont comme toujours ondoyants. Ce n'est pas par une série de secousses que se fait l'évolution ; cela n'est le propre que des révolutions : elle résulte d'un glissement insensible sur une pente inappréciable. C'est ainsi que dans beaucoup de pays, où la propriété est cependant restée commune, la propriété individuelle a pu apparaître de bonne heure sur certains points, et qu'inversement, dans les pays où l'individualisme s'est le plus accentué, on peut voir persister des traces indéniables de communisme.

Il faut bien reconnaître que la propriété commune avait des avantages, puisque tous les peuples ont eu recours à ce système et que quelques-uns s'immobilisent encore dans cette forme ; mais elle avait évidemment des inconvénients, puisque les peuples les plus avancés en évolution tendent de plus en plus à s'en dégager. La propriété commune a pour avantage incontestable de supprimer le paupérisme : il n'y a point de pauvres dans un pays où chaque homme a droit au partage des terres et de leur récolte ; il n'y a même pas de paresseux, car celui qui refuserait de s'associer au travail commun serait banni de la société et se verrait exclu du partage. Mais, par contre, la propriété individuelle et la faculté de la transmettre à ses enfants ou, à leur défaut, à ceux qu'on aime le plus, sont un stimulant bien plus puissant du travail ; le sentiment de responsabilité, l'initiative individuelle se développent alors au grand profit de l'individu sans doute, mais au profit de la collectivité également, car sa richesse est faite de la richesse de chacun de ses membres, comme son bonheur n'est que la somme des bonheurs individuels de ses membres.

Le communisme réalise, en somme, les conditions de travail de la caserne ou du couvent; ce sont celles-là que les socialistes rêvent, lorsqu'ils veulent faire de chaque citoyen le protégé, le mineur de l'État tutélaire; ce sont celles-là que les Jésuites avaient réalisées au Paraguay, où la durée des heures de travail, la nature du travail, tout, jusqu'au sommeil et aux repas, était réglé; c'est ainsi que sans doute les choses se passaient chez les Pueblos du Mexique, dans leurs *Casas grandes,* vastes ruches humaines, où l'individualisme s'effaçait devant le collectivisme le plus oppressif; c'est ainsi que cela se passait dans les républiques de l'antiquité, où l'État dotait les filles pauvres, comme dans l'ancien Pérou, où le despotisme le plus césarien se doublait, comme cela s'est vu depuis, des tendances socialistes les plus propres à amoindrir l'individu.

Dans tous ces pays il se passait quelque chose d'analogue à ce qu'on observe dans le *mir* russe, où le paysan, comme on l'a dit, n'est plus le serf du seigneur, mais est toujours le serf de la commune. Si l'on veut juger les différences du communisme et de l'individualisme, il suffit de comparer le Russe et l'Américain : l'un rivé dans ses vieilles coutumes, dans ses vieilles superstitions, esclave du passé comme du présent, irresponsable; l'autre affranchi, mobile, en pleine responsabilité, toujours à la recherche d'un progrès nouveau.

La propriété individuelle n'est donc pas, comme le croyait J.-J.-Rousseau, née, un beau jour, « où il plut à un homme de dire : Ce champ est à moi, et où il trouva des hommes assez sots pour le croire ». Elle résulte d'une lente évolution et elle succède à d'autres formes de la propriété, et il est à présumer que les peuples civilisés ne reculeront pas vers le collectivisme, car ce serait un processus rétrograde, ce serait une évolution régressive et une dégénérescence. L'évolution progressive consistera à concilier les avantages de la propriété collective et ceux de la propriété individuelle. Nous verrons, que l'association sous toutes ses formes, les sociétés anonymes, sont l'avenir. La coopération surtout est seule capable de concilier les avantages de l'un et de l'autre système.

Au surplus, si le collectivisme a pour effet d'empêcher le paupérisme, on peut dire que ce résultat n'est que relatif et que la communauté des biens a surtout pour effet d'étendre, de généraliser une égale pauvreté ; elle supprime la richesse. Or la richesse est le résultat proportionnel des efforts de l'homme, et ces efforts sont d'autant plus grands que la propriété est plus individuelle ; d'un autre côté, la richesse est la force d'une nation comme d'un individu, et je ne parle pas ici de la richesse métallique, mais de la quantité d'objets échangeables et utiles à la vie matérielle et intellectuelle que possède un pays ! Les agriculteurs se plaignent ; nous traversons une crise agricole ; je le veux bien, mais le paupérisme agricole a disparu. Il n'existe plus, depuis que Turgot a assuré la libre circulation des grains et surtout depuis que les grandes propriétés (*latifundia*) se sont éparpillées en propriétés distinctes, nombreuses, transmissibles et très individuelles. « Les paysans mangent de l'herbe comme des moutons et crèvent comme des mouches, » disait l'évêque de Chartres avant 1787 ; « le peuple est un mulet à qui on mesure l'avoine, pour qu'il ne soit pas trop fort et regimbe, » disait le cardinal de Richelieu, qui comprenait le socialisme d'État, comme le comprend aujourd'hui M. de Bismarck. Nous sommes loin de cette époque : le paysan français est aujourd'hui plus libre que l'ouvrier des villes, parce qu'il est propriétaire, parce que cette usine de la terre, où il était simple manœuvre, lui appartient maintenant, tandis que la propriété industrielle n'est pas encore divisée ; le *latifundium* des grandes usines existe encore. L'ouvrier devra, aussi lui, devenir propriétaire de l'usine, comme le travailleur rural l'est devenu de la terre ; il y sera aidé par l'association et par la science, qui mettra dans ses mains la force motrice, captée, transportée et infiniment divisée. Nous avons encore le paupérisme industriel, parce que, comme le dit M. Coste, « nous possédons une organisation sociale encore défectueuse, dont les parties ne sont pas parvenues à cet accord et à cette harmonie, qui donnent la santé collective ».

II.

L'inégalité des fortunes est mauvaise pour les sociétés. — L'excès de richesse est aussi malsain que l'excès de pauvreté. — Phtisie des riches et phtisie des pauvres.

L'inégalité dans la répartition de la richesse entre les citoyens est mauvaise pour la société tout entière : au lieu d'être constituée de classes très riches et de classes très pauvres, elle a intérêt à ce que la richesse soit distribuée entre les citoyens en proportion de leur intelligence, de leurs efforts et des services qu'ils lui rendent. Les citoyens eux-mêmes sont intéressés à cet équilibre ; car, si la pauvreté est un milieu funeste, l'excessive richesse n'est pas, au point de vue démographique, une condition beaucoup plus avantageuse. « Il manque à quelques-uns jusques aux aliments ; ils redoutent l'hiver ; ils appréhendent de vivre. L'on mange ailleurs des fruits précoces ; l'on force la terre et les saisons pour fournir à sa délicatesse : de simples bourgeois, seulement à cause qu'ils étaient riches, ont eu l'audace d'avaler en un seul morceau la nourriture de cent familles. Tienne qui voudra contre de si grandes extrémités, je ne veux être, si je le puis, ni malheureux ni heureux ; je me jette et réfugie dans la médiocrité. » La Bruyère était dans la vérité non seulement au point de vue de la justice, mais aussi au point de vue démographique.

Ainsi qu'on l'a dit, la phtisie du riche et la phtisie du pauvre, l'une due à une sorte de pléthore, l'autre à une anémie, traduisent toutes deux une égale misère physiologique. C'est ainsi qu'en Angleterre, une étude statistique des lords détenteurs des grosses fortunes a montré que leur mortalité, de quinze à soixante ans, était supérieure à celle de leurs fermiers. La goutte, les névroses complexes, la phtisie font sur eux des ravages comparables à ceux que subit la misère. Mais, si cela est vrai pour les très grosses fortunes, il n'en est plus de même évidemment pour la richesse opposée simplement à la pauvreté : l'une est saine autant que l'autre l'est peu.

Or rien ne prouve mieux combien notre milieu social est encore défectueux que le nombre considérable des pauvres présenté par nos sociétés. Ce nombre, je le disais tout à l'heure, augmente, par une ironie étrange, en raison directe de l'intensité même de notre civilisation. Le dernier recensement du paupérisme à Londres (1880) donne 133.709 assistés, dont 93.541 secourus chez eux et 40.168 dans les *workhouses*. En un seul jour du mois de novembre, 818 personnes ont été arrêtées comme en état de vagabondage, soit 592 hommes, 189 femmes et 37 enfants. A New-York, il existe environ 30.000 vagabonds qui n'ont ni feu ni lieu.

III.

Morbidité des pauvres. — La pauvreté est plus supportable dans les pays chauds. — « Le riche meurt moins que le pauvre. » — Mortalité des ouvriers supérieure à celle des patrons. — Age moyen des décès plus précoce chez les ouvriers que chez les patrons. — La transition brusque entre la richesse et la pauvreté est aussi malsaine que la transition des climats. — Le petit acclimatement est seul possible.

La *morbidité* des pauvres est considérable. J.-J. Rousseau a pu dire, avec son emphase habituelle, que « c'est sous l'habit rustique d'un laboureur, et non sous la dorure d'un courtisan, qu'on trouvera la force et la vigueur du corps ; » mais il faut prendre son observation à la lettre et non, comme il le faisait lui-même, au figuré, en opposant la pauvreté à la richesse. Oui, le paysan est vigoureux, et encore s'il est bien nourri; mais le pauvre des villes, qui ne trouve dans l'atmosphère malsaine qu'il respire aucune compensation à un régime mauvais, ne présente aucune résistance aux nombreuses causes de maladies, au milieu desquelles il passe sa vie. L'hiver est pour lui particulièrement mortel : aussi la pauvreté n'est-elle supportable que dans les pays chauds; aussi est-ce dans ces pays que le paupérisme et la paresse ont été élevés à la hauteur d'un dogme philosophique et religieux. Seuls les pays chauds ont pu servir de théâtre à ces conceptions absurdes du découragement et de la paresse aboutissant au Nirwânâ! Sous le ciel brûlant de la Judée, Jésus-Christ a pu laisser flotter sa barque à la dérive sur le lac de Génésareth et donner pour exemple à ses disciples « le lis qui ne tisse ni ne file »; mais la belle et consolante maxime pour un ouvrier, qui a femme et enfants et pas d'autres moyens de nourrir et d'élever sa famille, que de faire le dur métier de puddleur dans une usine de Londres!

Dans nos pays dits tempérés, elle est toujours vraie cette formule de Bouchardat : « Le riche meurt moins que le pauvre. » C'est surtout sur les enfants et sur les vieillards pauvres que la misère fait sentir son influence malsaine : on a calculé qu'elle tue 90 % des pauvres avant cinq ans. D'après les calculs de Deparcieux, sur 1,000 nouveau-nés riches, 235 arriveront à soixante-dix ans, tandis que sur 1,000 nouveau-nés pauvres, 117 seulement arriveront à cet âge. A Paris, dans les quartiers riches, la mortalité annuelle est de 13 à 16 pour 1,000, tandis que, dans les quartiers pauvres, elle est de 25 à 31 pour 1,000. La même proportion a été constatée par Villermé à Mulhouse et par le Dr Marmisse à Bordeaux. La différence est plus marquée encore à New-York, où dans les quartiers riches la mortalité est de 28,70 pour 1,000, tandis qu'elle est de 150 à 190 pour 1,000 dans les quartiers pauvres.

L'échéance du tribut que les hommes paient à la mort

varie tellement avec la situation de fortune, avec la richesse, qu'elle semble être plus clémente avec les patrons qu'avec leurs ouvriers : tandis que l'âge probable des décès est de 28 ans chez les patrons, il est de 10 ans (chiffre moyen) chez les ouvriers bien rétribués. Cette moyenne est abaissée surtout par l'extrême mortalité de leurs enfants ; elle est de 1 an, 5 chez les ouvriers peu payés. Si, pour plus d'exactitude dans la probabilité, on élimine les enfants, on trouve que l'âge moyen des décès est, pour les patrons, de 43 ans, et, pour les ouvriers, de 15 ans.

Le milieu social créé par la richesse plus ou moins grande, en d'autres termes par la richesse ou par la pauvreté, est bien un milieu biologique. C'est un milieu au même titre que le milieu climatérique, et les lois de l'acclimatement sont les mêmes dans l'un et dans l'autre cas. Bien que tous les climats ne soient pas également sains, on s'habitue en somme à tous : ce qui surtout apporte du trouble dans l'organisme, c'est le changement brusque de climat. Passer du cercle boréal sous les tropiques, c'est, au point de vue climatérique, passer de la pauvreté à la fortune ; or peu d'organismes peuvent supporter un changement aussi important dans la latitude. Ceux qui restent dans la pauvreté du climat boréal, où ils sont nés, ont plus de chance de vie que ceux qui se sont laissé séduire par les rayons brûlants du soleil équatorial. Les recherches des climatologistes et des voyageurs ont montré, que les organismes n'étaient pas doués d'assez d'élasticité et de souplesse, pour se prêter à autre chose qu'au *petit acclimatement* : une race peut se transporter sous une latitude très différente de celle où elle est née, mais cela ne se fera qu'à la condition de se faire lentement, qu'à la condition que chaque génération ne subira qu'un changement peu considérable, que la génération suivante n'en fera pas davantage et que seule la série plus ou moins longue des générations aura effectué le passage, d'une manière presque insensible pour chacune de celles qui la constituent. Les niveaux très différents de la richesse ne peuvent de même être impunément parcourus par un même individu; l'homme n'est capable, aussi là, que du petit acclimatement.

L'enrichissement trop rapide est aussi mauvais que la chute trop brusque de la fortune dans le dénûment : à peine est-on arrivé à provoquer ces brusques et favorables revirements de la fortune, qui font tant d'envieux et font courber tant de colonnes vertébrales, qu'il faut payer tous les efforts qu'on a dû faire et sentir l'usure de ses organes. Ils n'ont plus assez de force pour résister à toutes les jouissances dont le parvenu a fait son but et dont il se gorge. « Il faut avoir trente ans pour songer à sa fortune; elle n'est pas faite à cinquante; l'on bâtit dans sa vieillesse et l'on meurt quand on en est aux peintres et aux vitriers. »

IV.

Insuffisance de la philanthropie. — Un remède inutile est dangereux. — Les remèdes curatifs valent mieux. — Les préservatifs mieux encore. — *Lodging-house.*

Cette inégalité de condition biologique entre les riches et les pauvres, cette éternelle question du paupérisme a eu le privilège de susciter toute une série de panacées, dont chacune était, pour son inventeur, le remède définitif. Mais ce n'est point par des onguents anodins qu'on refait un organisme; ce n'est pas davantage par quelques palliatifs qu'on remédiera à cette imperfection de nos sociétés qui se traduit par le paupérisme : c'est l'évolution tout entière qu'il faut pousser plus loin; c'est le milieu social qui doit être modifié et qui ne le sera qu'avec le temps, que pour des générations nouvelles, profitant de l'éducation nouvelle, des mœurs nouvelles, que les générations précédentes leur auront préparées.

Il en est, du reste, de ces palliatifs comme de certains remèdes inoffensifs : ils ne font pas de mal par eux-mêmes, mais ils sont néanmoins dangereux, parce qu'ils endorment le malade dans une sécurité trompeuse et qu'ils l'empêchent de suivre une médication énergique et efficace. Les institutions philanthropiques sont de ce nombre. On ne peut sans doute blâmer les personnes riches qui pratiquent la charité, ni les associations philanthropiques; mais tous ces bons vouloirs isolés ou collectifs seraient bien plus efficaces, si, au lieu de se borner à soutenir mécaniquement l'homme qui tombe, ils pouvaient, comme par un breuvage tonique, lui donner la force de se relever seul. A celui qui donne une béquille au paralytique je préfère celui qui le guérit de sa paralysie, et à ce dernier je préfère encore celui qui empêche la paralysie de se produire.

A ce titre il est cependant permis de citer, comme exemple d'une philanthropie éclairée, les tentatives faites à New-York, sous l'inspiration de M. Brace, parce qu'elles tendent à susciter le grand levier humain, l'initiative individuelle. La société qu'il a fondée, et dont le capital résulte de donations charitables, a pour but d'attirer les enfants errants dans un *lodging-house,* qui leur est destiné. « Il fallait surtout, dit M. Brace, traiter ces gamins en petits hommes indépendants, ne rien leur donner sans payement. » Ce principe original et autrement moralisateur que celui de l'aumône leur fournissait un bon lit pour 32 centimes, un bain et un souper pour 20, puis une école! 260 lits furent vite remplis; les frais étaient couverts par les enfants, qui en 1870 apportèrent en payement 3.349 dollars, par des donations nombreuses, enfin par une subvention municipale. Au principe original et excellent du payement on ajouta cet autre principe, qui, chez nous, équivaudrait à une révolution, l'attrait du plaisir : cigares, café, conférences, lanternes magiques, cabinet de lecture! En dix-huit ans la société a reçu 91.326 enfants, elle a fourni 576.485 lits pour une nuit, 469.461 repas; elle a dépensé 132.888 dollars, mais elle a placé 7.298 enfants et fixé 5.126 jeunes vagabonds! Le même système a été ensuite appliqué aux femmes. Fidèle à sa doctrine bien humaine de l'attrait par le plaisir, elle les a fait venir chez elle, dans ses ateliers et dans ses écoles, par l'appât de la toilette : la promesse d'un joli ruban servait de prétexte à une journée passée à l'atelier ou à l'école, et la société se trouvait avoir fait une bonne affaire! Ce *lodging-house* avait été établi dans le quartier de la prostitution ; or, à mesure que le nombre des filles qui venaient librement dans l'asile augmentait, le nombre de celles qu'on mettait en prison diminuait : la même prison qui en 1861 avait reçu 3.172 femmes, n'en reçut plus que 339 en 1871 ; enfin, sur 2.000 femmes ainsi rachetées *par elles-mêmes*, car c'est là le point important, 5 seulement sont devenues criminelles ; les autres ont été placées. Tout cela prouve une fois de plus combien notre vieille méthode de la contrainte et de l'ennui, qui fait la base de notre pédagogie comme de nos maisons de détention, est inférieure à la méthode de la liberté et de l'attrait par le plaisir. Nous comprimons les passions et nous ne trouvons plus qu'une statue, alors que ces passions sont la seule prise qu'on ait sur l'humanité! Mais ce sont là des choses qui ne se décrètent pas. Jamais une bureaucratie d'habitudes et d'éducation cléricales ne mettra cela dans ses cartons!

V.

Distribution des richesses. — Commerce. — L'échange des marchandises contre l'argent monnayé n'est pas son but réel. — Erreur de la *balance du commerce*. — Dangers de la protection. — Les routes et les télégraphes jouent, dans l'organisme social, le même rôle que les vaisseaux et les nerfs dans l'organisme animal. — Les tarifs douaniers jouent le rôle de ligatures sur le chemin de la circulation animale. — Les contrebandiers représentent la circulation collatérale.

Il ne faut pas confondre la richesse d'une nation avec la richesse ou la pauvreté de ses citoyens. Comme l'a dit Droz, avec raison, « ne prenons pas les richesses pour but ; elles ne sont que le moyen, leur importance résulte du pouvoir d'apaiser les souffrances, et les plus précieuses sont celles qui servent au bien-être d'un plus grand nombre d'hommes. Le bonheur des États dépend moins de la quantité des produits que de la manière dont ils sont répartis. » — « Aucun pays, ajoute-t-il, n'est aussi remarquable que l'Angleterre sous le rapport de la formation des richesses. Mais, en France, leur distribution est meilleure, et je conclus qu'il y a plus de bonheur en France qu'en Angleterre. » C'est là en effet une des causes qui font que le paupérisme est plus grand en Angleterre qu'en France et c'est précisément cette division des produits consécutive à la division de la propriété sous toutes ses formes, qui est le côté le plus remarquable peut-être, au point de vue social, qu'on puisse étudier dans la Révolution française.

La fortune d'une nation ne se mesure cependant pas uniquement à la répartition des produits ; elle se mesure à son commerce : or, ici encore, il est indispensable qu'une évolution s'accomplisse, pendant la vie d'une nation, dans la manière même dont s'y fait le commerce et dans la conception qu'on s'y fait du rôle des commerçants.

Le commerce primitif se faisait par voie d'échange direct. Encore aujourd'hui, dans le Soudan, on troque un chameau contre une dalle de sel ou contre un certain nombre de mètres de cotonnade. Plus tard, la monnaie devint le symbole de l'échange ; plus tard enfin, le symbole, qui était le moyen, finit par être considéré, bien à tort, mais par beaucoup d'esprits, comme le but : alors celui qui échange un sac de blé contre une pile d'or ou d'argent semble seul faire une bonne affaire, tandis que celui qui donne la pile d'or contre un sac de blé semble en faire une mauvaise, puisqu'il s'est démuni de son métal. C'est sur cette conception fausse que fut basée pendant si longtemps la fameuse *balance du commerce*, en vertu de laquelle une nation devait importer davantage qu'elle exportait. Malgré les efforts d'Adam Smith pour arracher cette idée funeste de la tête des commerçants, beaucoup de gens s'imaginent encore que l'idéal du commerce pour une nation c'est d'importer chez elle tout l'argent de ses voisins et aucun de ses produits en nature. En vain M. Frédéric Passy leur disait-il, sous l'ancienne législature : « Vous imagineriez-vous, par hasard, que les produits se payent avec de l'or et de l'argent? Jamais il n'en est ainsi. Comment! aujourd'hui, à une époque où l'on règle 150 milliards d'affaires au Clearing-House de Londres et autant à celui de New-York, sans échanger une seule pièce d'or ou d'argent, à une époque où les papiers représentatifs de la monnaie métallique sont expédiés constamment par liasses d'une région à une autre, vous vous imaginez que pour faire les payements on s'amuse à envoyer et à faire revenir de l'or et de l'argent, qui coûtent des frais de transport et qui courent des risques? Jamais! Quand un Américain fait un achat ici, il tire de sa poche un morceau de papier sur lequel il écrit : Payez à M... ou à l'ordre de M... la somme de... Et que présente cette somme de..? Ce n'est pas de l'or qu'il a apporté avec lui, c'est le blé qu'il a envoyé pour nous nourrir, c'est le coton qu'il a expédié pour alimenter nos manufactures, c'est, — c'était, puisque vous ne voulez plus que cela soit, — le lard et les jambons qu'il envoyait pour nous nourrir... » On continue néanmoins à parler de cette éternelle balance, et si on se bornait à en parler! mais encore on prétend protéger le commerce!

C'est que l'évolution dans les esprits n'est pas encore faite ; c'est qu'on s'imagine encore que ce qui peut arriver de plus heureux à un commerçant, c'est la ruine de ceux à qui il veut vendre! c'est qu'on ne comprend pas encore que, suivant l'idée si justement exprimée par Buckle, « loin de dépendre de la quantité d'or reçu, ces bénéfices proviennent simplement de la facilité avec laquelle une nation écoule les marchandises qu'elle peut produire à meilleur compte, et reçoit en retour celles qu'elle ne pourrait produire qu'à grands frais, mais qu'une autre nation est à même, en raison du talent de ses ouvriers, ou de la libéralité de la nature, de fournir à plus bas prix ».

On protège, parce que, comme le dit encore Buckle, « chaque gouvernement européen qui a fait des lois relatives au commerce a agi comme si son but principal était de ruiner les commerçants. Au lieu de laisser l'industrie nationale libre de suivre son cours, on l'a entravée par une série interminable de règlements, qui tous étaient établis pour le bien de l'industrie, mais qui lui infligeaient en réalité le tort le plus sérieux ». Et le même auteur ajoute, malheureusement avec raison, ces paroles qu'il faut encore citer : « L'esprit de protection, qu'on peut vraiment appeler l'esprit du mal, a toujours été bien plus fort en France qu'en Angleterre. En réalité il continue, même de nos jours, à produire parmi les Français les résultats les plus pernicieux. Je prouverai ci-après qu'il se rallie intimement à cet amour de la centralisation qui se montre dans le mécanisme de leur gouvernement et dans leur littérature. » Le défaut que nous reprochait l'auteur anglais n'a malheureusement fait que s'accentuer : chaque branche de l'industrie et du commerce demande aujourd'hui à être protégée ; la littérature elle-même ne dédaigne pas cette faveur. Nos législateurs se laissent entraîner à cette manie de protection, qui, vieille chez nos légistes comme l'idée romaine et anticommerciale dont ils sont imbus, faisait dire récemment à André Cochut : « Partout les légistes sont préoccupés de cette idée césarienne d'assurer le pain au peuple, de tout prévoir et de tout régler, de substituer leur propre sagesse à la cupidité ingénieuse du marchand et au flair naturel du consommateur. »

L'avenir est, il faut l'espérer en dépit des faits qui se passent à l'heure actuelle, au libre échange complet : à l'extérieur par la suppression progressive de tarifs douaniers ; à l'intérieur par la suppression des octrois, qui suivront dans leur écroulement les anciennes barrières, jadis placés entre nos provinces! Sans quoi, on ne voit pas à quoi serviraient nos routes nouvelles ; on ne voit pas pourquoi les populations s'imposeraient des sacrifices, pour augmenter les moyens de communication en nombre et en rapidité!

La comparaison entre le corps social et un organisme n'est pas en effet une métaphore destinée à enjoliver le style ; elle exprime une réalité. La création de routes, de chemins de fer, d'un réseau télégraphique fait monter l'organisme social dans la série évolutive : il est ainsi promu dans la hiérarchie des organismes, autant que l'animal, qui dans la série philogénique, s'est vu pourvu d'un réseau de vaisseaux et de nerfs aboutissant à un cœur central et à un centre nerveux. « L'immense transformation que les chemins de fer et les télégraphes, dit Spencer, ont causée subitement, a fait que, dans le cours d'une génération, l'organisme social a passé d'un état semblable à celui d'un animal à sang froid pourvu d'un appareil circulatoire médiocre et de nerfs rudimentaires, à un état semblable à celui d'un animal à sang chaud, pourvu d'un système vasculaire complet et d'un appareil nerveux développé, grâce à l'évolution rapide des appareils distributeur et internoncial. » Grâce à ce réseau vasculaire et nerveux, je veux dire grâce aux routes et aux télégraphes, un pays tout entier voit toutes ses parties reliées, comme celles d'un animal le sont par ses vaisseaux et par ses nerfs. Spencer remarque même, avec raison, que le courant électrique court plus vite sur nos fils métalliques que le courant nerveux sur nos nerfs ; de telle sorte que les points éloignés l'un de l'autre d'un même pays se trouvent reliés l'un à l'autre avec plus de rapidité qu'ils le seraient, si l'organisme social de ce pays étant réellement fait exclusivement de substance organique, ils étaient reliés par des nerfs identiques à ceux que nous étudions en biologie! L'être colossal dont le cerveau serait Paris et dont Brest serait une extrémité, percevrait moins vite les sensations reçues par l'extrémité Brest, que Paris ne reçoit aujourd'hui les dépêches télégraphiques expédiées de Brest.

Mettre des obstacles douaniers aux frontières des États, des provinces ou des villes sur le cours des chemins commerciaux, c'est exactement aussi antiphysiologique que de placer des liens sur le trajet des vaisseaux d'un animal. On est certain, dans un cas comme dans l'autre, d'amener ici de la congestion, là de l'anémie et de déterminer des troubles trophiques plus ou moins graves. La seule chance qui puisse arriver à l'animal à sang chaud, dont on aurait ainsi gêné la circulation dans les principaux vaisseaux, serait la formation, sous l'influence de la nécessité fonctionnelle, de vaisseaux supplémentaires, grâce auxquels on voit s'établir ce qu'on nomme la circulation collatérale. Cette circulation collatérale s'effectue dans l'organisme social, dont la circulation est ainsi entravée par les ligatures douanières, par le moyen de la contrebande, qui, à toutes les époques, du temps du régime colonial en Angleterre et en Espagne comme encore aujourd'hui, a révélé la pression des intérêts du commerce méconnus et refoulés. C'est ainsi que Senior a pu dire, non sans humour : « Le contrebandier est un réformateur radical et judicieux. Par malheur il ne peut exercer son industrie que sur des objets offrant peu de volume ; mais, dans le cercle où il est enfermé, il choisit toujours de préférence ceux dont la privation est le plus sensible à la société. Dans les pays où le système prohibitif est poussé à l'extrême, le contrebandier est indispensable au bien-être de la nation entière. »

Les partisans de la protection citent volontiers la libre Amérique comme pays protecteur. M. Frédéric Passy a ainsi réfuté cette vieille légende, devant l'ancienne chambre. « Un homme, dit-il, qui a occupé une situation considérable dans ce pays, qui a été commissaire du revenu de l'Union, M. David Weller, constatait, il y a quelques années, que la protection a eu sur la prospérité des États-Unis les effets les plus déplorables, qu'il était résulté de cette politique un déplacement de travail, une grande perturbation à l'intérieur. Il est constaté que le peuple de ce pays consomme aujourd'hui moins de sucre et de café, qu'il achète moins de bottes, de souliers et de chapeaux qu'en 1860. La consommation des étoffes de coton est moindre pour 39 millions d'habitants qu'elle n'était, il y a quelques années, pour 30 millions.

Ces déclarations ont été renouvelées par l'éditeur de la *Tribune de Chicago*, et la chambre de commerce de Verviers a constaté que, si la production avait pu développer certaines industries, ce développement n'a été obtenu qu'au détriment de l'ensemble des industries. »

CHAPITRE XV.

INFLUENCE DU TRAVAIL SUR L'ORGANISME SOCIAL.

I.

Nécessité du travail, c'est-à-dire d'une fonction, pour tout élément d'un organisme social. — La division du travail n'existe pas au début des sociétés. — Professions manuelles. — Professions dites libérales ou mieux nommées cérébrales. — Division arbitraire et fausse. — Le fonctionnaire.

Usage impropre fait du mot travailleur. — L'argent, le cerveau et le bras sont trois capitaux équivalents et complémentaires l'un de l'autre. — Le capital et le travail sont collaborateurs. — Les membres et l'estomac. — Un conte arabe. — Lavoisier, l'équivalence chimique du travail cérébral et du travail musculaire. — Chimie de la pensée et du mouvement musculaire.

La richesse ne se décrète pas : les nations, comme les individus, n'y parviennent que par le commerce libre et, d'une façon générale, par un échange de services réciproques. Or la matière échangeable n'est pas toujours un objet mobilier, une terre ou une maison : le temps, l'intelligence et la force de l'homme lui-même sont une marchandise comme une autre ; cette marchandise prend le nom de travail. Tout homme qui ne travaille pas se tient donc volontairement en dehors de cet échange, de ce *circulus*, qui doit exister entre tous les éléments de l'organisme social et, pour continuer la comparaison biologique, il joue dans cet organisme social le même rôle que ces tumeurs qui apparaissent au milieu des tissus formées d'éléments inutiles, qui détonent dans le concert organique et que la main du chirurgien se hâte d'enlever.

Or cette loi physiologique du travail créée, pour chaque individu dans le milieu social, des conditions spéciales, qui sont d'autant plus compliquées, que la société dans laquelle on les étudie est elle-même plus avancée en évolution.

Au début des sociétés il n'existe aucune division du travail : les conditions qui résultent du travail sont donc les mêmes pour tous les individus ; plus tard, avec la division du travail apparaissent les professions diverses ; chacune d'elles a sur ceux qui l'exercent une action spéciale : elle constitue un milieu nouveau, le milieu professionnel. Alors que dans les sociétés primitives tous les hommes s'adonnent à la chasse, à la pêche, à la préparation des aliments, à la construction d'une hutte ou d'un canot, ou encore à la guerre, les travailleurs, dans les civilisations plus avancées, se spécialisent, et cela d'autant plus que la civilisation, dans ses dehors au moins, est plus avancée.

Le plus grand nombre des hommes se livre alors à l'agriculture et à tous les métiers qu'elle comporte ; d'autres emploient leur intelligence et leurs forces à la fabrication de tous les objets qui constituent, pour ainsi dire, le matériel de la civilisation ; tous ces individus, qui sont les plus nombreux dans toutes les nations, emploient, avec une adresse et une habileté souvent merveilleuses, pour le mettre au service de leur intelligence, l'organe qui est en quelque sorte avec son cerveau, caractéristique de l'homme, la main ; ce sont les manouvriers, ou les ouvriers.

D'autres travaillent moins de leur main, qui, comme instrument de travail, ne leur sert plus qu'à fixer leur pensée par l'écriture; ils ont développé principalement l'autre organe noble de l'homme, le cerveau et s'associent avec les premiers pour la fabrication, pour le commerce ou pour l'étude et l'enseignement des sciences et des lettres, ou pour l'application de leurs connaissances acquises aux intérêts divers, qui peuvent naître entre les hommes : gestion de leurs affaires, défense de leurs intérêts ou de leurs droits, guérison de leurs maladies, etc... Les professions remplies par ces derniers sont appelées, très improprement d'ailleurs, libérales.

Cette qualification de *libérales* est d'autant plus impropre, que les autres professions n'ont rien de servile et que l'indépendance du travailleur n'est pas toujours du côté que ce mot semble indiquer. Il serait beaucoup plus juste de diviser les professions en *manuelles* et *cérébrales*, pour indiquer l'organe prédominant. Sans doute le manouvrier se sert de son cerveau, et ses mains sont d'autant plus habiles que son cerveau fonctionne mieux; de même le penseur se sert également de ses mains; mais cette division, du moment qu'on en veut faire une, aurait au moins le mérite de l'exactitude, puisqu'elle reposerait sur une base organique.

D'autres enfin remplissent une fonction qui n'a point son analogue ailleurs que dans les États archicivilisés; comme cette fonction, souvent inutile quand elle n'est pas nuisible, leur semble être la fonction par excellence, ils se donnent eux-mêmes le nom de *fonctionnaires*. A coup sûr aucune profession n'est moins libérale; c'est peut-être beaucoup faire que de lui donner l'épithète de cérébrale. Définir le fonctionnaire est difficile. Pascal Duprat l'a décrit de main de maître. « On peut abattre un empire dans une bataille, étouffer une royauté dans un mouvement populaire et tuer une république dans un guet-apens; mais il est impossible de chasser cet homme de la place qu'il occupe : il fait partie du bagage de tous les gouvernements; c'est une machine montée pour tous les pouvoirs. Il dirait volontiers, comme Louis XIV : « L'État, c'est moi. » Il a pris racine dans ses fonctions. Du reste, il n'a jamais eu et il n'aura jamais une opinion politique : c'est là une métaphysique inaccessible à son esprit. Il ressemble à son père et son fils lui ressemblera. Dans sa famille on ne naît ni homme ni citoyen, on naît simplement fonctionnaire. C'est une espèce qu'on retrouve dans tous nos États civilisés : elle s'est faite peu à peu, par des transformations successives, d'après la loi de Lamarck confirmée par Darwin. Son organisme est achevé et il n'a plus rien à demander à la nature. Elle se présente avec des caractères analogues dans tous les États, parce qu'elle a rencontré partout le même milieu et qu'elle s'y est également adaptée. C'est elle qui, après les défaites de la liberté, rend toujours facile, au moins pour quelque temps, l'établissement du despotisme, parce qu'elle lui prête des milliers de bras pour atteindre partout et que, dans les transformations qu'elle a subies pour devenir ce qu'elle est, elle a perdu l'habitude de raisonner. »

Laissant de côté le fonctionnaire, nous nous trouvons en présence de deux sortes de professions, qui représentent la division la plus large du travail dans nos sociétés, les professions manuelles et les professions cérébrales.

Tout en reconnaissant par cette division que chacune d'elles constitue un milieu spécial, on ne saurait trop s'élever contre la tendance en vertu de laquelle on applique le nom de *travailleurs* à ceux qui se servent plus exclusivement de leurs mains, plus généralement qu'à ceux qui utilisent plus spécialement leur cerveau. Les uns et les autres font cependant l'échange des produits du capital qu'ils possèdent.

Le financier, qui achète une usine avec son capital argent, serait également incapable de faire le plan des travaux à exécuter et d'effectuer lui-même ces travaux avec ses bras; l'ingénieur, que ses connaissances en géologie ou en mécanique, véritable capital cérébral, mettent à même de diriger les travaux de l'usine, eût été impuissant à l'acheter et ne serait souvent pas assez robuste pour y manier lui-même l'outil; enfin l'ouvrier privé du capital argent, qui en ferait un acheteur, et du capital cérébral, qui lui eût permis d'être ingénieur, apporte au premier et au second le capital de ses bras. Tous trois doivent être considérés comme trois collaborateurs indispensables l'un à l'autre, véritablement complémentaires l'un de l'autre. Tous trois sont des capitalistes spéciaux, le capital d'un individu étant, suivant la définition de Bastiat, l'ensemble des utilités, argent, cerveau, muscle ou outil qu'il possède. Si cette réalité était mieux comprise, on verrait moins souvent l'antagonisme éclater entre le capital et le travail; tous deux auraient intérêt à se considérer comme les organes nécessaires d'un même organisme et on ne verrait pas aussi souvent renaître l'occasion de se souvenir de l'apologue de Ménénius Agrippa sur la révolte des membres contre l'estomac.

Graham Summer raconte l'histoire suivante : « Un personnage, dans un conte arabe, désire savoir lequel de ses trois fils a le plus d'affection pour lui : il les envoie chercher le présent qui peut lui être le plus utile : le premier fils trouve un tapis, sur lequel il peut se transporter, lui et les autres, où il veut; le second trouve un remède qui guérit tous les maux; le troisième une glace, dans laquelle il distingue tout ce qui se passe n'importe où. Ce dernier avec sa glace voit que son père est malade loin d'eux; sur son tapis le premier transporte ses frères à la maison paternelle; le second administre son remède et sauve la vie de son père. » Grand embarras du père, qui ne sait quel est celui de ses trois fils qui l'a le plus obligé. Il en est de même ici pour le capital argent, le capital cerveau et le capital bras. Tous trois sont équivalents ou plutôt complémentaires.

La démonstration de cette équivalence n'est pas seulement faite au point de vue social; elle est faite également par la chimie et cela par Lavoisier, qui donna ainsi le premier l'appui de la science aux principes d'égalité que proclamait la Révolution française. « On peut connaître, dit-il dans une page qu'on ne saurait trop citer, à combien de livres en poids répondent les efforts d'un homme qui récite un discours, d'un musicien qui joue d'un instrument; on pourrait même évaluer ce qu'il y a de mécanique dans le travail du philosophe qui réfléchit, de l'homme de lettres qui écrit, du musicien qui compose. Ces efforts considérés comme purement moraux ont quelque chose de physique et de matériel, qui permet de les comparer à ceux que fait l'homme de peine. Ce n'est donc pas sans quelque justesse, que la langue française a confondu, sous la dénomination commune de travail, les efforts de l'esprit comme ceux du corps, le travail du cabinet et celui du mercenaire. » Les successeurs de Lavoisier ont démontré que la comparaison était juste jusque dans les moindres détails et que le travail du cerveau aussi bien que celui du muscle était le résultat d'une combustion : le phosphore et la graisse du cerveau en produisant la pensée donnent naissance, par combustion, à des phosphates et à de la cholestérine, comme le protagon du muscle produit le mouvement par une combustion qui aboutit à la formation de l'urée.

II.

Professions cérébrales. — Maladies des gens du monde. — Aliénation mentale. — Surmenage cérébral. — Stérilité chez les hommes à vie cérébrale active. — Névroses chez les enfants. — Influence des professions cérébrales sur la longévité. — Sur la mortalité. — La phtisie pulmonaire. — La prime d'assurance en Amérique. — Influence de la profession du père sur la mortalité des enfants.

L'équivalence des professions n'est pas moins saisissante, lorsqu'on les considère au point de vue des maladies qu'elles provoquent, car les professions dites libérales ne sont pas toujours celles où la mortalité est le moins considérable. Chacune d'elles offre cependant des conditions spéciales qui méritent une étude à part : c'est ainsi que Ramazzini a étudié les maladies des religieuses et qu'il a cherché également les moyens de *conserver la santé des princes* (de *principum valetudine tuenda commentatio* 1710), chapitre inutile en France, que je n'ai nullement le désir de reproduire dans ce volume. Stahl a étudié les maladies des gens de cour (*propempticon de morbis aulicis*). Je dirai, comme Tissot, dans la préface de son *Essai sur les maladies des gens du monde*, à propos des maladies de cour : « Ce sujet n'est point de mon choix ; » s'il n'en parle pas, « c'est, dit-il, que ce chapitre ne pouvait être bien fait que par des médecins qui auraient vieilli dans des cours nombreuses et à qui leur position aurait fourni sur cet objet une grande quantité de matériaux, dont la mienne m'empêche heureusement d'avoir une provision aussi vaste. »

Quant aux professions libérales, je me bornerai à citer ce passage du même auteur, qui résume tout ce qu'on en peut dire de général : « L'ambition des honneurs, l'amour des distinctions et le désir de la fortune, que le luxe rend nécessaire, sont trois principes qui, animant sans cesse l'homme du monde, tiennent son âme dans une agitation continuelle, qui seule suffirait pour détruire la santé et l'exposent d'ailleurs à des revers très fréquents, à des mortifications, à des chagrins, à des humiliations, à des colères, à des dépits, qui empoisonnent tous les moments ; et ce qui aggrave le danger de toutes ces impressions fâcheuses, c'est souvent la nécessité de se contraindre et de les masquer. »

On pourrait cependant descendre plus avant dans les détails et mentionner la fréquence des migraines, celle de la constipation, de la dyspepsie et, d'une manière générale, de toutes les conséquences d'une vie sédentaire, de veilles prolongées et d'une congestion habituelle du cerveau. Si l'ouvrier montre avec un légitime orgueil ses mains calleuses, le cerveau de plus d'un savant, celui de plus d'un lettré présentent, aussi eux, une usure, qui pour être invisible du dehors n'est pas moins sensible par les manifestations qu'elle provoque : le ramollissement du cerveau, la folie et en particulier la paralysie générale progressive, les troubles cérébraux vagues, qui ont été décrits en Angleterre et que j'ai déjà signalés dans ce livre sous le nom de *mental strain*, sont souvent la conséquence du surmenage cérébral.

On a noté comme une sorte d'alternance fonctionnelle entre le cerveau et les organes de la génération : c'est ainsi que les gens adonnés à un travail cérébral considérable auraient généralement moins d'enfants que ceux dont le cerveau travaille moins. Le Dr Hardy a soutenu récemment cette thèse devant l'Académie de médecine. Leurs enfants seraient, a-t-on dit, plus sujets aux névroses diverses que les autres. Mais ces données sont encore assez problématiques : il est difficile de faire ici la part du travail cérébral en lui-même, celle du genre de vie corrélatif ou du simple séjour dans les villes. Il faudrait pour cela de nombreuses statistiques; or celles que nous possédons ne sont pas toujours d'accord entre elles. Néanmoins les recherches du Dr Lagneau ont montré que si 100 familles de patrons agriculteurs sont composées de 353 personnes, 100 familles de patrons industriels et commerçants comprennent de 298 à 273 individus, et 100 familles d'hommes livrés aux professions libérales ou vivant de leurs revenus n'en présentent plus que 174. « Ainsi, dit-il, les familles des patrons agriculteurs sont supérieures de près d'un sixième et celles des patrons industriels, de plus d'un cinquième à celles des patrons commerçants et de plus de moitié à celles des rentiers ou des hommes vivant de professions libérales. »

D'après Casper, c'est en dehors des professions libérales que se trouverait le plus grand nombre de cas de longévité : ce serait parmi les paysans et les domestiques, parmi ces derniers surtout, qui ont le moins de soucis, le moins de responsabilité et qui s'éloignent le plus du tableau tracé par Tissot des misères des gens du monde.

D'après Potiquet, les académiciens, qu'il a pris comme spécimen, auraient une longévité plus grande que celle qui est assignée par les tables de Deparcieux aux autres hommes. Mais, sans priver les immortels du respect auquel ils prétendent, on pourrait se demander, sans irrévérence, si la longévité n'est pas compatible avec une déchéance précoce du cerveau ; on pourrait encore arguer que quelques-uns d'entre les académiciens prennent, à partir de leur entrée dans l'Olympe, un repos qui est précisément très hygiénique ; enfin on pourrait encore demander à l'auteur si les académiciens sont précisément bien choisis comme pouvant donner la mesure de ce surmenage cérébral, auquel donnent lieu les travaux originaux et indépendants. Ce ne sont pas des critiques littéraires que je veux faire ici ; je me borne à réclamer la moindre des vérifications qu'il soit nécessaire de faire, lorsqu'on consulte une statistique, sur les valeurs qu'on y a fait figurer.

Quoi qu'il en soit, voici les chances de survie que possèdent à chaque âge les académiciens. D'après Potiquet elles sont plus grandes que celles qui sont assignées par Deparcieux aux hommes du même âge.

	Académiciens d'après Potiquet.		Survie d'après Deparcieux.	
35 ans..........	1 000	individus.	1 000	individus.
40 ans..........	964	—	947	—
45 ans..........	930	—	896	—
50 ans..........	894	—	837	—
55 ans..........	819	—	758	—
60 ans..........	744	—	667	—
....	...	—	...	—
90 ans..........	30	—	16	—
95 ans..........	7	—	0	—

On voit que sur 1.000 hommes quelconques de trente-cinq ans et sur 1.000 académiciens du même âge, il en restera davantage à chaque décade parmi les seconds que parmi les premiers.

Les tables de mortalité, où figurent toutes les professions, sont plus commodes pour juger la mortalité relative que présentent les professions cérébrales.

En Suisse la mortalité annuelle et moyenne de trente à quarante ans et sur 1.000 vivants est de 11. Or elle est d'après Kummer,

Chez les tonneliers................	20
— bouchers................	18

Chez les cabaretiers	17
— agriculteurs	9
— médecins	12
— instituteurs	9

Voici enfin un autre tableau, qui représente la mortalité moyenne et annuelle en Angleterre pour 1.000 vivants de chaque profession :

Domestiques	11,67
Épiciers et commerce qui s'y rapporte	13,81
Valets de ferme	14,37
Mineurs	15,78
Boulangers	16,17
Ministres de toute religion	17,4
Cordonniers	18
Médecins	24,3
Aubergistes et marchands de spiritueux	30,28

On voit que d'après ce tableau ce ne sont pas les professions cérébrales qui sont le mieux partagées ; elles le sont mieux cependant que les professions où l'on est surtout exposé à l'alcoolisme, comme celles d'aubergiste et de marchand de spiritueux.

Si, comme l'a fait Kummer pour la Suisse, on prend la fréquence de la phtisie pulmonaire comme criterium, on voit que, alors que cette maladie fait périr, sur 1.000 vivants de trente à quarante ans, un chiffre annuel et moyen de 3,9, elle tue chez :

Tailleurs de pierres	8,6
Tonneliers	8,7
Bouchers	6,8
Restaurateurs	6,9
Médecins	4,7
Boulangers	4
Instituteurs	3,8
Meuniers	3,7
Agriculteurs	2

Les sociétés d'assurances sur la vie aux États-Unis nous fournissent un document d'une grande valeur sur les chances de survie dans chaque profession, car la prime à payer varie non seulement avec l'âge et avec l'état de santé de l'assuré, mais aussi avec sa profession : elles font payer pour chaque profession une prime variable de tant pour 100.

Or ce sont les professions libérales qui ont la moins forte prime à payer ; ce sont donc elles que les compagnies regardent comme donnant le moins de chances de mort aux assurés ; la prime supplémentaire pour la profession est pour :

Les avocats, de	1,19 %
— avoués	1,68
— médecins	1,29
— pharmaciens	1,91

Les autres professions paient les primes suivantes :

Charcutiers	1,80 %
Marchands de poisson	1,89
Bouchers	1,98
Marchands de volaille	2,25
Jardiniers	0,93
Grooms	1,26
Valets de chambre	1,67
Cochers	1,84
Brasseurs	2,15
Marchands de vin	2,50
Cabaretiers	2,45
Hôteliers	2,70

On a également cherché quelle était l'influence de la profession du père sur la mortalité des enfants. Or, tandis que sur 1.000 enfants de un an, la mortalité moyenne et annuelle est de 178, elle devient chez :

Les enfants de journaliers	241
— d'ouvriers de fabrique	224
— d'aubergistes	179
— d'agriculteurs	164
— d'employés	144
— de *médecins*	121
— de *ministres des cultes* et d'*instituteurs*	116

Les professions cérébrales semblent les mieux partagées. Mais s'il est vrai que les enfants dont les pères appartiennent aux professions libérales subissent une mortalité moins considérable, nous avons vu qu'ils sont, en revanche, beaucoup moins nombreux.

III.

La profession militaire. — Ce que coûte la paix armée. — Sélection militaire. — Son effet sur la population. — Diminution du nombre des mariages. — Abaissement de la taille. — Nécessité de réduire la durée du service. — Morbidité. — Mortalité supérieure à celle de la population civile du même âge. — Grande réceptivité pour les maladies épidémiques. — Fièvre typhoïde. — Maladies vénériennes. — Leur rapport avec la durée du service, le grade et l'ancienneté. — Aliénation mentale et suicide dans l'armée. — La phtisie dans l'armée. — Ses rapports avec l'encombrement et la durée du service militaire.

Il est une profession qui mérite un chapitre à part dans l'étude du milieu social, c'est la profession militaire. Cette étude est d'autant plus nécessaire, que cette profession est devenue inévitable pour tous les citoyens pendant un certain nombre d'années. Sans doute le désir de tout homme qui comprend l'évolution des sociétés est d'arriver dans un temps plus ou moins éloigné à la suppression des armées permanentes; malheureusement il faudrait décréter du même coup la même mesure chez nos voisins. Or chacun attend précisément que son voisin commence et chacun constate que le voisin s'arme de plus en plus. Il faudra du temps pour que ce vieil atavisme disparaisse et pour que les peuples arrivent, comme les particuliers, à régler leurs différends devant un grand conseil international. D'ici là il faudra renoncer à dépenser pour les sciences, pour les conquêtes pacifiques, tout l'argent qu'on transforme en obus et en murs blindés. Dans un récent article sur ce que coûte la paix en Europe M. Alfred Neymark estime qu'il se dépense annuellement, en Europe, pour l'entretien des armées et de la marine, près de *quatre milliards et demi;* près de 3.200.000 hommes sont sous les armes, et la marine militaire européenne compte près de 1.800 vapeurs, navires à voile, etc. Que de progrès feraient les sciences, quel développement prendrait l'instruction, quelle diminution subiraient les impôts, si les hommes étaient assez sensés pour suspendre ensemble au même moment ce gaspillage de forces et pour employer utilement l'argent actuellement consacré à la guerre!

Il y a là une sélection déplorable de l'argent, qui se trouve détourné de l'agriculture, du commerce et de l'industrie, son seul emploi logique; mais cette sélection n'est rien encore en comparaison de celle que le militarisme exerce sur les hommes.

Les hommes les plus petits, les moins robustes, les moins vigoureux, restent dans leurs foyers, se marient et font des enfants à leur image, tandis que les plus robustes, les plus grands, sont entraînés forcément loin de la vie de famille et, au lieu de faire des enfants légitimes, vigoureux comme eux, procréent, un peu partout, un nombre indéterminé d'illégitimes, qui succombent à titre seul d'illégitimes, ou contractent des maladies destinées à retentir plus tard sur leur descendance légitime. Aussi les grands contingents militaires ont-ils toujours été une cause de la décroissance de la population.

Durant les années de la guerre de Crimée, le contingent fut de 140.000 hommes au lieu de 80.000, chiffre des années précédentes. Or, durant cette guerre à laquelle prirent part 309.268 militaires dont 95.613 succombèrent, il y eut une diminution annuelle de 3.440 mariages et de 10.075 naissances.

C'est en vertu de la même sélection, que chaque période guerrière abaisse la taille vingt ans après elle : c'est que tous les enfants conçus pendant cette période de guerre ont été engendrés par des pères que leur défaut de grandeur attachait au foyer domestique.

Ainsi, dans la période 1831-1836, sur 10.000 conscrits examinés, on en trouva 9.071 bons; en 1860, on en trouve 9.400, soit 329 en plus; c'est que la période inférieure (1831-1836) correspondait aux guerres de l'Empire (1811-1816) et que la seconde période, plus favorisée, correspondait à l'époque peu brillante, mais du moins pacifique, de 1840. Après vingt ans, l'Empire faisait encore sentir sa funeste influence! La taille se relève en effet et le nombre des exemptions diminue, à mesure qu'on s'éloigne de cette époque funeste à tant de titres pour notre pays! Sur 10.000 conscrits les exemptions pour défaut de taille étaient :

En 1844, de........................	841
En 1850, de........................	781
En 1864, de........................	523
En 1868, de........................	506

encore a-t-on, depuis 1871, progressivement abaissé le minimum de taille nécessaire de 1^{m},70 à 1^{m},54.

Aujourd'hui, puisque moins que jamais, paraît-il, on ne peut supprimer la guerre, on devrait du moins rayer le défaut de taille des causes d'exemption, car, les armes se chargeant par la culasse, il n'y a d'autre inconvénient, qu'au point de vue de l'œil, à ce que le fusil soit plus grand que le fantassin.

Cette sélection militaire est déjà, par elle-même, grosse de conséquences graves, qui réagissent sur la population tout entière; mais elle se complique en outre des mauvaises conditions individuelles qui sont faites au soldat pendant la durée de sa présence sous les drapeaux : il importe donc qu'on réduise la durée du service, autant que les nécessités de l'instruction militaire le permettent.

La morbidité dans l'armée dépasse en effet tout ce qui se voit dans les groupes comparables de la population civile : elle atteint un chiffre vraiment extraordinaire. Le Dr Marvaud, dans une étude sur la morbidité dans l'armée, a calculé que, pendant la période quinquennale 1875-79, il y avait eu dans l'armée une proportion annuelle de 541 hommes malades pour 1.000 présents au corps. Plus de la moitié des hommes entre donc chaque année à l'hôpital ou à l'infirmerie !

Le nombre des journées d'indisponibilité, c'est-à-dire de traitement à l'hôpital, à l'infirmerie ou à la chambre, s'élève dans cette même période à 17.632 pour 1.000 hommes présents, ce qui donne dans l'armée française 1 journée d'indisponibilité ou d'exemption par maladie pour 20 journées de présence, soit 5 %.

Cette morbidité excessive n'est d'ailleurs pas propre à notre pays : la Revue statistique de l'empire russe nous apprend que le nombre des hommes portés malades dans l'armée russe est de 3,29 pour 100 et par jour. Un autre auteur, M. Tliaskevitch, a trouvé de 1840 à 1841 le chiffre des malades par jour égal à 3,93 %. La proportion devient 3,74 % de 1846-48 ; 4,51 % de 1849-50 ; elle s'élève plus tard à 6,50 %. Le chiffre est maintenant retombé, d'après M. de Livron, à 5,62 %.

La mortalité militaire est telle que le fait prévoir la morbidité : elle varie dans les divers États, et nous devons reconnaître qu'après la Prusse, où les questions militaires sont étudiées avec prédilection, et après l'Autriche, c'est la France qui est la moins maltraitée. Voici dans divers pays la mortalité militaire annuelle en temps de paix, pour 1.000 hommes :

Prusse	6,9
Autriche-Hongrie	11,58
France	13
Belgique	13
Russie	15,45
Italie	24,5

Nous ne sommes pas nous-mêmes arrivés sans travail à ce chiffre, qui, encore que considérable, est relativement bon, car notre mortalité militaire était :

De 1820 à 1826	21,4 pour 1.000
En 1846	19 —
En 1858	16 —

Mais, tandis que la population militaire donne en France une mortalité de 13 pour 1.000, la population civile du même âge, qui pourtant n'est pas triée, qui même est grossie de tout ce que la revision a rejeté comme impropre au service, ne présente pas une aussi forte mortalité ; celle-ci n'est pour cette population civile que de 11 pour 1.000. Rien ne montre mieux les conditions défectueuses créées par le *milieu militaire.*

Ce sont surtout les maladies épidémiques, qui sévissent sur les soldats. Jeunes, agglomérés, non acclimatés dans les villes où ils viennent tenir garnison, ils présentent toutes les conditions favorables pour prendre ces maladies.

Une seule maladie épidémique fait exception, c'est la variole. Tandis que la mortalité par variole sur la population civile de quinze à trente-cinq ans est de 9,5 pour 10.000, elle n'est que 1,25 pour 10.000 sur la population militaire : cela tient à ce que la revaccination est pratiquée réglementairement chez les soldats. Mais il n'en est plus de même pour les maladies dont nous ne savons pas encore nous garantir par un vaccin : ainsi, tandis que la population civile de quinze à trente-cinq ans présente une mortalité par fièvre typhoïde de 14,7 pour 10.000, la mortalité militaire par le fait de cette maladie éminemment épidémique et contagieuse est de 85, 5 pour 10.000.

Il est une classe de maladies, à laquelle les conditions de célibat forcé pour la plupart d'entre eux exposent particulièrement les militaires, ce sont les affections vénériennes, blennorrhagie ou syphilis. Leur étude, celle de la syphilis surtout, a d'autant plus d'importance au point de vue du *milieu social,* que ces *souvenirs* du régiment ne sont pas plus tard sans influence sur les enfants issus des mariages légitimes, contractés par les militaires rendus à la vie civile.

Cependant un fait considérable résulte des statistiques annuelles, c'est la diminution des maladies vénériennes dans l'armée depuis 1872. Le Dr Mathieu, médecin principal, professeur au Val-de-Grâce, donne comme moyenne des cinq années antérieures à 1870 le chiffre de 109 vénériens pour 1.000 hommes de troupes ; ce chiffre s'abaisse à 82 de 1872 à 1876 et à 61 de 1876-1880. M. Mathieu attribue cette diminution, avec raison je crois, à l'extension du service militaire devenu obligatoire pour tous, à la moindre durée du temps passé sous les drapeaux, ainsi qu'à la somme de travail plus considérable qu'on exige du soldat.

Du reste, toute concentration de troupes, même accidentelle, a pour effet d'élever immédiatement la courbe des maladies vénériennes : c'est ainsi qu'à l'époque des troubles en Algérie (1872-73), l'armée algérienne a présenté immédiatement une ascension. Il en est ainsi de toutes les concentrations même de population civile, et M. Mathieu rappelle avec à-propos, dans son intéressant mémoire, que MM. Clerc, Besnier et Doyen ont déjà noté l'élévation du nombre des maladies vénériennes à chaque exposition universelle. C'est bien là, du reste, le cas de l'explosion de syphilis qui se produisit en Italie sous Charles VIII, et qui fit prendre pour une maladie nouvelle ce qui n'était que l'exacerbation d'un mal ancien.

Il est intéressant, au point de vue de l'étude du milieu social dans l'armée, d'examiner les maladies vénériennes dans leurs rapports avec la hiérarchie militaire. Or il résulte du travail déjà cité de M. Mathieu, que ce mal est loin de respecter la valeur du grade ni même celle de l'ancienneté : à nombre égal les sous-officiers, mieux rétribués, comptent plus de vénériens que les soldats ; la différence est comme 74 est à 60. Puis, parmi les militaires de tous grades mais d'armes différentes, les plus éprouvés sont ceux qui touchent la meilleure solde. L'échelle est croissante pour 1.000 hommes d'effectif :

Infanterie...........	49	solde par prêt.	0 fr. 25
Cavalerie	63	—	0,35
Artillerie............	67	—	0,45
Sapeurs-pompiers......	109	—	0,95
Gendarmerie mobile...	120	—	2,50

Il y a toutefois d'honorables exceptions : la garde républicaine, qui a la solde de la gendarmerie et qui compte 72 vénériens et non 120 pour 1.000 hommes ; le génie, payé comme l'artillerie et dont le chiffre est 55 au lieu de 67. Une autre exception en sens inverse doit être signalée : elle a trait à l'infanterie d'Afrique, zouaves, tirailleurs, infanterie légère, qui, à égalité de solde, est plus contaminée que la même arme en France.

Les travaux des médecins militaires sont toujours pleins d'intérêt, en ce sens que leurs auteurs sont admirablement renseignés sur tous les éléments qui doivent servir à l'étude du milieu social bien défini qu'ils étudient : à ce titre leurs travaux sur l'aliénation mentale et sur le suicide sont importants à consulter.

En Italie, Pietro Grilli a noté que la folie est plus fréquente chez les officiers que chez leurs inférieurs et que la forme de folie la plus fréquente chez eux est la paralysie générale (9 fois sur 13), tandis que chez les simples soldats domine la lipémanie (24 fois sur 84), puis viennent la manie (20 sur 84), la folie épileptique (7 fois sur 84), enfin la paralysie générale, qui ne figure que pour 5 sur 84.

Le même aptitude du grade a été observée en France. La folie est plus fréquente chez les officiers (1,05 pour 1.000) puis chez les sous-officiers (0,72 pour 1.000) ; enfin elle figure pour 0,33 pour 1.000 chez les simples soldats. L'aptitude à l'aliénation varie sans doute avec le plus grand exercice du cerveau et avec les incidents occasionnels, plus fréquents dans la vie de l'officier que dans la vie monotone du soldat.

Le suicide est fréquent dans l'armée italienne. D'après les recherches du Dr Baroffio, sa fréquence est de 0,427 pour 1.000 hommes d'effectif et 3,63 sur 100 décès. Le nombre des suicides est moins grand dans l'armée française (0,26 pour 1.000 actuellement au lieu de 0,62 chiffre antérieur). Ce mouvement de décroissance date de la réduction du temps du service militaire, dont il vient une fois de plus démontrer l'utilité et dont il engage à augmenter l'importance, autant que la chose sera possible.

Cette décroissance du suicide dans l'armée française résulte également des recherches de Élie Mercier : alors que le nombre des suicides était jadis quatre fois plus considérable dans l'armée que dans la population civile, toute proportion gardée bien entendu, ce nombre n'est plus maintenant que le double de celui de la population civile.

La tendance au suicide, proportionnelle à la durée du service, je viens de le dire, augmente par conséquent avec l'âge, comme chez les civils. Elle est plus marquée (exactement le double pour les six années 1873-78) chez les troupes algériennes que chez celles qui tiennent garnison en France, plus marquée également dans l'infanterie que dans la cavalerie et le génie; enfin ce sont les sous-officiers qui fournissent le plus de suicides (0,73 pour 1.000), puis les officiers (0,43), puis les soldats (0,31).

Le dégoût du service, la rigueur de la discipline, la nostalgie, le point d'honneur, l'arrêt d'avancement sont les causes les plus fréquentes. M. Mercier conclut une fois de plus, et je partage son avis, en faveur de la réduction du temps de service, du développement de l'instruction générale et professionnelle du soldat, enfin en faveur de tout ce qui peut amener la variété dans la monotonie de la vie de garnison.

Le suicide est également fréquent dans les armées : anglaise (0,379 pour 1.000), belge (0,450), prussienne (0,640), autrichienne (0,850).

Il est une maladie dont la fréquence dans l'armée milite victorieusement en faveur de la réduction du service militaire, comme en faveur du campement des troupes ainsi qu'en faveur de la variété et de la continuité des exercices physiques et intellectuels, c'est la phtisie pulmonaire. Sa fréquence est incomparablement plus grande dans la population militaire que dans la population civile du même âge, et cependant il s'agit ici d'une population préalablement triée par les conseils de révision, d'une population dont on a éliminé non seulement tous les phtisiques, mais encore tous ceux qui semblaient susceptibles de le devenir. Ainsi, l'étroitesse de la poitrine étant, à bon droit, regardée comme le signe d'une prédisposition à la phtisie, on élimine en Angleterre tous les hommes dont le périmètre thoracique mesuré aux mamelons ne dépasse pas la demi-taille d'au moins 2 centimètres, si l'individu mesure 1m,60, et de 3 centimètres, si le sujet n'atteint pas la taille de 1m,60; on élimine de même, en Autriche, tout homme dont le périmètre thoracique ne dépasse pas la demi-taille de 2 centimètres et demi; la même règle est suivie en Prusse depuis 1855; en France, cette appréciation est laissée au jugement du médecin. Eh bien, malgré ce triage, malgré cette sélection préalable, on observe cependant, chez ces jeunes gens de choix, une mortalité par phtisie très supérieure à celle que présente la population civile du même âge, dans laquelle ont cependant été refoulés les non-valeurs : dans l'armée française, par exemple, tandis que le nombre des hommes réformés par les conseils de revision est en moyenne de 0,72 pour 1.000, le nombre des soldats qui meurent phtisiques ou qui sont renvoyés du régiment pour cause de phtisie est de 4,55 pour 1.000, alors que dans la population civile du même âge le nombre des décès par phtisie est de 4 pour 1.000. Le nombre des décès ou renvois pour cause de phtisie est de 7,82 pour 1.000 dans l'armée anglaise. Qu'on remarque, je le répète, la valeur de ce chiffre, qui d'une manière absolue n'est pas beaucoup supérieur à celui de la population civile, mais qui prend une valeur relative considérable chez une population préalablement triée.

Les notions qu'on possède aujourd'hui sur le caractère microbien de la phtisie, sur la transmission des bacilles par l'air et sur la contagion très réelle de la tuberculose, expliquent suffisamment ce résultat, qui est d'autant plus manifeste que les hommes vivent plus près les uns des autres, autrement dit que l'encombrement est plus considérable : c'est pour cette raison que la phtisie fait moins de ravages chez les troupes campées que chez celles qui sont casernées ; c'est pour cette raison qu'il y a des casernes qui semblent imprégnées de bacilles : telle que celle de la Cité signalée par le Dr Landouzy, où le nombre des soldats de la *garde républicaine* atteints de tuberculose a été de 15,18 pour 1.000 en 1880 et de 23,07 pour 1.000 en 1881. La répartition de la tuberculose, suivant l'arme à laquelle appartient le soldat, est en rapport avec cette donnée : dans les casernes d'infanterie, où l'encombrement est plus considérable, puisqu'il n'y a point ici de chevaux ni de voitures à loger, et qui n'ont point de grandes cours comme les casernes de cavalerie, la mortalité était en 1845 de 7 pour 1.000 ; l'artillerie qui, elle, a besoin d'espace pour faire évoluer ses canons, ses caissons et loger ses chevaux, présentait une mortalité par phtisie de 4,6 pour 1.000.

La mortalité par phtisie sévit, en outre, dans les différents corps, à proportion de *l'exercice* que prennent les hommes. Ainsi, en 1845, alors que les chasseurs d'Orléans faisaient des exercices spéciaux, leur mortalité par phtisie était de 1 pour 1.000 ; aujourd'hui encore les pompiers ont une mortalité par phtisie inférieure à celle de l'infanterie, 6 pour 1.000 au lieu de 7, mais supérieure cependant à celle de la cavalerie.

La maladie sévit en outre en proportion de la *durée du service militaire :* en Angleterre, là où l'infanterie présente une mortalité phtisique de 10,2 pour 1.000, les gardes, tous vieux soldats, ont une mortalité de 13 pour 1.000. — A Paris, la garde républicaine, recrutée parmi les soldats ayant déjà servi, présente une mortalité par phtisie de 10,66 pour 1.000, au lieu de 7 pour 1,000 comme l'infanterie, nouvel argument et considérable *en faveur de la diminution de la durée du service militaire.*

IV.

Professions manuelles — Maladies professionnelles. — Leur étude est comparable dans le corps social à l'étude des dégénérescences pathologiques de l'élément cellulaire dans l'organisme animal.

Éruptions professionnelles. — Grenouilles, choléra des doigts, gale des épiciers.

Éruptions de cause interne chez les vanniers, cannissiers, etc.

Déformations professionnelles chez les cordonniers, parqueteurs, tailleurs, aiguiseurs, etc.

Accidents pulmonaires produits par les poussières : poussières animales, végétales, minérales. — Pneumoconiose. — Siderose. — Chalicosis. — Phtisie des aiguiseurs. — Disposition à la phtisie tuberculeuse. — Sa fréquence dans diverses professions manuelles. — Phtisie charbonneuse. — Tabacosis. — Vapeurs irritantes.

Intoxications professionnelles. — Saturnisme. — Listes des professions exposées au saturnisme. — Fréquence des avortements chez les ouvriers qui travaillent le plomb. — L'intoxication du père est une cause suffisante. — Fréquence de l'idiotie et de l'imbécillité chez leurs enfants.

Intoxication par le cuivre. — Burkisme.

Intoxication mercurielle. — Mortalité considérable des ouvriers. — Professions exposées à l'hydragyrisme.

Arsenic. — Phosphore. — Benzine. — Nitro-benzine. — Fuchsine. — Aniline. — Sulfure de carbone.

Les professions manuelles méritent de nous retenir un peu plus longtemps : elles occupent un nombre considérable d'individus disséminés dans les différentes branches du travail ; elles donnent lieu en outre à une foule de maladies professionnelles, qui doivent figurer, ne serait-ce qu'à titre de simple énumération, dans l'étude du *milieu social*.

Les altérations, déformations, maladies professionnelles dont sont frappés les individus qui composent l'organisme social, sont de tout point comparables à ces altérations régressives dont sont frappés les éléments anatomiques, cellulaires, par suite du fonctionnement des organes et de l'organisme dont ils font partie. Ce chapitre de l'étude du milieu social est donc, en quelque sorte, l'homologue d'un chapitre d'histologie pathologique. Je me bornerai dans ce livre à faire l'énumération des accidents professionnels, c'est-à-dire des maladies, qui résultent de l'exécution de certains travaux. Il n'est pas sans utilité de considérer au prix de combien de souffrances, de maladies, au prix de combien de vies humaines sont achetés les objets qui constituent la matière première de l'industrie et du commerce et que pourtant les quelques privilégiés de la fortune, à qui ils sont destinés, ne considèrent le plus souvent que comme des objets de luxe ou de confortable.

Les accidents que je vais décrire, en suivant l'ordre adopté par le Dr Proust, se bornent parfois à certaines éruptions de cause externe (1) : les *déchargeurs de bateaux*, les *ravageurs*, les *débardeurs* sont sujets à des érosions des doigts toujours plongés dans l'eau, qu'ils nomment *grenouilles*.

Les mains des *blanchisseurs* sont également excoriées par l'action combinée de l'eau et des lessives.

Les *mégissiers* sont sujets à deux maladies des doigts dues au frottement : une ecchymose qu'ils nomment *choléra des doigts* et un amincissement de la pulpe, dû à l'action corrosive de la chaux, auquel ils donnent le nom de *rossignol*.

Les *tanneurs*, *criniers*, *pelletiers*, *marchands de peaux de lapins* sont sujets également à des lésions cutanées, sans compter la plus grave de toutes, la *pustule maligne*.

D'autres altérations des mains surviennent chez les *filateurs de laine*, les *cardeurs*, les *brunisseurs*, les *maréchaux-ferrants*, les *bouilleurs*, les *épiciers*, chez qui une sorte d'eczéma prend le nom de *gale* des *épiciers*; chez les *dévideuses de cocons*; la maladie prend dans ce cas le nom de *mal de ver*, *mal de bassine*.

(1) Consulter, pour tout ce chapitre : *Traité d'hygiène publique*, par A. Proust, Paris, Masson, 1877 ; — *L'Étude et les progrès de l'hygiène en France de 1878 à 1882*, par MM. Napias et Martin, Paris ; Masson, 1882 ; — *Manuel d'hygiène industrielle*, par le Dr Napias, Paris ; Masson, 1882.

Des lésions, dues aux produits chimiques qu'ils manipulent, surviennent chez les *apprêteurs d'étoffes*, les *peintres, teinturiers, doreurs.*

Certaines éruptions, celles-là de cause interne, apparaissent chez les *vanniers, cannissiers* de Provence, qui manipulent les roseaux recouverts de moisissures ; on observe un mal analogue chez les ouvrières qui préparent, à Clermont notamment, les *oranges amères* dites *chinois.* Un grand nombre de préparations chimiques, notamment celle du *sulfate de quinine,* donnent des éruptions analogues.

Je me bornerai à rappeler ici les déformations professionnelles des *tourneurs,* des *cordonniers,* des *parqueteurs,* des *tailleurs,* des *aiguiseurs,* etc.

Les accidents, plus nombreux d'ailleurs, que beaucoup de professions où l'ouvrier vit dans la poussière déterminent sur l'appareil pulmonaire, sont plus importantes. Le Dr Vernois a donné des différentes professions, suivant la poussière à laquelle elles exposent, la classification suivante :

1° *Poussières animales :* batteurs de tapis, batteurs et cardeurs de soie et filoselle, batteurs, cardeurs et déballeurs de crin, bonnetiers en gros et en fabrique (maniement de la laine) ; brossiers, cardeurs de laine, chapeliers, converturiers, éjarrage des poils de lapin et autres, fourreurs, matelassiers, plumassiers, peigneurs en grand de la laine et de la soie, tourneurs en ivoire et en corne, tisseurs en laine.

2° *Poussières végétales :* balayeurs publics, batteurs en grange, boulangers, batteurs à la baguette, cardeurs, débourreurs de coton, charbonniers, droguistes, fariniers, féculiers, fileurs de lin, fumistes, houilleurs, meuniers, mouleurs en bronze, peigneurs de chanvre, ramoneurs, ouvriers de manufactures de tabac, tanneurs, scieurs de long, tourneurs en bois.

3° *Poussières minérales :* fabricants d'aiguilles de montre, aiguiseurs, brosseurs de cartes de visite (blanc de zinc, carbonate de plomb) ; cérusiers, casseurs de pierres, ouvriers en ciment, étameurs de glaces (mercure) ; droguistes, fondeurs, lustreurs de peaux, mouleurs en bronze, ouvriers en étoffe (arsénite de cuivre) ; plâtriers, polisseurs d'acier, polisseurs à l'émeri, porcelainiers (silice) ; salpêtriers, satineurs de papiers peints (arsenic) ; secreteurs de poils de lapin (mercure(, tamiseurs de vert de Schweinfurt (arsenic).

L'inhalation de ces poussières donne lieu, indépendamment des accidents dus à leur nature même, à une série de bronchites, d'altérations du parenchyme pulmonaire désignées sous le nom de *pneumoconioses* (πνεύμων, poumon, κόνις, poussière), qui sont une prédisposition à la phtisie tuberculeuse déjà facilitée par la contagion, l'agglomération, le genre de vie ou la nourriture insuffisante.

Hirt a du reste dressé des listes qui donnent la fréquence de la phtisie sur 100 malades des diverses professions dans lesquelles l'ouvrier est exposé à respirer des poussières.

1° POUSSIÈRES MÉTALLIQUES.

Aiguiseurs d'aiguilles	69,6
Tailleurs de limes	62,9
Lithographes	48,5
Fabricants de passoires	42,1
Rémouleurs	40,4
Mouleurs	36,9
Horlogers	36,5
Fondeurs en caractères	34,9
Graveurs	26,3
Teinturiers	25
Vernisseurs	25
Peintres	24,5
Imprimeurs	21,6
Ceinturiers	19,7
Ferblantiers	14,1
Épingliers	12,5
Cloutiers	12,2
Serruriers	11,5
Maréchaux ferrants	10,7
Fondeurs en cuivre	9,4
Ouvriers en laiton	6

2° POUSSIÈRES MINÉRALES.

Tailleurs de silex	80
Tailleurs de meules	40
Tailleurs de pierre	36,4
Plâtriers	19
Porcelainiers	16
Potiers	14,7
Ouvriers en diamant	9
Ouvriers en ciment	8,10

Bon nombre d'affections pulmonaires, phtisies non tuberculeuses, se confondent d'ailleurs dans ces professions avec la phtisie tuberculeuse ; elles prennent le nom de *siderosis* ou de *chalicosis*, selon que produites par le fer ou par le silex elles donnent lieu dans le poumon à un véritable *gisement* métallique ou minéral. On trouve, par exemple, dans les poumons des aiguiseurs, de véritables fragments d'acier et de grès et la maladie qui en résulte est décrite sous le nom de *phtisie* des *aiguiseurs*.

3° POUSSIÈRES VÉGÉTALES.

Ouvriers en cigares	36,9
Tisserands	25
Cordiers	18,9
Menuisiers	14,6
Carrossiers	12,5
Pâtissiers	11,6
Meuniers	10,9
Boulangers	7
Ramoneurs	6,5
Charbonniers	2
Mineurs	0,8

Encore ici il se produit une véritable phtisie connue sous le nom de *phtisie charbonneuse* et de *tabacosis* chez les cigarières. J'ajoute que l'absorption de la nicotine donne lieu chez elles à de fréquents avortements et que leur lait présente des qualités toxiques pour leurs nourrissons.

4° POUSSIÈRES ANIMALES.

Brossiers	49,1
Coiffeurs	32,1
Tapissiers	25,9
Pelletiers	23,2
Tourneurs	16,2
Selliers	12,8
Boutonniers	15
Chapeliers	15,5
Drapiers	10

5° AUTRES PROFESSIONS MANUELLES DIVERSES.

Fabricants de vitres	35
Journaliers	15,1
Cordonniers	18,7
Brasseurs	11,2
Tonneliers	10,1
Gantiers	10
Tanneurs	9,2
Bouchers	7,9

Certaines autres professions exposent les voies pulmonaires au contact des vapeurs irritantes :

Aux vapeurs *sulfureuses* sont exposées les fabricants de chapeaux de paille, les ouvriers blanchisseurs de soie, de laine et de plumes, les affineurs de métaux précieux ; aux vapeurs *nitreuses*, les joailliers, les orfèvres, les ouvriers des fabriques de nitro-benzine, les doreurs, les décapeurs ; au *chlore*, les ouvriers qui fabriquent le chlorure de chaux et les blanchisseurs de coton ; à l'*acide chlorhydrique*, les ouvriers qui fabriquent la soude et le sulfate de soude.

Mais il est des professions bien autrement dangereuses, en ce sens qu'au lieu d'agir mécaniquement et en quelque sorte localement, le poison agit ici par absorption et détermine chez l'ouvrier une intoxication véritable de l'organisme.

De toutes ces intoxications professionnelles la plus répandue, et non la moins grave, est celle que détermine le plomb, le *saturnisme*.

Le Dr Layet en a dressé un tableau fort complet dans lequel figurent : les affineurs, ajusteurs, apprêteurs d'appareils à gaz, coloristes enlumineurs, blanchisseurs (céruse) ; bronzeurs, broyeurs de couleurs, ceinturonniers (céruse et litharge entrant dans la composition du vernis siccatif) ; mécaniciens (emploi du mastic) ; doreurs sur bois, émailleurs, essayeurs à la monnaie, fabricants de plomb de chasse, étameurs, fondeurs de caractères, imprimeurs, lapidaires, tailleurs et polisseurs de cristaux, fabricants de glaces, potiers, faïenciers, porcelainiers, verriers, vitriers, fabricants de verre mousseline, fabricants de papiers de tenture, fabricants de cartes glacées, ouvriers travaillant l'alpaga anglais, fabricants de bâches, marteleurs de plomb, fabricants de soldats de plomb, ferblantiers, bijoutiers, orfèvres, ouvriers employés à la fabrication du minium, de la céruse et de tous les composés plombiques.

A cette liste déjà longue devraient être ajoutées une foule d'autres professions, où l'ouvrier est appelé à manier le plomb ou ses composés et dont il ne peut être question que dans un livre spécialement consacré à l'hygiène professionnelle.

Chez tous ces ouvriers peuvent s'observer à des degrés divers la colique saturnine avec anémie, liséré gingival et céphalalgie, la paralysie des muscles extenseurs, l'anesthésie et l'encéphalopathie saturnine grave avec accidents épileptiformes et mort.

Les effets du plomb ne se bornent pas à se faire sentir sur les ouvriers ; ils attaquent leur famille jusque dans leur descendance : d'après les études du Dr C. Paul, sur 27 grossesses observées chez 5 femmes intoxiquées par le plomb pendant leur grossesse, on a compté 22 avortements, 4 enfants morts, 1 seul vivant. Sur 43 grossesses survenues après l'intoxication, 32 fausses couches, 3 mort-nés, 2 vivants très chétifs. l'auteur cite, comme preuve de l'influence professionnelle, une femme qui abandonna la profession après avoir eu 5 fausses couches et eut alors un bel enfant.

Il en est de même de l'intoxication saturnine des pères : sur 141 grossesses chez les femmes de saturnins, le Dr Napias cite 82 avortements, 4 naissances avant terme, 5 mort-nés; sur les 50 enfants vivants qu'ont donnés ces 141 grossesses, 20 sont morts de un jour à un an ; 15 de un an à trois ans. Enfin, d'après les observations prises par M. Roque à la Salpêtrière, les enfants qui survivent seraient souvent frappés d'idiotie ou d'imbécillité.

Le *cuivre* fait également ses victimes parmi les *chaudronniers*, qui travaillent le cuivre rouge (bassinoires, bassins, casseroles) ; les *fondeurs*, qui emploient le cuivre uni au zinc (flambeaux, robinets, poids, etc.) ; les *poêliers*, qui travaillent le cuivre jaune (chaudrons).

Les ouvriers en cuivre ont, en général, le visage pâle et cadavéreux ; leurs cheveux sont verdâtres ; la bronchite chronique, l'emphysème, la colique métallique s'observent chez eux.

Les travaux du Dr Galippe ont toutefois montré que le cuivre était beaucoup moins dangereux qu'on le pensait; ceux de Burke tendraient à faire admettre que le cuivre donne à l'organisme qui l'absorbe une immunité réelle pour le choléra, la fièvre typhoïde et quelques autres grandes maladies infectieuses : les travaux de Pasteur sur l'infection microbienne, l'aptitude et l'immunité morbides rendent cette opinion très vraisemblable.

Le *mercure* doit figurer au premier rang sur la liste des poisons professionnels : les ouvriers qui extraient le mercure des mines sous forme de cinabre (sulfure de mercure) sont beaucoup moins exposés que ceux qui sont employés à sa distillation; ces derniers sont occupés à remplir les fours de mercure, à vider les cuves, à les nettoyer, enfin à recueillir le mercure déposé dans les chambres de condensation. On assure qu'à Almaden, où 4.000 ouvriers travaillent, il en meurt

2.000 par an ! Le mercure émet, on le sait, à la température et à la pression ordinaires, des vapeurs très sensibles. Hermann de Vienne rapporte même qu'aux environs d'Idria, où sont les mines les plus importantes de mercure avec celles d'Almaden, les bestiaux eux-mêmes présentent de la *salivation mercurielle*. Les *étameurs de glaces* sont exposés de leur côté aux mêmes dangers : salivation, tremblement, troubles cérébraux graves. Les *fleuristes* sont également forcés de manier le sulfure, le biiodure et le chromate de mercure ; les ouvriers *chapeliers*, qui feutrent et préparent les poils de lapin, de castor, sont très exposés aux poussières et aux vapeurs mercurielles, qui déterminent chez eux les accidents les plus graves : salivation, tremblement, convulsions, etc.

Sur cette liste interminable doit encore figurer *l'arsenic*, qui intoxique ceux qui le préparent aussi bien que ceux qui emploient ses nombreux composés colorés : *vert de Scheele, vert de Schweinfurt*, les fabricants d'*herbes naturelles* pour les chapeaux, les fabricants de feuillages artificiels.

Le *phosphore* est, on le sait, chez les ouvriers qui le manient, l'origine de ces terribles nécroses du maxillaire qui les défigurent et les font périr à la suite d'une longue suppuration osseuse. L'hygiène a néanmoins enseigné le moyen de rendre ces accidents plus rares.

Il faudrait encore ici mentionner la *benzine*, la *nitro-benzine*, la *fuchsine*, l'*aniline* ; il faudrait ajouter le *sulfure de carbone*, qui rend impuissants les ouvriers qui le manipulent.

Il faudrait encore citer ici les conditions sociales et matérielles des *mineurs*, conditions plus pernicieuses par elles-mêmes que les explosions du *grisou*, etc.

V.

Consommation de vies humaines par l'industrie. — La science. — L'hygiène. — Préjugés. — Imprévoyance. — Inutilité des prescriptions affichées en style administratif.

Nécessité de modifier les procédés de fabrication dangereux. — Heureux résultats déjà obtenus pour le phosphore dans la fabrication des allumettes; pour le plomb; par la substitution des verts non arsenicaux aux verts arsenicaux; par celle de la mélasse au mercure dans le secretage de la chapellerie.

Accidents de machines. — Préservatifs. — Désembrayage instantané. — Le nombre des accidents de machines est en raison inverse de l'âge des ouvriers. — Il est facile de diminuer le nombre des accidents de chaudières. — Assurance des patrons contre les accidents de leurs ouvriers. — Ses inconvénients. — Questions de responsabilité. — Supériorité des associations comme celles de Mulhouse, de Rouen et de Paris. — Diminution du nombre des accidents. — Liberté de l'assurance.

J'arrête ici cette énumération fort incomplète de tous les accidents professionnels. Elle suffit pour montrer que tous les objets qui nous entourent, qui ornent nos demeures et font partie de nos habitudes quotidiennes, sont faits de vies humaines, usées à les extraire, à les préparer, à les transformer. Si pour l'hygiéniste il y a là un sujet d'études de la plus haute importance, il y a pour le sociologiste matière à de profondes réflexions! La science de l'hygiène peut, au moins, se rendre cette justice, que si la sociologie n'a encore fait que peu de chose pour améliorer les conditions du travail dans tant de professions manuelles, elle, au moins, cherche et souvent trouve le moyen d'épargner la vie humaine dans celles qui sont le plus insalubres.

C'est elle qui a inspiré toutes les circulaires successives qui enjoignent aux patrons de pallier, autant que possible, les conditions dangereuses du travail de leurs ouvriers et qui enseignent surtout à ces derniers les moyens propres à éviter les intoxications.

Malheureusement les patrons font afficher la circulaire dans un coin de l'usine et personne n'y pense plus. Quant aux ouvriers, ils regardent volontiers les prescriptions de l'hygiène qu'on leur recommande comme autant de préjugés particuliers aux gens qui ne connaissent pas le métier : ainsi dans beaucoup d'ateliers, où existent des poussières ou des vapeurs toxiques, on a conseillé l'emploi d'un masque protecteur ou d'un voile ; mais les ouvriers, par fanfaronnade et par suite de ce préjugé qui fait confondre l'imprévoyance avec le courage, refusent de s'en servir ; dans une usine de New-York, où l'on prépare de l'oxychlorure de plomb, les ouvriers ont quitté l'usine, parce qu'on voulait les obliger à prendre des bains sulfureux, qui constituent cependant un moyen efficace pour retarder, diminuer ou même empêcher l'empoisonnement par le plomb. L'usage du lait avait été également recommandé aux ouvriers, comme propre à empêcher l'absorption du plomb : on a voulu les mettre au régime lacté dans les cristalleries, mais ils s'y sont refusés et ont remplacé le lait par de l'alcool, qui ne fait que hâter l'absorption du plomb et la rendre plus dangereuse.

De tout ceci il résulte que les prescriptions par voie d'affiche, où on engage le patron à s'astreindre à telle ou à telle formalité, l'ouvrier à suivre tel ou tel régime, sont inutiles : l'idée qui dicte ces prescriptions est souvent bonne ; mais une fois qu'elles ont passé par les bureaux d'une administration à prétentions centralisantes, une fois traduites dans ce style incompréhensible, dont certaine affiche collée dans les tramways de Paris pour défendre aux voyageurs de se faire écraser donne le type, elles sont vexatoires, passent au moins pour telles et deviennent par suite inutiles.

Il n'y a de vraiment efficace que les découvertes qui modifient la fabrication en la rendant moins malsaine et que les conférences faites aux ouvriers pour les leur faire connaître.

C'est ainsi que la nécrose phosphorée du maxillaire a disparu des ateliers de fabriques d'allumettes, depuis qu'on neutralise les vapeurs du phosphore par celles de l'essence de térébenthine contenue dans une petite boîte suspendue au cou de l'ouvrier, depuis surtout qu'on emploie le moins de phosphore possible et qu'on confie à des machines toutes les phases dangereuses de la manipulation autrefois accomplies par la main de l'homme.

Le plomb lui-même est rendu moins dangereux, depuis qu'on a recours à une large ventilation, à l'emploi d'appareils clos et à la fabrication par voie humide; mais le plus grand service que puisse rendre la science, c'est de supprimer le plomb : c'est ainsi que depuis que M. Constantin (de Brest) a trouvé un émail non plombifère, l'emploi exclusif de ce vernis inoffensif tend à se généraliser; dans la peinture, le blanc de zinc tend également de plus en plus à se substituer au blanc de plomb. C'est de même qu'aux verts connus sous les noms de *cendres vertes, vert de Vienne, vert minéral, vert métis, vert Paul Véronèse, vert anglais*, on cherche maintenant à substituer des verts non arsenicaux (*vert milory, de Prusse, de chrome, outre-mer vert*).

Les ouvriers qui manipulent les substances ainsi colorées trouveraient des conditions de travail nouvelles, qui cesseraient de les empoisonner; mais ceux qui fabriquent ces verts n'évitent, eux, les dangers de l'arsenic que pour tomber sur un autre poison, sur les vapeurs, variables suivant la fabrication, d'acide sulfhydrique, chromique ou même cyanhydrique.

L'emploi de mercure dans la chapellerie pour le *secrétage* disparaîtra bientôt, le jour où l'on aura fait disparaître les quelques inconvénients de fabrication que présente encore le procédé de secrétage sans danger imaginé par le Dr Hillairet : ce procédé, qui consiste à remplacer le mercure par l'inoffensive mélasse, a été expérimenté pendant un an sur une large échelle et a donné les meilleurs résultats : d'après le calcul du Dr Hillairet, on soustrairait ainsi à l'empoisonnement mercuriel plus de 10.000 ouvriers en France et plus de 25.000 en Europe.

Après les accidents qui sont dus aux intoxications professionnelles diverses viennent les accidents dus aux machines : engrenages, courroies, cylindres, calandres, arbres verticaux, cordes, roues de volée, scies mécaniques. La plupart des accidents sont, d'après Coyet et d'après les Drs Napias et Martin, occasionnés par l'entassement des machines dans un espace trop étroit et par conséquent par l'insuffisance des passages, ce qui revient à dire que la plupart de ces accidents incombent à la responsabilité des patrons. Tous ne prennent pas d'ailleurs la précaution d'isoler les courroies et autres pièces dangereuses par un tambour, ainsi que le prescrit la loi du 17 mai 1874. Il existe cependant toute une série de mécanismes, qui garantiraient les ouvriers, si on en faisait usage. Le Dr Napias cite, pour les avoir vus fonctionner dans l'imprimerie Chaix, des parc-engrenages, qui sont placés sur les roues d'angles, des revêtements en tôle et en bois, qui couvrent les roues dentées, les poulies, les courroies de transmission, les laminoirs, etc... Ces dispositions, qui sont prises dans ces ateliers au moyen de cinq cents appareils de préservation, sont complétées par un système de *désembrayage instantané* et de sonnerie d'alarme, qui permet, en cas d'accident, de préserver très promptement la victime, en suspendant, au premier signal, l'action de l'arbre de couche sur les machines.

Les accidents seraient moins fréquents, si de semblables précautions étaient prises dans toutes les usines; il est vrai que les ouvriers, souvent insouciants du danger avec lequel ils sont familiarisés, portent fréquemment des vêtements flottants et ne craignent pas assez de nettoyer les machines en marche. La meilleure preuve que le défaut d'attention joue ici son rôle, c'est que le nombre des accidents est en raison inverse de l'âge des ouvriers. Sur 100 accidents on compte :

Chez les enfants de moins de 15 ans......	41
— les jeunes gens de 15 à 25 ans......	36,4
— les hommes de 25 à 40 ans.........	13,1
— ceux de 40 à 60 ans...............	9,5

Les accidents occasionnés par les machines à vapeur tiennent souvent aussi au mauvais état du matériel. D'après Napias et Martin, ils sont produits le plus souvent par la mauvaise qualité de la tôle, la forme vicieuse de la chaudière ou du fourneau, par l'altération amenée dans les chaudières par un long usage, l'incrustation des parois, etc... Il est vrai qu'on voit figurer parmi les causes qui semblent imputables à l'ouvrier la surcharge des soupapes de sûreté et l'abaissement du niveau de l'eau dans la chaudière : encore, dans ces cas, le patron doit-il tenir ses machines au courant des progrès de la science, en employant, par exemple, des *plaques fusibles*, qui ferment certaines ouvertures de la chaudière et qui, formées en proportions variables de plomb, de bismuth et d'étain, fondent à la température qu'on ne veut pas dépasser, ou encore en ayant recours aux substances qui mêlées à l'eau s'opposent à l'incrustation des chaudières (rognures de zinc, talc en poudre, matières grasses), ou enfin en faisant usage d'indicateurs de niveau faciles à consulter.

En Angleterre, la loi (*employers liability act*) affirme d'abord la responsabilité du patron en cas d'accidents. Les faits que je viens de signaler montrent que le plus souvent la responsabilité du patron est évidente; mais le plus souvent ne veut pas dire toujours : dans certains cas l'incurie de la victime est notoire. Quoi qu'il en soit, la responsabilité plus ou moins fréquente des patrons a une conséquence toute naturelle, c'est l'assurance contractée par eux et entre eux, en vue des accidents qui peuvent survenir; cette précaution financière est évidemment justifiée, mais elle a l'inconvénient de faire, en apparence au moins, bon marché de la vie humaine, et d'exposer les patrons qui n'écouteraient que leurs intérêts à prendre moins de précautions contre les accidents une fois qu'ils sont assurés contre leurs conséquences financières.

Tout autre est l'esprit de l'association fondée à Paris sous la présidence de M. l'ingénieur E. Muller. « Les industriels parisiens, disent les statuts, se font un devoir de s'unir dans un but préventif, de grouper les efforts et les expériences de chacun pour conjurer les accidents par tous les moyens que la science soutenue par le dévouement à la cause de l'humanité est susceptible d'inspirer. Chacun d'eux est désireux de faire profiter ses confrères de ses observations et il est permis d'espérer que, grâce à tous ces efforts, l'ouvrier sera efficacement protégé. Il est même à présumer qu'il résultera d'une semblable entente que les assurances pourront abaisser leurs primes, ou bien augmenter les indemnités qui reviendront à ceux qu'aucune prudence humaine n'aura pu sauver.

« C'est dans le but d'éloigner et même de supprimer les chances d'accidents dans toutes les espèces d'industries, dans tous les chantiers de travaux publics ou particuliers, partout enfin où il y a travail et danger, que les industriels parisiens se sont groupés en association, à l'exemple de celles qui existent déjà, aux mêmes fins, mais spécialisées, en Angleterre, à Rouen et à Mulhouse. Nous devons signaler les heureux résultats obtenus à Mulhouse par l'Association semblable à celle que nous proposons, laquelle compte déjà seize années d'existence.

« Les adhérents de la nouvelle association parisienne s'engagent à rechercher les moyens les plus efficaces de préservation en rassemblant les expériences faites par chacun d'eux et en les mettant à profit dans l'intérêt de tous, et ce : par des inspections fréquentes, par la communication des moyens les plus propres à garantir l'ouvrier, par l'indication des meilleures dispositions réglementaires à adopter, par des publications qui puissent comprendre des articles relatifs à la jurisprudence spéciale sur la matière. »

En pareille matière, il est en effet bien plus important de prévenir les accidents que d'en punir l'auteur : or, à Mulhouse, les manufacturiers qui font partie de l'association dont il vient d'être parlé et qui a été fondée par M. Engel-Dollfus, sont parvenus à conjurer presque sûrement 60 à 80 % des accidents d'ouvriers. Une association du même genre donne également d'excellents résultats à Rouen.

Cela n'empêche pas d'ailleurs les ouvriers de s'assurer, s'ils le veulent, contre les accidents de fabrique ou contre la maladie ; cette assurance est même nécessaire, mais à la condition qu'elle ne sera pas obligatoire, comme le demande M. de Bismark dans sa passion pour ce détestable système qui a nom le socialisme d'État. Partout, je ne saurais trop le répéter, l'initiative, la prévoyance individuelle valent mieux que la tutelle coûteuse et fallacieuse de l'État-assureur, de l'État-inspecteur, de l'État-providence !

VI.

Travail des enfants. — L'État n'a pas à intervenir pour les adultes, mais bien pour les enfants. — Nécessités du recrutement. — Mortalité des enfants dans les districts manufacturiers.

Il est bien certain que si je suis partisan de la liberté absolue des contrats permettant à l'ouvrier de débattre, à son gré, avec le patron le prix de son travail aussi bien que sa *durée*, on ne saurait admettre la même liberté pour l'enfant et qu'il est nécessaire que l'État intervienne ici. « A ne voir que la personne de l'enfant, disait M. Renouard, en 1841, c'est un grand mal pour son avenir que les entraves à son développement physique, que l'habitude de l'ignorance et la possibilité de se passer d'instruction, que le contact d'ouvriers des deux sexes. Mais ce n'est pas seulement un mal individuel, c'est aussi une blessure profonde faite au pays, qui a besoin d'hommes vigoureux pour ses travaux et ses armées, d'hommes intelligents pour le développement de son activité nationale, d'hommes probes et consciencieux pour le maintien de l'ordre général et de la paix publique. » L'intervention de l'État, qui n'a pas sa raison pour l'adulte, est nécessaire pour l'enfant, d'autant plus que l'extension toujours et fort heureusement croissante des machines multiplie les conditions où le travail ne demande pas une force musculaire considérable et peut être exécuté par les enfants. « Les manufactures, disait avec raison Blanqui, deviennent des officines barbares, où la jeunesse se flétrit dans sa fleur et paye de son sang le progrès de nos industries. »

C'est du reste le souci du recrutement, dont l'insuffisance dans les districts manufacturiers lui avait été signalée par un officier de recrutement nommé Horn, qui poussa la Prusse à réglementer de bonne heure le travail des enfants.

La dernière loi votée chez nous sur le travail des enfants mettra fin à un ordre de choses déplorable, si elle est rigoureusement observée ; en tout cas il y a urgence.

Rickmann a reconnu que, sur 10.000 décédés dans les districts manufacturiers, se trouvaient 4.355 enfants de moins de dix ans, tandis que ce nombre n'est, pour le même chiffre de décès, que de 3.505 dans les districts agricoles. A Manchester, sur 1.000 enfants qui naissent, 475 meurent avant trois ans ; 50 seulement arriveront à soixante-dix ans. Dans la campagne environnante, sur 1.000 enfants, 281 seulement mourront avant trois ans et 200 arriveront à soixante-dix ans. A Lille, en 1848, sur 25 enfants qui venaient au monde, 1 seul était destiné à atteindre l'âge de cinq ans.

Les officiers de recrutement ont constaté à Manchester une diminution notable dans la taille et dans la force nécessaires pour constituer l'aptitude au service militaire.

Mac-Grégor a constaté également une différence appréciable entre le contingent des contrées agricoles et celui des contrées industrielles. Il en est de même en France. Partout les conditions qui sont faites aux ouvriers vivant agglomérés dans les usines sont détestables ; mais le remède n'est pas seulement dans une meilleure hygiène, dans un perfectionnement des machines : le remède le plus efficace est dans une bonne organisation du travail.

VII.

Organisation du travail. — Mode collectif et impersonnel. — Irresponsabilité. — Mode individuel et personnel. — Responsabilité. — Marchandage du travail entre l'employeur et l'employé.

Inégalité forcée des salaires. — Le travail est une marchandise, dont le prix dépend du rapport entre l'offre et la demande. — Les grèves ne font pas monter artificiellement les salaires. — Comme le prix de toute marchandise le salaire doit varier avec la qualité du travail. — Absurdité du rêve de l'égalité des salaires. — Les salaires ont augmenté avec le prix des autres marchandises. — Proportion entre le salaire et la dépense nécessaire à la vie dans divers pays.

Dans les sociétés primitives le travail est collectif; la société est un immense polypier, qui vit du travail impersonnel de chacun des nombreux organites qui le constituent; les fourmis, les abeilles travaillent pour la collectivité; c'était ainsi que travaillaient les Péruviens sous le despotisme des Incas : chaque individu, rouage d'une immense machine, était fraction d'un tout, d'une personne qui était l'État, nul n'était lui-même un tout personnel. Tel est le mode de travail que les jésuites avaient organisé au Paraguay. Le phalanstère de Villeneuvette et le familistère de Guise réalisent encore, comme une exception archaïque dans notre société moderne, cette conception socialiste chère aux disciples de Fourier. L'individu n'est rien; l'État, la société, le groupe collectif, sont tout.

Nos immenses fabriques, où plusieurs centaines d'ouvriers s'engouffrent chaque matin jusqu'au soir, ruches qui par certains côtés rappellent la caserne, réalisent chez nous ce type collectif et impersonnel. L'ouvrier, s'il est payé à l'heure et non à ses pièces, cantonné dans la même partie d'une même industrie, irresponsable, sans initiative personnelle, n'a aucun motif pour s'intéresser au succès de l'industrie dont il est un des représentants.

Tout autre est l'organisation individuelle et personnelle

du travail : ici l'individu conserve son autonomie, sa responsabilité, son indépendance et sa dignité ; c'est alors seulement que l'employé, traitant d'égal à égal avec l'employeur, marchande le prix de son travail et reçoit une rémunération proportionnelle à sa valeur; il travaille aux pièces et non à l'heure. Intéressé au succès de l'industrie, il devient lui-même un associé et doit partager les bénéfices, puisqu'il apporte un capital sinon égal à celui du patron, du moins équivalent.

Le milieu social se trouve singulièrement modifié, selon que le travail se fait suivant le premier mode ou suivant le second; mais ces conditions nouvelles ne peuvent se réaliser que dans certaines circonstances, qui sont caractérisées par le libre marchandage et l'inégalité des salaires, enfin par l'association sous toutes ses formes.

Ceux qui demandent encore que le taux uniforme du salaire soit fixé par la loi, méconnaissent ce principe du travail qui l'assimile à toute marchandise et qui fait que sa valeur varie selon les rapports de l'offre et de la demande et selon sa valeur intrinsèque : si le travail abonde et que les bras soient relativement rares, le salaire sera élevé ; si le travail se ralentit et que les bras s'offrent relativement en plus grand nombre, le salaire baissera. C'est pour cette raison que la main-d'œuvre est aujourd'hui si chère dans les campagnes : les bras manquent. Comme le dit avec raison Yves Guyot, les grèves n'élèvent pas le salaire par un mouvement factice : toute grève qui ne correspond pas à une plus-value réelle de la main-d'œuvre n'aboutit pas. Lorsque la plus-value est réelle, les grèves ont pour effet d'accélérer, de déterminer plus tôt cette hausse; mais elles ne la créent pas artificiellement.

Le salaire ne varie pas seulement avec l'offre et la demande ; il varie, comme tout échange, avec la qualité de la marchandise livrée, avec la qualité même du travail : un bon ouvrier doit gagner plus qu'un mauvais ; l'égalité des salaires rêvée par l'école de Louis Blanc est antiphysiologique ; car il faudrait préalablement décréter l'égalité des muscles et l'égalité des cerveaux. Du reste la société coopérative des tailleurs de Clichy, fondée par L. Blanc, après avoir essayé de l'égalité des salaires conformément à sa théorie doctrinaire, y a renoncé d'elle-même : chaque sociétaire trouvait immanquablement que son voisin travaillait moins que lui et devait avoir un salaire moins élevé. Rêver cette égalité, qui n'existe nulle part dans la nature, c'est se priver du plus puissant des leviers, du meilleur stimulant de la sélection, de la concurrence ; ce serait remonter au régime d'esclavage des civilisations antiques, où les salaires étaient également bas. « Pour bâtir des constructions aussi prodigieuses et aussi inutiles que celles qu'elles nous ont laissées, il devait évidemment, dit Buckle, y avoir tyrannie de la part de ceux qui étaient au pouvoir et esclavage pour le peuple ; car aucune richesse n'aurait pu couvrir les dépenses que ces monuments ont coûtées, s'ils avaient été l'ouvrage d'hommes libres ; il n'y a que des esclaves qu'on gaspille à ce point. Quand on pense que 2.000 hommes furent occupés pendant trois ans à transporter, d'après Hérodote, une seule pierre d'Éléphantine à Saïs, que, d'après Wilkinson, le canal de la mer Rouge coûta la vie à 120.000 Égyptiens, et que, d'après Diodore de Sicile, pour bâtir une seule des pyramides, il a fallu le travail de 360.000 hommes pendant vingt ans ! » — Au Pérou, les constructions et la résidence des Incas avaient employé 20.000 hommes pendant cinquante ans ; celles du Mexique avaient nécessité le travail de 200.000 hommes.

Les salaires d'ouvriers libres doivent suivre la loi de toute marchandise. Ils se sont accrus depuis quarante ans, pour plusieurs raisons : parce que les grèves ont stimulé leur ascension, mais aussi parce que la valeur de l'argent a diminué, à mesure que la valeur de toutes choses augmentait. Et cependant, au milieu de cette augmentation de la valeur de toutes les marchandises, il n'est que juste de reconnaître que c'est la marchandise travail qui a le moins bénéficié de la plus-value générale ! D'après les chiffres cités par Yves

Guyot (1), on voit que, depuis 1853 jusqu'à 1877, les salaires des ouvriers manouvriers ont augmenté pour la petite industrie dans les chefs-lieux de département, dans la proportion suivante :

Bouchers	64 %
Boulangers	74
Briquetiers	49
Carriers	51
Charbonniers	50
Charpentiers	70
Charrons	57
Chaudronniers	50
Couteliers	57
Couvreurs	65
Ferblantiers	51
Forgerons	45
Imprimeurs	44
Maçons	58
Menuisiers	58
Plombiers	47
Poêliers	50
Relieurs	47
Scieurs de long	64
Selliers	45
Serruriers	52
Tailleurs d'habits	54
Tailleurs de pierres	52
Terrassiers	70

La valeur moyenne de l'augmentation pour les diverses professions est de 52 %. Mais, comme le fait judicieusement remarquer Yves Guyot, peu importe le chiffre du salaire, pour juger la valeur du milieu social dans lequel il est gagné : ce qu'il faut considérer, c'est le rapport entre le salaire touché par l'ouvrier et la dépense qu'il a à faire pour se nourrir, le prélèvement forcé qu'il a à effectuer sur son salaire. Or, en tenant compte du salaire moyen et du prix moyen de la nourri-

(1) Yves Guyot, *La Science économique*; Paris, Reinwald, 1881.

ture, on voit, c'est toujours à l'excellent livre d'Yves Guyot qui le donne lui-même d'après Michael G. Mulhall (*Progress of the World*) que j'emprunte ces chiffres, que l'ouvrier prélève, sur son salaire, pour faire face aux nécessités de sa vie nutritive :

En Espagne.....................	67 %
En Italie........................	64
En Allemagne....................	50
En Belgique......................	45
En France.......................	40
En Angleterre....................	33
Aux États-Unis..................	21

C'est qu'en aucun pays le travail n'est aussi bien organisé qu'en Amérique! c'est que nulle part l'initiative individuelle et l'esprit d'association ne sont plus développés! Nulle part on est aussi peu habitué à n'attendre aucune protection de l'État et à ne compter que sur soi-même.

VIII.

L'association. — Association entre patrons. — Association entre ouvriers. — Germes d'associations étouffés en France. — Les *Trades' Unions*. — Les chevaliers du travail. — Les fils de Vulcain. — Association de défense. — Association de consommation. — Boulangeries coopératives. — Sociétés d'approvisionnement en Allemagne. — Sociétés de production coopératives. — Charbonnages anglais. — Les mines de Riancé. — Coopération en Allemagne. — Conditions à remplir par ces associations.

Syndicats nationaux. — L'imbrication fonctionnelle des syndicats organiques existe dans la nature. — Syndicats de secours. — Syndicats de travail. — Rôle des syndicats.

Syndicats internationaux. — La société internationale des travailleurs. — Un rêve à reprendre.

C'est sur l'Angleterre qu'il nous faut prendre exemple, si nous voulons voir tout ce que peut pour les travailleurs la pratique sage et méthodique de l'association ; c'est que, suivant une expression de Michel Chevalier, « à Londres, l'esprit d'association pénètre par tous les pores », et cependant, chose curieuse, ce sont des Français, des libres-penseurs pour l'époque, des protestants chassés de France lors de la révocation de l'Édit de Nantes par Louis XIV, qui fondèrent à Londres les premières sociétés de secours mutuels (*friendly societies*), dont quelques-unes subsistent encore ! De bonne heure, d'ailleurs, l'esprit d'association poussa les ouvriers anglais à se réunir, à s'associer pour résister aux exigences des patrons, pour se soutenir mutuellement en présence de la misère et du chômage. Mais les gouvernements étaient alors trop ignorants de tout ce qui n'était pas l'intérêt direct de leur conservation pour autoriser ces sociétés, qui restèrent longtemps à l'état de sociétés secrètes. Il y a, du reste, dans l'histoire de ces sociétés un enseignement utile : tant qu'elles ont dû rester secrètes, elles ont été violentes ; du jour où la liberté leur a été donnée, elles se sont transformées en sociétés pacifiques, délibérant et agissant en plein jour. Cette transformation est une leçon pour les gouvernements, qui refusent aux citoyens le droit de s'associer librement et de discuter leurs intérêts à leur manière et en toute liberté, sous la seule condition de ne point troubler l'ordre public.

Sous Édouard VI, on coupait l'oreille à tout ouvrier convaincu pour la troisième fois de s'être associé à ses camarades, et ce ne fut qu'en 1824 que le délit de coalition disparut de la loi anglaise ; chez nous, ce ne fut qu'en 1864 ! Il faut reconnaître, du reste, que si l'ignorance de la puissance vivifiante de l'association pour un pays était complète dans l'esprit des gouvernants, les travailleurs eux-mêmes n'avaient pas compris la grandeur pacifique de l'instrument qui était entre leurs mains, non plus que les avantages que la science, et notamment l'invention des machines, pouvaient apporter à leur situation ; car, en 1813, un certain nombre de *luddistes* brisèrent les machines, qu'ils regardaient comme ennemies du travailleur, alors qu'elles sont, en réalité, ses auxiliaires.

Petit à petit, néanmoins, ces unions de travailleurs, *trades' unions,* s'organisèrent, se perfectionnèrent et, en 1840, ce furent elles qui résistèrent à la grève redoutable faite non plus par les ouvriers, mais par les patrons, le *lock out.*

Les patrons apprécient en effet parfaitement les avantages de l'association entre eux : en Angleterre, certains patrons tiennent des réunions trimestrielles ; on y fixe les salaires, et les patrons qui ne se conforment pas au taux fixé sont mis à l'index et injuriés.

Pareille entente se fait aux États-Unis entre les producteurs d'allumettes, les fabricants de biscuits, de papiers, de cercueils, de charbon, de rails d'acier. A New-York, une association de fermiers s'était arrangée pour maintenir le prix du lait à un taux élevé : ils achetaient et répandaient sur le sol, à mesure qu'il arrivait aux stations de chemin de fer, le lait des fermiers qui ne faisaient pas partie de l'association. Il en fut de même d'une association entre les acheteurs de chiffons. On voit que les associations et les grèves sont aussi bien le propre des patrons que des ouvriers.

Aujourd'hui toute la population ouvrière de la Grande-Bretagne est groupée en *unions de métiers* (trades' unions), qui ont pour but de soutenir les grèves, par conséquent d'assurer l'indépendance des travailleurs et de jouer en même temps le rôle de sociétés de secours mutuels. En 1868, le nombre de ces sociétés était de 2.000 ; leur personnel comprenait environ 800.000 associés et leur budget annuel était de 25 millions de francs ; elles ont, depuis cette époque, réalisé des progrès considérables. La société des mécaniciens, qui ne groupait, en 1867, que 33.000 membres, en compte aujourd'hui plus de 66.000 ; ils ont dépensé en secours dans l'espace de vingt-six ans une somme de 32 millions. L'union des charpentiers, forte en 1867 de 8.000 hommes, en comptait 20.000 en 1883 ; ils forment 154 unions ayant un capital de 600.000 fr. : aussi, depuis seize ans, ont-elles rendu des services signalés. Cinq sociétés, deux de mécaniciens réunis, celles des charpentiers, des tailleurs et des fondeurs de fer, ont dépensé, de 1867 à 1883, 50 millions de francs pour soutenir leurs membres aux époques de chômage et de grève ; et cependant, ajoute M. Harrison, « elles ont encore dans leurs caisses quelque chose comme 9 millions de francs qui sont disponibles et qui représentent les économies des classes laborieuses, leur esprit d'abnégation et de prévoyance ».

Un mouvement analogue a commencé en Amérique en 1859; aujourd'hui les *trades'-unions* américaines englobent plus de 455.000 membres. Une de ces unions porte le nom de *Chevaliers du travail;* voici comment elle fut fondée : en 1867 un ouvrier du nom de Urich Stevens appela auprès de lui six de ses compagnons; ils fondèrent l'union qui compte aujourd'hui 100.000 membres. Les *Chevaliers du travail* ont pour principe « l'arbitrage ». — Une autre union, *les Fils de Vulcain,* comprend les ouvriers en fer et en acier; elle compte 80.000 membres; dans une grève récente elle a entretenu 25.000 hommes, auxquels elle a donné une moyenne de 15 à 25 francs par semaine.

Toutes ces unions, mais surtout les anglaises, sont remarquables moins encore par l'importance qu'elles jouent dans la question du travail, que par l'éducation que leurs membres se sont faite à eux-mêmes sur les questions générales, par la méthode, la discipline et la sagesse, et aussi par la fermeté qu'elles apportent dans leurs légitimes revendications. Lorsque les membres des *trades' unions* anglaises se sont rendus aux meetings français, ce n'est pas sans admiration qu'on a constaté que ces ouvriers s'abstenaient de toute déclamation et discutaient sans passion, mais avec cette ténacité et cette force que donnent la science, les droits légitimes de l'association et de la liberté du travail.

En France, il faut le reconnaître, nous n'en sommes pas encore là, pour cette raison que nous sommes émancipés d'hier, et que les associations, si longtemps comprimées, aujourd'hui même regardées par quelques timorés comme redoutables, n'ont pas eu le temps de faire leur propre éducation.

Faut-il conclure, comme on l'a fait, à une inaptitude des races, dites si mal à propos latines, à l'association, inaptitude qui trancherait avec la disposition contraire présentée par les races, celles-là bien nommées, anglo-saxonnes? Il est plus juste d'accuser les régimes précédents d'avoir faussé et supprimé l'aptitude que nous pouvions montrer pour l'association : les unions, ou mieux corporations, de métiers, existaient en effet au moyen âge ; ces corporations, toutes fermées, égoïstes, autoritaires et féodales qu'elles fussent, n'en contenaient pas moins un germe qu'on eût pu développer par la liberté, mais il en fut autrement et la Révolution eut le tort, il faut le reconnaître, de les détruire au lieu de les modifier : la loi du 17 juin 1791 déclarait, mal à propos, « l'anéantissement de toute espèce de corporations de citoyens de même état et profession ; » elle défendait aux citoyens d'une même profession, « lorsqu'ils se trouveraient ensemble, de nommer ni président, ni secrétaire, ni syndic, tenir des registres, prendre des arrêts ou délibérations, former des règlements sur de prétendus intérêts communs. »

Malgré ce coup, qui pouvait être mortel, les associations de secours mutuel ont cependant pris en France un grand développement ; elles ont fait comprendre aux classes laborieuses, que la mutualité valait mieux que la charité : aussi, tandis qu'il y a trente ans la France comptait 2.000 sociétés, elle en avait plus de 6.777 en 1880 réunissant près de 900.000 ouvriers, dont près de 150.000 femmes. Mais nous ne sommes pas encore, sous ce rapport, aussi avancés que nos voisins.

On a reproché aux associations de favoriser les grèves ; c'est une erreur : les associations savent trop combien les grèves leur coûtent cher, pour les désirer ; elles savent qu'une grève leur coûte au moins autant qu'aux patrons, aussi leur organisation est-elle aujourd'hui plus pacifique que militante. Il est bien évident qu'elles soutiennent leurs membres pendant la grève et mettent ainsi l'ouvrier en état de discuter librement le prix qu'il veut vendre son travail à son patron : celui-ci peut en effet se passer pendant un certain temps d'acheter ce travail, tandis que l'ouvrier, sans l'association qui le soutient, ne pourrait se dispenser de le vendre à n'importe quel prix. L'association rend donc la discussion possible entre l'employeur et l'employé, et c'est là son grand avantage ; mais elle ne fait pas la grève pour le plaisir de faire la grève. Le rapport entre l'offre et la demande fixe, ici comme pour toute marchandise, le prix du travail, qui est une marchandise, l'ouvrier n'étant qu'un marchand de travail. L'association a pour résultat de faire respecter cette loi de l'offre et de la demande, que l'ouvrier isolé serait impuissant à faire respecter.

L'association est donc ici un instrument d'équilibre, mais elle assure en outre l'ouvrier contre la maladie, contre la perte des outils, comme contre le chômage ; elle est en un mot défensive ; elle est, du reste, de mieux en mieux comprise en France.

L'association ne doit pas se faire seulement pour la *défense* d'intérêts communs ; elle peut également s'appliquer à la *consommation*, à l'*approvisionnement*, à la *production* ; cette association prend alors le nom de *coopération*. Vingt individus mettent une certaine somme en commun ; avec cette somme ils achètent des provisions de ménage, par exemple : ils achètent en gros, au comptant, par conséquent à bon marché, ce qu'aucun d'eux ne pourrait faire isolément. Chacun des vingt sociétaires vient ensuite acheter en détail dans le magasin où a été déposée la provision commune ; on lui vend au prix du commerce, c'est-à-dire avec un bénéfice, mais les bénéfices ainsi réalisés sont partagés, à la fin de l'année, entre les sociétaires. Ce bénéfice, chaque sociétaire le prélève ou le laisse à la masse pour augmenter le capital social. En un mot l'association coopérative de consommation fonctionne comme un marchand, et elle a ses propres membres pour clients, de telle sorte que les fonctions antagonistes de l'échange, celle du vendeur et celle de l'acheteur se trouvent réunies dans la personne du sociétaire : il prélève sur lui-même le bénéfice du vendeur, qu'il retrouve ensuite, comme participant, sous forme de capital social. On a pu dire, en un mot, que dans ce mode d'association, où chaque acheteur augmente à chaque achat son dividende annuel, « plus on dépense, plus on gagne ! »

Ce sont encore les Anglais qui nous ont donné l'exemple de la coopération pour la production. En 1833-40 et 42, trois sociétés coopératives se sont fondées; elles vivent encore, mais la plus célèbre est celle des *Équitables Pionniers de Rochdale*. En 1844, à Rochdale, petite ville à quatre lieues de Manchester, sévissait une crise épouvantable : le directeur de la caisse d'épargne venait de partir, laissant un déficit de plusieurs millions ; c'est alors que 28 ouvriers se réunirent pour acheter en commun de la farine, du tabac, du thé, de la viande. Chacun apporta 25 francs, ce qui forma un capital de 700 francs. Dès 1846 ils étaient 80 avec un capital de 6.300 francs ; en 1850 ils sont 600 avec un capital de 57.225 francs, qui réalisa un bénéfice net de 38 %. En 1862 la société achète un grand moulin mécanique et construit des fours afin d'économiser sur la mouture du grain et la fabrication du pain. L'exemple fut contagieux et, en 1882, il existait dans l'Angleterre et l'Écosse 1.244 sociétés semblables, englobant 660.150 adhérents et disposant d'un capital de 225.460.225 francs.

En 1865, à Roubaix, 90 ouvriers apportent chacun 10 francs, mais chacun s'engage à laisser son dividende jusqu'à concurrence d'une somme de 50 francs. La vente se fait, comme en Angleterre, au cours du jour, ce qui ne porte aucun préjudice au commerçant ; elle se fait au comptant. En 1880, le bénéfice était de 15 %.

De nombreuses sociétés semblables se sont créées dans le département de la Seine, à Lyon, etc. La société coopérative de Roubaix est maintenant en mesure de rendre ses membres propriétaires d'une maison de 2.000 à 2.500 francs qu'elle leur donne quinze ans pour payer ; pour 37 centimes et demi par an, elle les assure elle-même contre l'incendie pour une somme de 500 francs. Dans cette même ville une boulangerie coopérative a été créée en 1865 par 90 souscripteurs de parts de 50 fr. dont 10 francs versés, le surplus devant être constitué au moyen des bénéfices éventuels. Elle réalise annuellement 75.000 francs de bénéfice ; les actionnaires ont reçu en 1884 24 % du montant de leurs achats, environ 315 % du capital versé. Les trois qualités de pain sont revenues à 24 à 28 et 32 centimes au lieu de 40, prix de Paris au même moment, ce qui pour un ménage de 4 personnes fait une économie d'environ 60 francs.

La boulangerie coopérative d'Angoulême donne le pain à raison de 24 cent. le kilogr. ; en 1883 elle a fabriqué 1.679.743 kilogr. de pain. La société des établissements économiques de la ville de Reims, fondée en 1866, fait aujourd'hui un bénéfice annuel de 700 000 francs.

En Suisse, la Société générale de consommation de Bâle et la Société coopérative suisse de consommation de Genève ont réalisé en 1881 des bénéfices invraisemblables : les actionnaires se trouvent avoir placé leur argent, pour la première à 700 %, pour la seconde 350 %. En 1882 il se trouvait en Angleterre 1.244 sociétés de consommation, comptant 660.510 membres, lesquels représentaient avec leurs familles 3.302.550 personnes et possédaient un capital de 225.460.225 fr. Ces sociétés avaient vendu dans le courant de l'année pour 664 millions et demi de marchandises et réalisé un bénéfice de 56 millions de francs. Mais le bénéfice réel pour les membres est beaucoup moins dans ce profit, si considérable qu'il soit, que dans la qualité supérieure des marchandises vendues cependant à un prix inférieur à celui des magasins de détail destinés aux ouvriers. Aussi on estime que la concurrence des sociétés coopératives anglaises a fait baisser de 20 % environ le prix de détail. C'est qu'en effet ces sociétés suppriment les nombreux intermédiaires qui augmentent le prix des choses de 20-25, parfois 50 %. En somme, en fixant à 500 fr. le chiffre moyen de la dépense annuelle faite par un ménage en objets de consommation susceptibles d'être fournis par une société coopérative, on peut dire qu'un ménage d'ouvriers peut faire ainsi une économie annuelle de plus de 120 francs.

Les sociétés dont je viens de parler sont surtout des coopérations de consommation. En Allemagne, sous l'inspiration de Schulze-Delitzch, il s'est formé des sociétés qui pourraient rendre chez nous de grands services, pour l'*approvisionnement des matières premières*, aux petits artisans, tels que cordonniers, gantiers, relieurs, tailleurs, menuisiers, ébénistes... Un grand nombre de ces artisans n'ont aucun crédit et payent ainsi la matière première très cher. En Allemagne, Schulze-Delitzch estimait que les cordonniers, gantiers et relieurs payaient les cuirs et les peaux 40 à 50 % et les menuisiers et ébénistes leur matière première 20 à 40 % au-dessus du prix de gros. Il eut alors l'idée de les associer, de les rendre solidaires les uns des autres, de façon à les rendre capables d'emprunter collectivement de l'argent à des tiers et d'acheter ainsi en gros et au comptant des matières de premier choix. Il arriva comme il avait prévu : les capitaux d'emprunt abondèrent, les fabricants de premier ordre vinrent s'offrir. La vente aux sociétaires des marchandises ainsi achetées en commun était faite avec un bénéfice suffisant pour couvrir les intérêts d'emprunt et les frais d'administration, ainsi que pour former une réserve qui permît de parer aux éventualités. Les sociétaires ne sont d'ailleurs astreints qu'à un droit d'entrée de 7 fr. 50. Une part de la réserve constitue le fonds collectif; une autre part constitue un dividende accumulé au compte de chaque sociétaire.

Le succès de ces sociétés fut tellement grand, qu'en 1873 il en existait 505 en Allemagne et en 1874 elles étaient 600. On en comptait 715 en 1875 et 743 en 1876. En 1881 il existait 3.481 sociétés avec un capital de 750 millions faisant 2 milliards 1/2 d'affaires. Voilà ce que peut faire l'initiative individuelle!

Un aperçu rapide du début des sociétés coopératives de *pro-*

duction, qui sont cependant d'un établissement bien plus difficile que les autres, va nous montrer combien la protection est souvent plus nuisible qu'utile. Sous l'initiative de L. Blanc et en vertu des théories socialistes qui regardent l'État comme seul capable d'apprendre aux citoyens à marcher, on avait, en 1848, alloué 3 millions à un certain nombre de sociétés coopératives de production. Des sociétés qui avaient 200 à 500 fr. de capital et qui comptaient 8 à 15 ouvriers, avaient reçu 24.000 à 80.000 francs : telles étaient la société des *bijoutiers en doré*, qui avait reçu 24.000 ; celle des *typographes*, 80.000 ; celle des menuisiers en *fauteuils*, 25.000 ; celle des *ouvriers en limes*, 10.000. Or presque toutes ont fait de mauvaises affaires ; « gâtées, dit Véron, par la possession prématurée d'un capital presque mendié, elles n'ont pas eu cette force qui soutient et qui remplit d'ardeur pour le travail. L'aumône tue, le travail vivifie. » Au contraire, la plupart des sociétés qui ont réussi n'avaient rien reçu du tout : tels étaient les *ferblantiers-lampistes*, qui avaient 400 francs d'outils et 300 en argent ; les *tourneurs en chaises*, 318 francs en argent et 150 d'outils ; les *facteurs de pianos*, 2.000 en argent et 220 en outils.

On sait ce que sont les sociétés coopératives de production. Si les sociétés coopératives de consommation réunissent des sociétaires, dont chacun est à la fois vendeur et acheteur, dans les sociétés coopératives de production chaque associé est à la fois employeur et employé, patron et ouvrier. Il me suffira de citer : la société des *lunetiers de Paris*, qui possède aujourd'hui un capital souscrit de 2.240.000 francs, dont 1.270.000 francs réalisés, qui possède un matériel de 600 000 francs et fait pour 1.500.000 francs d'affaires ; l'*Imprimerie Nouvelle*, capital versé 200.000, matériel 634.000 ; la société des *fabricants de pianos*, capital versé 210.000 ; celle des *maçons*, qui fait pour 4 millions de travaux par an ; l'association des *ouvriers lithographes*, qui ne possédait en 1867 qu'un capital de 6.000 francs et l'a vu s'élever en 1882 à 119.300 francs. Il convient encore de citer l'*association de l'ébénisterie pari-*

sienne, l'association coopérative des *charpentiers de la Seine*, l'*association des cochers*, capital souscrit 450.000 dont 325.000 versés, etc.

Plusieurs autres exemples d'association coopérative pour la production méritent d'être cités : une combinaison en quelque sorte mixte fonctionne en Angleterre depuis 1865 dans le charbonnage de M. Briggs et Cie; pendant les dix années antérieures il y avait eu 4 grèves, qui s'étaient prolongées pendant 68 semaines. L'entreprise fut transformée en société anonyme : les propriétaires gardaient les 2/3 du capital; le reste des actions fut cédé aux employés et aux clients de charbonnage; on stipula que le bénéfice dépassant 10% serait partagé par moitié entre les actionnaires et les ouvriers; la part de chaque ouvrier était proportionnelle aux salaires. La première année on distribua 2 % au delà des 10 % : 1.800 livres revinrent aux ouvriers. De 1867 à 1872 on répartit entre les ouvriers 18.047 livres. A la fin de cette période le salaire des ouvriers se trouvait de la sorte augmenté de 27 à 30 %, en dehors de leur part de bénéfice et, bien qu'on élevât alors à 15 % au lieu de 10 le taux du dividende au delà duquel commençait le partage, on n'en distribua pas moins l'année suivante 20,034 livres.

En 1868, à Berlin, la maison Borchert fut également mise en actions par son propriétaire, de manière à permettre aux employés et aux ouvriers de devenir copropriétaires; les bénéfices furent répartis entre le capital et le travail. Les propriétaires d'actions constituent une société; on élit dans son sein un comité de trois membres; le nombre de voix est en rapport avec le nombre des actions. Au bout de peu de temps 32 employés et ouvriers avaient pris des actions : en outre de l'intérêt à 5 % de leur argent, ils touchaient 8 % du dividende.

En France tout le monde connaît le succès de l'organisation coopérative de la maison Leclaire : mais il existe plusieurs autres exemples analogues.

Dans l'Ariège les mines de Rancié sont exploitées par

450 ouvriers : chaque mineur a le droit d'extraire par jour de travail une certaine quantité de minerai qu'il vend lui-même et qui sert à payer son travail ; le minerai est acheté aux mineurs par des intermédiaires qui payent au comptant.

Une association coopérative de terrassiers a réussi à se constituer en Italie : ce sont eux qui ont fait la place d'armes de Ravenne et le chemin de fer des Romagnes ; les travaux d'assainissement de la campagne romaine leur ont été donnés par adjudication ; lorsque les travaux sont terminés, ils se partagent les bénéfices après en avoir prélevé une partie pour le fonds de réserve et pour la caisse des retraites.

En Angleterre, plusieurs unions ont acheté des usines, qui sont en bonne voie. Plusieurs économistes prédisent « qu'avant vingt-cinq ans, les ouvriers anglais par voie d'associations posséderont la plupart des usines du royaume ». La solution de la question ouvrière n'est pas ailleurs! Chez nous-mêmes en France, à l'heure actuelle, le syndicat des mineurs de Rive-de-Gier nous montre que la *mine aux mineurs* n'est pas une utopie ; il a perfectionné l'outillage et creusé des galeries. « Depuis six mois, dit M. Francis Laur, ces modestes héros d'une cause qui pourra être grande un jour, travaillent sans relâche. — Ils ont fait plus de 300 mètres de galerie souterraine. Ils ont créé une exploitation type et la galerie Arnaud qui fait leur orgueil. — Parfois la paie s'est fait attendre, parfois on n'a donné que des à-comptes. Ceux qui ont creusé la galerie maîtresse au rocher ne voulaient souvent pas de salaire, chacun tenait à honneur de donner le travail de ses mains à l'œuvre d'avenir. Il y a là des exemples inouïs de dévouement confraternel, de solidarité, d'intelligence.

« Le syndicat a *créé* un administrateur de premier ordre dans la personne de son délégué aux ventes : c'est là déjà un vrai capital. Et l'ambition de ces mineurs est plus haute encore. Tout cela n'est qu'un prélude, une démonstration. Ils ont, d'une façon certaine, dans un coin de leur périmètre, une mine riche, c'est Collenon. Bientôt, grâce au concours dévoué de quelques républicains, ils espèrent arriver à créer là une troisième exploitation qui fera peut-être la fortune de tout ce monde de travailleurs.

« Leur organisation intérieure ou *contrat social* est une nouveauté curieuse, mélange de hardiesse socialiste; réalisation de revendications ouvrières très avancées, en même temps qu'un exemple de discipline sévère et de dignité ouvrière. »

En résumé, la preuve n'est plus à faire et de nombreux exemples montrent que les ouvriers associés peuvent former un patronat, retirer directement les bénéfices de l'entreprise, comme le ferait un patron, tout en continuant à travailler comme ouvriers dans leur propre entreprise.

Mais il ne faut pas croire que le mot coopération ait quelque influence mystique et qu'il n'y ait qu'à supprimer le patron et à s'unir avec quelques camarades, pour que les choses aillent toutes seules. Les débuts d'une société, qui commence avec un petit capital et qui veut, avec raison, n'utiliser que ses propres ressources, sont souvent durs. Pour augmenter le capital il est nécessaire de l'accroître, dans les commencements, de tous les bénéfices qu'on peut faire et les associés doivent renoncer aux premières parts du dividende. Les sociétés qui veulent emprunter de l'argent ne le trouvent souvent qu'à gros intérêts, parce que nous n'avons pas ces banques populaires qui fonctionnent en Allemagne et en Italie : ainsi les *lithographes* ont dû payer 14, 15, 16 % d'intérêt; les *ferblantiers* ont payé 18 %. L'association des *maçons*, aujourd'hui prospère, a passé par de rudes épreuves : il a fallu, pour acheter les matériaux nécessaires à leur première entreprise, que les associés missent au Mont-de-Piété une partie de leurs vêtements, que les femmes engageassent leurs bagues et leurs boucles d'oreilles. Les ouvriers coopérateurs en piano ont été deux mois sans toucher leur salaire.

Il faut donc, comme premier capital, que chaque associé apporte du courage et une ferme volonté. Malheureusement, disait l'un des délégués des associations ouvrières devant la commission d'enquête parlementaire en 1883, « on ne sait pas encore vivre en association. Il faudra que l'éducation se fasse à ce sujet. Certains de nos camarades n'ont plus du tout été les mêmes, du jour où ils ont fait partie de l'association ; le caractère change ; on se figure qu'on doit moins travailler ». Les exemples que je viens de citer prouvent que cette tendance n'est pas générale et qu'avec le temps l'esprit d'association se généralisera et se perfectionnera.

D'ailleurs rien n'encourage comme le succès : l'association de l'ébénisterie parisienne a fait dans sa première année 6.707 francs de bénéfice avec un capital de 70.000 francs. L'adjudication de certains travaux de la ville de Paris et de l'État lui est d'ailleurs heureusement venue en aide. Les ouvriers *charpentiers de la Seine* ont commencé avec 10.000 fr. « Nous étions connus, ont-ils dit devant la commission d'enquête, pour d'honnêtes ouvriers ; certains fournisseurs nous ont dit : Si vous êtes sages, vous ne manquerez de rien. En effet, nous avons eu du bois tant que nous avons voulu, et aujourd'hui tout le monde nous fait des offres. » L'association coopérative des ouvriers charpentiers de la Villette a construit la salle des fêtes de la mairie du XIXe arrondissement ; elle a fait, il y a deux ans, pour près d'un demi-million de travaux, sans avoir recours à qui que ce soit, et se déclare prête à prendre part aux adjudications de l'État. Citons encore les ouvriers paveurs de la Seine, qui entretiennent le pavage du dix-septième arrondissement et n'ont qu'un capital réellement versé de 6.000 francs.

Mais tous déclarent que la plus sévère discipline doit régner dans l'association ; que le choix d'un gérant est surtout une affaire capitale, à laquelle les associés ne sauraient apporter trop de soins. Il y a dans le choix du gérant un double écueil, qui rend la chose fort délicate : prendre un *monsieur*, en dehors du métier, est aussi dangereux que de choisir un camarade, excellent garçon, plein de bonnes intentions, bon ouvrier, mais incapable de gérer une exploitation. Heureusement les hommes d'intelligence et de tête ne manquent pas parmi les ouvriers ; ce sont ceux-là qu'il faut prendre. Les ouvriers qui, tout en travaillant de leurs mains, ont déposé devant la commission d'enquête parlementaire à titre de gérants de sociétés coopératives, ont suffisamment montré leurs capacités intellectuelles et les résultats de la coopération qu'ils dirigent en sont la meilleure preuve. « En rentrant chez moi, disait l'un d'eux, je vais me déshabiller et me remettre à l'établi » ; l'association des cochers, qui fonctionne très bien, avec un capital souscrit de 450.000 fr. dont 325.000 versés, est *conduite* par un cocher. « Si le conseil trouve que le gérant ne gère pas bien, on le prie de remonter sur la voiture. »

En résumé, ici comme en toutes choses, il y a une expérience à acquérir et les ouvriers de nos villes sont trop intelligents pour ne pas sentir tous les avantages mais aussi tous les devoirs de l'association. La querelle ancienne et sans raison entre le capital et le travail n'aura plus sa raison d'être, le jour où les ouvriers, dont les bras et l'intelligence sont un capital qui en vaut bien un autre, créeront, par la seule association, le capital-argent nécessaire au fonctionnement d'une entreprise : c'est donc aux ouvriers qu'il appartient de se lancer dans cette voie, au bout de laquelle il n'y a plus des salariés, des prolétaires, des patrons, toutes classifications, toutes castes qui sentent l'ancien régime, mais des travailleurs équivalents, moralement égaux, librement et volontairement dépendants les uns des autres.

Pour cela il faut non seulement des *unions* professionnelles, mais il faut que ces unions soient elles-mêmes librement *syndiquées* dans un même pays ; plus tard viendra une époque pacifique, où les syndicats de chaque nation seront eux-mêmes syndiqués par des liens internationaux. N'est-ce pas le plan que suivent les éléments cellulaires dans les individus vivants pour former des organes ? celui que suivent les organes eux-mêmes, pour former les systèmes ou appareils fonctionnels? enfin celui qu'adoptent à leur tour les systèmes fonctionnels pour former l'individu?

L'union formée par les individus associés augmente la force de chacun d'eux, en même temps qu'elle assure leur indépendance; le syndicat des unions augmente à son tour la force de ces unions et assure également leur indépendance : soit que plusieurs unions s'associent pour la distribution des secours, soit que plusieurs unions professionnelles différentes, maçons et charpentiers par exemple, s'associent pour un même travail à exécuter par voie coopérative. Grâce à ce syndicat des unions, les ouvriers pourront être tenus au courant des variations du marché, savoir dans quelle localité il y a surabondance de travail et dans quelle autre la main-d'œuvre fait défaut. Le syndicat permet, en outre, l'harmonie des salaires dans toute la France. Supposons, dit Denis Poulot, qu'une union d'ouvriers d'articles de Paris demande et obtienne une augmentation de salaire, ce sera à l'avantage de la province et l'ouvrier de Paris chômera; mais que par suite d'un lien syndical, qui les unit aux ouvriers de Paris, les unions de province élèvent le salaire dans la même mesure, et, les salaires étant équilibrés, les conditions relatives resteront les mêmes.

Il en résulte, en somme, pour les diverses parties de l'organisme social, quelque chose de très comparable à ce que produit la réunion dans un centre nerveux de tous les éléments nerveux, disséminés dans les différents organes : un *consensus,* une harmonie et une fédération unitaire, sous la réserve de l'indépendance organique, nécessaire au bon fonctionnement. C'est à ces syndicats qu'il appartient d'équilibrer les diverses parties du *milieu social,* dans lequel s'effectue le travail; c'est à eux que reviennent les discussions entre patrons et ouvriers, la représentation permanente auprès des pouvoirs publics, la défense des droits acquis, la poursuite des améliorations dans l'avenir, la surveillance des conditions hygiéniques du travail, celle de l'apprentissage, de l'enseignement professionnel...

Pourquoi ces avantages ne dépasseraient-ils pas un jour les frontières de chaque pays? C'est ce qu'avait rêvé, trop tôt peut-être, la *Société internationale des travailleurs*, discréditée depuis par ceux qui l'ont perdue en la faussant, et aussi par ceux qui, cachés dans l'ombre, avaient intérêt à la fausser pour la discréditer. Il est permis de penser qu'on reviendra, quelque jour, aux principes éminemment honnêtes qui avaient présidé à sa fondation. Il ne faut pas oublier qu'en 1862, les ouvriers de France et d'Angleterre s'étaient réunis « pour l'échange de correspondances sur les questions d'industrie internationale », qu'ils prétendaient rédiger « les cahiers de la démocratie » : Nous voulons, disaient-ils, « équilibrer les salaires de façon que les prix de main-d'œuvre ne puissent avantager les uns aux dépens des autres, et n'admettre que la supériorité dans les moyens de production et la facilité de se procurer les matières. » « On peut dire, ajoutaient-ils avec la conviction la plus profonde, que l'ère des grèves est close. La fédération ouvrière se recueille, économise et s'organise; pour elle la liberté ne peut être que dans la discipline, les travailleurs posent, sans bruit, les assises de fondation d'un nouvel édifice social. » Paroles admirables, qui sont bien loin des appels à la force et à la violence, paroles qui terminent dignement un siècle que Gladstone a nommé « le siècle des ouvriers », puisque les ouvriers se trouvent avoir dicté, trop tôt peut-être, mais cependant assez haut pour que leur appel ne soit pas perdu, les lois sociales, dont la science des organismes, la sociologie biologique, démontre aujourd'hui la justesse et, en quelque sorte, la nécessité physiologique.

La science est, du reste, appelée à dire encore ici le dernier mot; car les conditions du *milieu social* ne dépendent pas seulement de l'idéal que les travailleurs avaient rêvé avec raison et qu'ils avaient entrevu au travers de tant d'obstacles, qui devaient leur barrer la route; elles sont liées intimement à l'organisation matérielle et mécanique du travail. Toute conception philosophique de l'organisation du travail se heurte en définitive à une question de chevaux-vapeur, de force motrice et d'outillage.

IX.

La question du travail et l'emploi des forces naturelles. — L'homme, en domptant les forces de la nature, s'est donné des organes nouveaux. — Le feu. — L'histoire du travail est la véritable histoire de l'humanité, plus que celle des batailles. — Utilisation des forces naturelles. — Puissance actuelle de la vapeur d'eau. — La force fournie par les machines à vapeur représente le travail de plus d'hommes qu'il n'en existe. — La conquête des machines. — Un règne nouveau. — Multiplication de la puissance de l'homme. — La machine et le travail. — Aristote et les machines.

Guerre aux machines. — Sismondi. — Proudhon. — L'abbé Grégoire. — Nécessité de tenir notre outillage au courant de la science. — La routine en France. — Le rapport de M. Lourdelet sur l'industrie américaine. — Les forces de l'avenir. — Transformation des forces naturelles en électricité. — Transport à grande distance. — Ce problème contient la solution de la question sociale.

L'homme, en domptant les forces de la nature pour les mettre à son service, s'est, en réalité, donné des organes nouveaux ; tant il est vrai que si le milieu fait l'homme, ce dernier peut, à son tour, modifier son milieu. On peut même dire que c'est tracer la ligne ascendante qu'a suivie le *milieu social* à travers les âges, qu'énumérer la série des organes nouveaux que l'homme s'est ainsi donnés, des forces de la nature qu'il a successivement ajoutées aux siennes et dont il a fait ses esclaves.

On ne considère pas assez quelle modification considérable ont apportée aux relations des hommes entre eux, à la satisfaction de leurs besoins, au bonheur de l'humanité tout entière, en un mot au *milieu social*, les découvertes successivement faites par l'humanité lentement élevée, de conquête en conquête, au-dessus de l'animalité, d'où elle émerge.

Les légendes de tous les peuples ont fait du feu un Dieu,

celui-là utile. Si grande que soit la distance entre le primate à peine dégrossi, qui du frottement de deux bois fit jaillir la flamme, et l'industriel de nos hauts fourneaux, on peut dire en effet que l'invention du prétendu Prométhée a été la plus considérable de toutes celles qu'ait jamais faites l'humanité!

Quel intérêt n'offre pas l'histoire *du travail* humain, depuis le premier couteau de silex, la première scie née fortuitement du couteau ébréché par l'usage, jusqu'à la hache, « cette épée de la civilisation, » qui devait servir à détruire les forêts et à les remplacer par des champs, jusqu'au levier, à la poulie, à la vis attribuée à Archimède, jusqu'à la roue, contemporaine, dit-on, d'Aristote, au compas, à l'équerre, au fil à plomb, à la machine à vapeur, à la machine dynamo-électrique, au télégraphe, aux nombreuses applications de l'électricité!... Mais cette histoire des outils a moins attiré jusqu'ici l'attention que celle des armes, « parce que les annales humaines, comme le dit M. Bourdeau (1), où figurent moins d'ouvriers que de soldats, sont aussi prodigues de récits militaires qu'avares de renseignements ethnologiques ». C'est cependant là qu'est la véritable histoire de l'homme; il n'est point de conquérant, il n'est même pas de littérateur ou de philosophe, dont l'influence salutaire sur la marche de l'humanité puisse lutter avec celle du modeste inventeur d'un outil, qu'il s'agisse non pas même de l'invention de la boussole mais de celle de la simple voile.

Toutes ces conquêtes pacifiques, qui donnent à l'homme un instrument nouveau, qui lui soumettent un nouvel animal producteur de force, ou qui mettent dans ses mains une force nouvelle de la nature, augmentent sa puissance dans des proportions incalculables. Après avoir dressé les chiens à tirer des traîneaux, l'homme a employé la force du cheval, celle du bœuf, du chameau, de l'éléphant, à tirer ou à porter les fardeaux; il a forcé les rivières à tourner la meule à sa place et à mettre en mouvement ses innombrables machines; il a attelé le vent. La

(1) *Les Forces de l'industrie*, par Louis Bourdeau; Paris, Alcan, 1884.

houille et la vapeur d'eau sont aujourd'hui les grands pourvoyeurs de force et les forêts des siècles écoulés mettent à sa disposition la chaleur emmagasinée sous les rayons que le soleil, alors dans sa jeunesse, dardait sur la terre il y a des milliers d'années. En 1880, on estimait, dit M. Bourdeau, la production de la houille à 360 millions de tonnes pour l'ensemble des pays civilisés : s'il faut même croire les prévisions de Brongniart en France, de Bronn en Allemagne et d'Armstrong en Angleterre, l'industrie aurait, en continuant cette allure, épuisé dans deux siècles toute la provision de houille actuellement connue sur le globe. Une foule de substances chimiques composées par l'homme mettent en outre dans ses mains des forces redoutables, la poudre à canon, la nitroglycérine, dont la force explosive est à celle de la poudre comme 10 est à 4, la *dynamite*, la *panclastite*, aussi supérieure à la dynamite que celle-ci l'est à la poudre. C'est avec la dynamite que les Américains ont fait sauter récemment, dans l'East-River de New-York, le rocher de Hallet's, qui cubait 43.000 mètres ; il a suffi d'une seconde et de 23.000 kilogrammes de dynamite pour pulvériser le rocher et lancer des colonnes d'eau à 40 mètres de hauteur. La *mélinite*, la *roburite* dépassent aujourd'hui cette puissance.

Mais c'est surtout l'eau réduite en vapeur, qui constitue à notre époque la force la plus puissante et la plus facile à graduer comme à manier : à 100° elle ne représente encore qu'une pression de 1 kilogr. par centimètre carré, mais à + 181° elle représente déjà, pour la même surface, une pression de 10 kilogr. et une de 1.033 kilogr. à + 516°. Arrivée à ce chiffre, la pression de la vapeur d'eau ferait équilibre à 1.700.000 atmosphères. (Bourdeau.)

Aussi l'invention des machines à vapeur fut-elle équivalente à une multiplication instantanée et colossale du nombre des travailleurs : en 1810 l'Angleterre ne comptait que 5.000 machines à vapeur ; en 1849 elle possédait 108.113 machines fixes, dont le travail équivalait à celui de 30 millions d'hommes, chiffre que sa population totale n'atteignait pas à cette époque ; en 1865 elle employait, tant dans les usines, mines et manufactures que sur les chemins de fer, 3.650.000 chevaux-vapeur ; or 1 cheval-vapeur égalant 3 chevaux vivants ou 21 hommes, cela équivaut à la force que donneraient 11 millions de chevaux vivants ou 77 millions d'hommes! En 1878 les forces-vapeur de l'Angleterre équivalaient au travail de 100 millions d'hommes.

C'est donc une véritable conquête d'hommes, bien supérieure à celles d'un Touthmès rentrant en Égypte en poussant devant son char une longue file d'esclaves enlevés chez des peuples divers ; « nos machines si variées de forme et d'emploi représentent l'équivalent d'un règne nouveau, intermédiaire entre les corps bruts et les corps vivants, qui a la passivité des uns, l'activité des autres et les exploite tous à notre profit. Ce sont des contrefaçons d'êtres animés, capables d'imposer à des substances inertes un fonctionnement régulier. Leur ossature de fer, leurs organes d'acier, leurs muscles de cuir, leur âme de feu, leur souffle haletant de vapeur ou de fumée, le rythme de leurs mouvements, parfois même leurs cris stridents ou plaintifs, qui expriment l'effort et simulent la douleur, tout contribue à leur donner une animation fantastique, fantôme et rêve d'une vie inorganique... Ces créatures dont la force égale la docilité, nous avons en elles des légions d'esclaves robustes, infatigables, d'une agilité, d'une adresse merveilleuses, dont nous pouvons abuser sans scrupule et entendre les gémissements sans remords (1). »

Qu'on songe à tout ce qu'il faudrait de bras humains pour percer l'isthme de Suez, creuser le Mont-Cenis ou couper l'isthme de Panama, alors que pour faire ces travaux, plus considérables que ceux où les Égyptiens employaient des centaines de mille hommes, il suffit avec les machines à vapeur de quelques centaines d'hommes! Une *Mull-Jenny* fait le

(1) Louis Bourdeau, *op. cit.*

travail de 500 bonnes fileuses du siècle passé, et Michel Chevalier a calculé que, si tout le coton filé dans une année, en Angleterre, l'avait été à la main, il n'eût pas fallu moins de 91 millions d'ouvrières. Avec le métier circulaire à tricoter une femme fait 480.000 mailles par minute et fait l'office de 6.000 ouvrières à l'aiguille. Les machines, en un mot, ont plus fait que tous les philosophes pour rendre l'esclave impossible, puisqu'elles le rendent inutile ; Aristote, le plus grand esprit de l'antiquité, avait prévu cette conséquence en disant : « Si un outil pouvait pressentir l'ordre de l'artisan et l'exécuter, si la navette courait d'elle-même sur la trame, l'industrie n'aurait pas besoin d'ouvriers ni le maître d'esclaves. » Le rêve d'Aristote est devenu réalité.

C'est précisément cette concurrence apparente, cette substitution de la machine à l'homme, qui fit, au premier abord, et fait encore parfois l'objet des plaintes des ouvriers : les *luddistes* sont, après tout, excusables de n'avoir pas compris le rôle des machines, de les avoir traitées en concurrents et de les avoir brisées, quand on voit Montesquieu déclarer : « Si les moulins à eau n'étaient pas partout établis, je ne les croirais pas aussi utiles qu'on le dit, parce qu'ils ont fait reposer une infinité de bras ».

Tous ces contempteurs des machines oublient qu'elles occupent plus d'ouvriers que ne faisaient les anciens métiers à la main qu'elles ont remplacés. En 1769, avant l'invention du métier à filer, l'Angleterre ne comptait que 5.200 fileuses au rouet et 2.700 tisseurs. En 1833 les filatures occupaient 237.000 ouvriers ou ouvrières ; il y avait 250.000 tisseurs, soit en tout 487.000 ouvriers, nombre qui en 1845 s'élevait à 800.000. L'abbé Grégoire, au nom de la Convention, avait déjà défendu les machines contre les attaques injustes dont elles étaient l'objet : « C'est, disait-il, avec surprise qu'on voit encore des gens prétendre que le perfectionnement de l'industrie et la simplification de la main-d'œuvre entraînent des dangers, parce que, dit-on, ils ôtent les moyens d'existence à beaucoup d'ouvriers : ainsi raisonnaient les copistes, lorsque l'imprimerie fut inventée ; ainsi raisonnaient les bateliers de Londres, qui voulaient s'insurger, lorsqu'on bâtit le pont de Westminster... Faut-il donc un grand effort de génie pour sentir que nous avons beaucoup plus d'ouvrage que de bras, qu'en simplifiant la main-d'œuvre on en diminue le prix et que c'est un infaillible moyen d'établir un commerce lucratif ! » Ce qui n'a pas empêché de nos jours Sismondi et Proudhon de s'élever contre les machines, par suite d'un raisonnement analogue à celui que faisaient beaucoup de gens qui regardaient l'exécution des chemins de fer comme le signal de la ruine de l'industrie chevaline en France. Or il est démontré que le nombre des chevaux employés dans un pays est d'autant plus considérable que ce pays compte plus de kilomètres de voie ferrée ; les chemins de fer augmentent le commerce, celui-ci augmente la fréquence des transports ; tous les moyens de traction ou de locomotion reçoivent donc une excitation parallèle. Non seulement les machines ne sont pour rien dans la crise dont se plaint aujourd'hui l'industrie ; mais une des causes de cette crise, en France, du moins, c'est précisément l'insouciance que quelques industriels, comptant sur la protection douanière, mettent à tenir leur outillage au courant des progrès : il faut, et on l'a assez répété depuis quelque temps, que la France se décide à transformer son outillage ; ce qui nous semble être une crise n'est en somme que la conséquence d'une transformation apportée chaque jour dans le milieu social par les progrès constants de la science. Il faut suivre nos voisins dans ce mouvement ; car, dans une colonne en marche, il faut tenir pied, sous peine d'être bousculé, de tomber, et de créer sur la route une obstruction qui fera tomber ceux qui viennent dernière nous ! Malheureusement il est un mot bien juste, qui a été dit par Michel Chevalier : « En France, nous sommes le peuple le plus audacieux dans l'ordre des idées et des théories ; mais nous sommes le peuple le plus timide en fait de réalisation matérielle. » C'est bien l'impression qu'on éprouve à la lecture du rapport de M. Lourdelot, chargé d'étudier l'outillage de l'Amérique et de le comparer au nôtre! Il signale dans ce rapport l'installation confortable et toute scientifique des vastes ateliers pour l'ébénisterie, pour le bronze d'art, pour les fleurs artificielles et la bijouterie, qu'il a visités à New-York, comme à Boston, comme à Chicago. « Que l'industrie française, dit M. Lourdelot en terminant son rapport, « abandonne résolument ses procédés routiniers; qu'elle se « tienne à l'affût de tous les progrès et de toutes les découvertes scientifiques applicables à l'industrie; qu'elle améliore « ou renouvelle son outillage; que les industriels français se « soumettent à la loi commerciale moderne, qui est la production à bon marché; qu'ils montrent plus d'initiative « et qu'au lieu d'attendre patiemment la clientèle, ils « aillent la trouver chez elle, la solliciter par la vue, par l'expédition de leurs produits; qu'ils emploient en un mot, « en les perfectionnant pour vaincre la concurrence étrangère et reprendre leur supériorité, les mêmes moyens dont « la concurrence étrangère s'est servie pour les battre en « brèche. »

Il est d'autant plus nécessaire de ne pas se laisser attarder qu'une révolution apparaît dans l'outillage industriel : des forces, nouvelles comme applications, vieilles cependant, car elles nous entourent et nous les laissons perdre tous les jours, sont appelées à seconder sinon à remplacer la vapeur. Il y a mieux : nous sommes à la veille de voir ces forces divisibles à l'infini circuler comme une véritable monnaie, se transmettre, être prêtées, retirées, jouer en un mot le rôle d'une véritable valeur mobilière et échangeable.

Les vents, les cours d'eau, les marées, représentent en effet à la surface de la planète une somme énorme de forces, qui n'est pas utilisée et qui ne coûterait que la peine de la capter : sans sortir de notre pays, le Doubs pourrait fournir une force de plus de 191.000 chevaux et on n'en utilise que 9.600. Le Rhône, qui tombe d'une hauteur de 1.700 mètres et dont le débit normal est de 1.000 mètres cubes par seconde, n'est qu'à peine utilisé comme force motrice.

Le barrage du Port-à-l'Anglais, près Paris, représente par jour une somme de 3.000 chevaux-vapeur, qu'on n'utilise pas ; le Niagara représente une somme de 3 millions de chevaux-vapeur, que les Américains, eux, cherchent actuellement à utiliser. Quant à la marée, elle constitue, sur toutes les côtes, un réservoir inépuisable de forces considérables. Qu'on ajoute à tous les grands cours d'eau les innombrables petits torrents de nos Alpes, et l'on verra quelle somme énorme de forces motrices est prête à entrer en chantier, le jour où une main habile saura la manier.

Or les expériences sur la transmission de la force semblent aujourd'hui assez avancées pour permettre de regarder le problème comme résolu : toutes ces forces peuvent être maintenant transformées en électricité par une machine Gramme ; cette électricité peut être, à son tour, transformée en mouvement par une autre machine Gramme réversible. Entre ces deux machines peut régner un espace considérable parcouru par un fil, qui transmettra de la première machine à la seconde l'électricité produite au départ par le mouvement transformé et convertie de nouveau en mouvement à l'arrivée. Déjà on a réussi à transporter de petites forces à de petites distances (1). En 1873 M. Fontaine a pu faire marcher une pompe distante de un kilomètre avec la force empruntée à un moteur à gaz et transportée par fil sous forme d'électricité. En 1877 des officiers d'artillerie, dans les ateliers du musée d'artillerie, ont pu faire fonctionner une machine à diviser placée, dans un pavillon isolé, à 60 mètres de la machine motrice. Une expérience analogue a été faite à la sucrerie Sermaize : la force de la machine à vapeur de la sucrerie a été transportée en plein champ et a fait marcher une charrue ; avec la même force dans les domaines de l'usine on bat le grain ; elle est

(1) Henri de Parville, *L'Électricité et ses applications.*

apportée par fil dans les granges, qui n'ont plus à redouter l'incendie ; c'est elle également qui monte les betteraves dans les monte-charges. Un grand nombre de chutes d'eau sont aujourd'hui employées à mouvoir les machines par l'électricité, ou à produire la lumière électrique. Mais le grand intérêt est dans le transport à une grande distance.

Or les expériences successives de Marcel Deprez à Munich, à Paris, à Grenoble et à Creil ont définitivement prouvé que ce transport était possible par simple fil à une distance d'une vingtaine de kilomètres, avec une déperdition de 40 % seulement en moyenne.

M. Bessemer se propose de relier Londres à l'une des houillères voisines et de transmettre directement, de la mine à l'usine, par un fil, sans qu'on emporte au loin le charbon, la force motrice suffisante pour actionner les machines de la ville.

Le jour où le problème sera complètement résolu, la force du Rhône pourra faire marcher les usines de Normandie, et les milliers de chevaux-vapeur du Niagara pourront se répandre sous forme de monnaie motrice dans les chambres des ouvriers des États-Unis.

Les conséquences de cette importante découverte sont de la plus haute importance : on peut dire qu'elles contiennent en germe la solution de la question sociale. Le jour où la force motrice pourra être captée dans la marée qui monte, dans le torrent qui roule de la montagne, dans le vent qui souffle sur les plaines, partout autour de nous, le jour où, ainsi captée, elle pourra être distribuée à grande distance par un simple fil télégraphique, en quantité aussi minime qu'on voudra, ce jour-là, c'en sera fait des grandes usines-casernes, où la population ouvrière trouve les conditions d'hygiène déplorables que l'on sait ; ce jour-là, l'ouvrier, seul ou associé à quelques camarades, recevra dans son atelier, dans sa chambre, la somme de force, de chaleur ou de lumière dont il aura besoin, comme nous recevons déjà l'eau et le gaz.

Alors un petit groupe d'ouvriers associés, une famille d'ouvriers pourront travailler chez eux, à la fois patrons et ouvriers, dans toute leur liberté, en pleine indépendance, soumis à la seule concurrence, à l'offre et à la demande ; ce jour-là, la vieille querelle entre le capital et le travail aura pris fin et ce sera la Science qui, ici comme toujours, aura été la grande réformatrice, celle devant qui tout finit toujours par céder.

L'électricité ne servira pas seulement à transporter le mouvement d'abord converti en électricité transformée à son tour en mouvement au point d'arrivée : elle se pliera par elle-même à mille usages, et, soit directement soit indirectement, deviendra le grand moteur industriel. D'autres agents pourront encore être utilisés concurremment : tels sont l'air comprimé déjà distribué au moyen d'un compteur aux ouvriers de Birmingham, l'air raréfié, enfin la chaleur solaire même utilisée d'après le procédé Mouchot : on se souvient que ce savant ingénieux a montré que dans les pays chauds on peut alimenter une chaudière de 2 chevaux avec un réflecteur de 4 mètres carrés.

Le milieu social sera donc dans l'avenir aussi différent du nôtre que celui-ci l'est du milieu social où vivaient nos premiers ancêtres ; la puissance de l'homme ira sans cesse en grandissant. Les forces qui, livrées à elles-mêmes, ont pétri et façonné les couches géologiques de la planète en donnant libre cours à leur expansion prodigieuse, seront captées, canalisées, maniées par un enfant ; elles serviront à perforer les montagnes ou à combler les lacs, aussi bien qu'à forer une aiguille ou à coudre une paire de gants, et le moindre ouvrier pourra dire comme Watt parlant devant Georges III de la machine à vapeur qu'il faisait fonctionner : « Je manie cette chose si chère aux rois : la *puissance!* »

CHAPITRE XVI.

INFLUENCE DE LA CONDITION RESPECTIVE DES SEXES SUR LE MILIEU SOCIAL.

I.

Évolution dans les rapports réciproques des deux sexes. — Beaucoup de nos usages portent la marque de cette évolution. — La famille n'est pas la base de l'ordre social. — La mère est le seul élément fondamental de ce qui sera la famille. — Influence de la lenteur du développement de l'enfant sur la production de l'amour maternel par voie de sélection.

Si le milieu social est profondément modifié par les conditions de richesse ou de pauvreté, par celles du travail, comme par le fait même du séjour des hommes dans les villes ou dans les campagnes, il ne l'est pas moins, il l'est même plus profondément encore, par la façon dont l'usage ou les lois règlent les rapports des sexes ; car ces usages et ces lois n'influencent pas seulement les individus adultes qui s'y soumettent ou les violent; ils agissent sur les enfants, dont la santé, la durée de vie, le sexe même et surtout le nombre se trouvent modifiés. C'est pour cette raison que les usages relatifs à la famille ou à l'union des sexes occupent dans nos lois une place si considérable.

Encore ici les peuples les plus civilisés ne sont parvenus à l'état qui est actuellement le leur que par une lente évolution, dont le point de départ a son image dans l'organisation contemporaine de bien des populations échelonnées à des degrés divers de civilisation et dont le souvenir même reste encore, à l'état de superstition, d'*opinion reçue,* dans plus d'une de nos coutumes plus ou moins symboliques.

Le mot *famille* joue généralement un grand rôle dans les déclarations de ceux qui regardent la morale comme un bloc absolu, tandis qu'elle est au contraire constituée par une série de conventions relatives, variables et passagères ; c'est cependant bien à tort que ces prétendus moralistes représentent la famille comme la base granitique de tout ordre social : juger ainsi, c'est méconnaître le *milieu social* où vivent les trois quarts des habitants du globe. L'homme, comme les autres primates ses frères, s'accoupla d'abord non pas au gré de sa passion, car il n'en avait point encore, pas même suivant le caprice de l'amour, car il est des peuples inférieurs qui n'ont pas encore de mot dans leur langue pour exprimer ce sentiment; il obéissait simplement à un besoin analogue à celui qui fait manger.

Le produit de cette union passagère vient au monde incapable de se suffire et reste encore pendant de longs mois dans cette impuissance; pendant plusieurs années même il est beaucoup moins capable de vivre seul que les autres primates du même âge : la mère resta donc plus longtemps mère que ne font les autres primates; elle dut pendant plus longtemps demeurer unie à son enfant, lui consacrer son lait, ses forces, son intelligence ; l'amour maternel se développa donc en raison directe de la longueur de cette tutelle, dont il est à la fois la cause et l'effet ; la sélection a dû assurer en effet la survie des enfants dont la mère possédait ce sentiment au plus haut degré ; ils ont dû, à leur tour, hériter du même sentiment.

II.

L'union du père et de la mère n'est d'abord que temporaire. — Plus tard l'enfant appartient à la tribu. — La filiation ne se fait que par la mère. — Communauté des femmes dans la tribu. — Fréquence des avortements. — Rareté des naissances. — Les vestiges d'une antique communauté des femmes subsistent chez beaucoup de peuples. — La prostitution. — Les bayadères. — Le mariage endogame a d'abord été regardé comme un empiètement sur les droits de la communauté. — Le mariage exogame naquit du désir de posséder une femme sans contestation. — La femme exogame fait tort aux femmes de la tribu. — Rapt des femmes. — Son simulacre s'est conservé jusque dans nos sociétés. — L'exogamie est une tare; de là, dans certains pays, le respect de la prostitution comme signe d'une communauté qui est le propre des femmes de la tribu.

Le matriarcat précède le patriarcat — Origine de la couvade et du cérémonial de l'adoption.

Mariage polygyne résultat de l'infériorité numérique des femmes ou de la longue durée de la lactation. — Il diminue le nombre des enfants naturels. — Conditions sociales de la polygynie. — Augmentation du nombre des naissances féminines.

Mariage polyandre. — Ses causes. — Son infériorité au point de vue de la filiation. — Il diminue le nombre des naissances.

Mariage monogame. — Ses avantages lorsqu'il est tempéré par le divorce.

Aussi longtemps qu'elle resta empêchée de tout autre souci par la présence de l'enfant, la mère eut besoin d'un défenseur, d'un aide, et la sélection dut assurer la prépondérance à la mère et à l'enfant, qui ont été le plus longtemps défendus par le père.

Cette trinité biologique, que nous retrouvons chez beaucoup d'animaux, est l'embryon de la famille, mais pendant longtemps elle ne dure guère au delà de la nécessité : aussitôt que l'enfant commence à moins accaparer la mère, celle-ci a moins besoin de son défenseur, qui abandonne la famille ébauchée en attendant que l'enfant parte à son tour.

D'ailleurs quand la tribu a été organisée et qu'un groupe

quelque peu considérable d'humains a pu vivre en association, les soins du père sont devenus inutiles : tout homme de la tribu y suffisait. L'enfant, toujours confié à sa mère pendant les premières années, ne tarda pas à se confondre au milieu des autres enfants de la tribu ; sa mère était pour lui toute la famille.

A vrai dire, dans cette organisation il n'y a même plus l'union temporaire du couple humain ; il n'y a que l'union passagère et les femmes de la tribu sont communes aux hommes de la tribu : Hérodote, Diodore de Sicile, Apollonius de Rhodes, Strabon nous apprennent que les choses se passaient ainsi chez un grand nombre des peuplades, qui dans l'antiquité entouraient le monde classique. Les galactophages de Scythie « ont les biens et les femmes en commun ; aussi nomment-ils *pères* tous les gens âgés, *fils* tous les jeunes et *frères* tous ceux du même âge ». En Lybie, dit Hérodote, les enfants sont exposés par leurs mères quand ils ont trois mois ; les hommes les voient et chacun reconnaît le sien.

La conséquence de cette promiscuité des femmes et la difficulté que chaque homme devait éprouver, même dans le pays où cela était l'usage, à reconnaître ses œuvres dans un enfant de trois mois, s'est longtemps fait sentir ; elle subsiste même à une époque bien plus avancée ; on la retrouve encore chez nous, où la filiation maternelle est la seule qui soit irréfutable. Les enfants n'ayant pas de père étaient élevés par la tribu, première ébauche d'une des formes de ce socialisme d'État que quelques penseurs voudraient voir revenir chez nous, bien que cependant l'existence d'une paternité légale ne lui donne plus raison d'être.

L'éducation que la tribu leur donnait ressemblait forcément à celle que l'État donne aujourd'hui aux enfants illégitimes, qui lui sont confiés : chez les enfants ainsi élevés, la mortalité est considérable, rien ne valant les soins d'une mère, surtout lorsqu'elle se sent appuyée sur le père de son enfant et secourue par lui. Cette raison, à elle seule, suffirait, au nom de l'intérêt général de la nation, pour faire condamner la communauté des femmes, bien que cette coutume existe encore dans plusieurs pays, qui ne sont cependant pas sans une certaine civilisation.

Il est en outre démontré que dans cette organisation sociale, où chaque femme est exposée aux assauts de tous les hommes de la tribu, les naissances sont peu nombreuses, les avortements fréquents ; or, comme la sélection exerce son empire sur les nations aussi bien que sur les individus, il est évident que les peuples qui, après avoir renoncé à la communauté des femmes, ont vu le nombre des naissances augmenter et la mortalité infantile diminuer chez eux, ont dû forcément acquérir une supériorité sur leurs voisins. La coutume a donc naturellement disparu de proche en proche ; elle a disparu aujourd'hui à peu près partout.

Nous avons eu maintes fois l'occasion de constater dans ce livre que nos sociétés modernes, même les plus policées, étaient pleines de débris du passé, de souvenirs non effacés d'institutions qui n'ont d'autre raison d'être que d'être restées, de superstitions (*quod superest*) que j'ai comparées à ces organes atrophiés, rudimentaires, inutiles, que l'anatomiste constate parfois chez les animaux et dont il explique la présence anormale, en les regardant comme le dernier écho de la voix du passé, comme le vestige oublié d'organes primitivement utiles et normaux chez les ancêtres de l'animal où on le rencontre à titre exceptionnel. La coutume signalée chez beaucoup de peuples relativement élevés, qui oblige le mari à offrir sa femme à son hôte, est un reste de la communauté des femmes entre les hommes d'une même tribu. Dire au visiteur qui entre : « Ma femme est à toi pour cette nuit, » signifie : « Je te reconnais comme de la même tribu, de la même caste que moi, tu es des nôtres. »

Cette coutume existait chez beaucoup de peuples : Diodore de Sicile, cité par Lubbock, raconte qu'aux îles Baléares, à Majorque et à Minorque, la mariée appartenait la première nuit à tous les hôtes présents, après quoi elle appartenait exclusivement à son mari.

Le voyageur Carver dans le nord-Amérique trouva la même coutume : tandis qu'il vivait chez les Naudowessies, il remarqua, dit Lubbock, leurs égards pour une des femmes de la tribu ; il apprit qu'on la considérait comme une personne de haute distinction, parce que, dans une certaine occasion, elle avait invité les quarante principaux guerriers de la tribu à se rendre dans sa tente, leur avait donné un festin et les avait tous traités en maris. En réponse à ses questions, on lui dit que c'était une vieille coutume tombée en désuétude, et « qu'à peine une fois par génération il se trouvait une femme assez osée pour donner cette fête, bien qu'un mari du plus haut rang épousât toujours celle qui l'avait donnée avec succès ».

En parlant des Esquimaux, Égede constate expressément « que ceux qui prêtent leurs femmes à leurs amis sans la moindre hésitation, sont réputés dans la tribu comme ayant le meilleur et le plus noble caractère ».

Tout le monde se souvient de la façon humouristique dont Diderot, dans le Supplément au *Voyage de Bougainville*, a fait valoir les raisons qu'on peut donner de cette coutume. « Veux-tu que je te révèle un secret? dit Orou à l'aumônier; mais prends garde qu'il ne t'échappe ; vous arrivez : nous vous abandonnons nos femmes et nos filles ; vous vous en étonnez ; vous nous en témoignez une gratitude qui nous fait rire ; vous nous remerciez, lorsque nous asseyons sur toi et sur tes compagnons la plus forte de toutes les impositions. Nous ne t'avons point demandé d'argent ; nous ne nous sommes point jetés sur tes marchandises ; nous avons méprisé tes denrées ; mais nos femmes et nos filles sont venues exprimer le sang de tes veines. Quand tu t'éloigneras, tu nous auras laissé des enfants : ce tribut levé sur ta personne, sur ta propre substance, à ton avis, n'en vaut-il pas bien un autre? et si tu veux en apprécier la valeur, imagine que tu aies deux cents lieues de côtes à courir, et qu'à chaque vingt milles on te mette à pareille contribution. Nous avons des terres immenses en friche; nous manquons de bras, et nous t'en avons demandé. Nous avons des calamités épidémiques à réparer, et nous t'avons employé à réparer le vide qu'elles laisseront. Nous avons des ennemis voisins à combattre, un besoin de soldats, et nous t'avons prié de nous en faire; le nombre de nos femmes et de nos filles est trop grand pour celui des hommes, et nous t'avons associé à notre tâche. Parmi ces femmes et ces filles, il y en a dont nous n'avons pu obtenir d'enfants, et ce sont celles que nous avons exposées à vos premiers embrassements. Nous avons à payer une redevance en hommes à un voisin oppresseur, c'est toi et tes camarades, qui nous défrayerez; et dans cinq ou six ans nous lui enverrons vos fils, s'ils valent moins que les nôtres. Plus robustes, plus sains que vous, nous nous sommes aperçus que vous nous surpassiez en intelligence, et, sur-le-champ, nous avons destiné quelques-unes de nos femmes et de nos filles les plus belles à recueillir la semence d'une race meilleure que la nôtre. Nous avons tiré de toi et des tiens le seul parti que nous en pouvions tirer. » Sous cette forme plaisante le grand philosophe du dix-huitième siècle expose en fait la doctrine démographique des croisements dans la colonisation.

Tout Batak, sans avoir lu le Supplément au *Voyage de Bougainville*, veut que sa femme ait beaucoup d'attraction sur les hommes et ait montré son influence comme jeune fille; il s'appuie sur le proverbe : « Il n'est pas de gâteau friand si les mouches n'en veulent pas. » On sait que, dans bien des tribus, l'échange des femmes est une habitude. Les Orang-Sekah (de Bliton), qui habitent sur des bateaux, ont un usage analogue : lorsqu'un homme de cette tribu reçoit la visite d'un étranger, il le laisse avec sa femme et va se poster discrètement à l'avant du bateau, où il chante une mélopée traînante en s'accompagnant du tambourin : cette mélopée s'appelle *coutjong*.

Le droit du seigneur (*jus primæ noctis*) qui, jusqu'à la fin de moyen âge, a été en Europe un vestige de la communauté des femmes, existe encore chez plusieurs peuplades, généralement au bénéfice du père de la fiancée.

C'était encore par un souvenir de l'ancien hétaïrisme, que chez certains peuples de l'antiquité, à Babylone notamment, toute femme devait avant son mariage se donner au premier venu. Dans l'Inde, les prostituées ou bayadères jouissent d'une très grande considération : Girard de Rialle rappelle avec raison que la prostitution sacrée se pratiquait des bords du Tigre et de l'Euphrate à ceux de la mer de Phénicie, depuis les plaines de la Chaldée jusqu'aux montagnes de l'Arménie, jusqu'aux plateaux et aux vallées de l'Asie Mineure.

La prostitution, qui s'exerce dans nos villes sous l'œil tutélaire de la police, remonte à la même origine ; seulement ici le souvenir de la communauté des femmes s'est allié à un socialisme d'État d'un genre spécial, en vertu duquel ce dernier se croit obligé de satisfaire lui-même les besoins de ses sujets.

Le droit pour les hommes à la communauté des femmes ne s'appliquait jamais qu'aux femmes de leur propre tribu, et quand plus tard une union plus ou moins temporaire vint fixer le droit de propriété d'un homme en particulier sur une femme, ce fut toujours dans la même tribu ; cette union fut d'abord *endogame*, mais le mariage ne fut jamais, dans ce cas, qu'une concession momentanée, la femme, dans le fait, appartenant à la tribu et le mariage endogame étant par suite une sorte d'empiètement sur les droits de la communauté.

Le seul moyen de posséder une femme à soi, sans conteste, c'était d'aller l'enlever à une tribu voisine, de ramener sa capture et de la déclarer sienne par droit de conquête. Le mariage *exogame* fut dès lors pour le mari entouré de titres incontestables. Il était la seule façon de posséder en propre une femme, une esclave, sur laquelle aucun homme n'ait la moindre prétention. Si on ne se la procurait pas par la force, au moins on l'avait achetée à ses parents, soit en argent soit en bétail ou en marchandises, soit en mettant ses bras ou sa lance au service de sa famille.

Dans tous les cas, en prenant femme au dehors on faisait tort aux femmes de sa propre tribu; encore aujourd'hui, dans plusieurs pays on paye une sorte d'indemnité à la tribu, lorsqu'on prend une femme en dehors d'elle. En Dauphiné et dans plusieurs autres de nos anciennes provinces, lorsqu'une jeune fille se marie et que le mari est d'une commune éloignée de celle de sa femme, les jeunes gens du pays tendent un brin de laine en travers du chemin que doivent prendre les jeunes époux, et le mari n'emmène sa femme qu'après avoir brisé le brin de laine, surtout qu'après s'être montré plus ou moins généreux.

Si d'ailleurs le rapt d'une jeune fille qu'on veut épouser ne se fait plus, le simulacre est resté et dans beaucoup de pays, après que les arrangements sont faits entre les deux familles, il faut que le jeune homme entouré de ses amis fasse le simulacre d'enlever sa femme. Le major Campbell, chez les Khonds d'Orissa, assista à un simulacre de combat livré par les jeunes filles à un jeune marié, qui emmenait sa jeune femme sur son dos enveloppée dans un manteau écarlate. On lui dit que c'était la coutume. Il en est de même dans beaucoup de tribus de l'Inde : chez les Kols, « le fiancé et une grande troupe de « ses amis des deux sexes entrent dans le village de la fiancée « en chantant, en dansant et en simulant un combat; là ils « rencontrent les amis de la fiancée, qui leur offrent l'hospita- « lité. » En Malaisie, d'après M. Bourien, « quand la tribu est « assemblée et que tout est prêt, les vieillards amènent la fiancée « auprès d'un cercle plus ou moins grand, selon la force pré- « sumée des futurs époux; la jeune fille part la première et « le jeune homme s'élance quand elle a pris quelque avance; « s'il parvient à l'attraper et à la retenir elle devient sa femme, « sinon il perd toute espèce de droit sur elle. D'autres fois un « champ plus vaste leur est ouvert, et ils se poursuivent à « travers la forêt. Le prix de la course n'appartient pas, selon

« les paroles de la chronique, « au plus rapide, ni au plus « fort », mais au jeune homme qui a eu la bonne fortune de « plaire à la jeune fille. » Chez les Kalmouks, « la jeune fille « monte à cheval et s'éloigne au galop. Son amant la poursuit; « s'il l'atteint elle devient sa femme, et le mariage est immé- « diatement consommé; après quoi elle retourne avec lui à sa « tente. Mais il arrive quelquefois que la femme ne désire pas « épouser l'homme qui la poursuit; dans ce cas elle ne se « laisse pas attraper. On nous assure qu'il n'arrive jamais « qu'une femme kalmoucke se laisse atteindre, à moins qu'elle « n'aime le jeune homme qui la poursuit. Si elle ne l'aime « pas, elle s'élance à travers tous les obstacles, au risque de « se rompre le cou, jusqu'à ce qu'elle soit hors d'atteinte, ou « jusqu'à ce que le cheval du poursuivant, épuisé de fatigue, « lui laisse la liberté de revenir chez elle, pour se faire pour- « suivre une autre fois par quelque admirateur plus favorisé. « Chez les Tongouses et chez les Kamchadales, un mariage « n'est définitivement arrangé et conclu que quand l'amant a « violé sa bien-aimée et lui a déchiré ses habits. »

En France même Georges Sand (1) a fait le récit d'une de ces vieilles coutumes encore vivace vers 1858, dans les environs de Nohan. « Quand les parents de la mariée furent tous réunis, on ferma avec le plus grand soin les portes et les fenêtres; on alla même barricader la lucarne du grenier; on mit des planches, des tréteaux, des souches et des tables en travers de toutes les issues, comme si on se préparait à soutenir un siège... on entendit au loin des chants, des rires, des instruments rustiques : c'était la bande de l'épouseur... Les jeunes filles enfermées dans le logis s'étaient ménagé aux fenêtres de petites fentes, par lesquelles elles les virent arriver et se développer en ordre de bataille... Quand les deux camps furent ainsi en présence, une décharge d'armes à feu partie du dehors mit en grande rumeur tous les chiens des environs,

(1) Georges Sand, *La Mare au diable*

et toute cette scène était si bien jouée qu'un étranger y eût été pris et eût songé peut-être à se mettre en état de défense contre une bande de chauffeurs. » De longs pourparlers s'engagent ; les jeunes gens demandent à entrer ; les femmes refusent :

« Ouvrez la porte, ouvrez,
Marie, ma mignonne ;
J'ons de beaux cadeaux à vous présenter.
Hélas ! ma mie, laissez-nous entrer. »

A quoi les femmes répondent :

« Mon père est en chagrin, ma mère en grand'tristesse,
Et moi je suis fille de trop grand merci
Pour ouvrir ma porte à *cette heure-ici.* »

On retire « la cheville de bois qui fermait la porte à l'intérieur », et les garçons se précipitent sur le foyer de la cheminée pour y planter une broche à rôtir, signe de possession. « Mais ce ne fut pas sans combat, car les garçons cantonnés dans la maison se mirent en devoir de garder le foyer, etc... ; » naturellement la victoire reste au fiancé.

C'est du reste parce que la femme exogame propriété d'un homme était une esclave, et qu'au contraire la femme endogame commune à tous était libre, que, par une survivance inconsciente, on méprise dans certains pays la femme légitime, esclave, bétail, propriété d'un maître, et qu'on estime au contraire la femme commune, la courtisane enfant libre de la tribu.

Tant que les femmes furent communes et le mariage incertain, la filiation par la mère fut seule inattaquable : l'enfant manqua d'un soutien, que sa mère n'avait pas elle-même ; enfant de la tribu il était élevé par elle et pour elle. Lorsque le mariage fut réglementé, que l'union du père et de la mère fut plus intime, la protection du père de famille assura la vie de l'enfant comme celle de la mère ; le *patriarcat* succéda alors au *matriarcat*.

Le *matriarcat* existait seul en effet chez les Lyciens : « Leurs « mœurs, dit Hérodote, sont en partie crétoises et en partie ca« riennes. Ils ont pourtant une singulière coutume par laquelle « ils diffèrent de toute autre nation dans le monde. Ils prennent « le nom de leur mère et non celui de leur père. Si l'on de« mande à un Lycien qui il est, il répond en donnant son nom, « celui de sa mère et ainsi de suite dans la ligne maternelle. « Bien plus, si une femme libre épouse un esclave, leurs en« fants sont tenus pour être de bonne naissance ; mais si un « homme libre épouse une étrangère ou vit avec une concu« bine, quand même il serait le plus haut personnage de « l'État, leurs enfants n'auraient aucun droit de cité. » Il en était de même chez les Locriens, chez les premiers habitants de l'Attique ; cette coutume se retrouve chez plusieurs peuples de l'Asie, de l'Afrique et de l'Amérique. M. Bachofen fait d'ailleurs remarquer judicieusement que le mot *matrimonium* employé pour désigner le mariage implique le souvenir d'une filiation légitime par la mère seule. Le mot *materfamilias* précède, dit-il, celui de *paterfamilias,* terme purement juridique, car si « *pater est is tantum quem nuptiæ demonstrant, mater semper certa est etiamsi vulgo conceperit.* » D'après Bachofen le *patriarcat* aurait été introduit dans l'Attique, où régnait le *matriarcat,* par les conquérants aryens, qui prennent précisément le nom d'*Eupatrides.* Mais il a fallu que bien des garanties établissent petit à petit le caractère légal de la paternité, pour que la filiation paternelle pût se faire sans conteste.

L'axiome des juristes latins, *Is pater est quem nuptiæ demonstrant,* ne suffit pas à convaincre les hommes primitifs : plusieurs peuples, dans leur naturalisme naïf, ont cru devoir assurer la filiation paternelle par un symbole, qui rappelât le caractère indiscutable de la filiation maternelle, par la *couvade.* Chez certains Guaranis, et ailleurs encore, quand la mère vient d'accoucher, le père, afin de donner à sa paternité une apparence aussi indiscutable que celle de la maternité, se met au lit ou sur le hamac, geint, fait le malade, reçoit des visites de condoléances et prend force toniques. C'était dans la même idée symbolique, que dans l'antiquité l'adoption d'un enfant se faisait également par le symbole du lit : le père adoptif chez les Romains et les Grecs se mettait au lit et faisait semblant d'accoucher. En Circassie la mère adoptive offre le sein au fils adoptif. En Abyssinie le fils adoptif suce le doigt de son père adoptif. Il est certain que ceux qui suivent encore ces usages ne se font pas les raisonnements qui précèdent; ils agissent ainsi « parce que c'est l'usage »; comme partout, le symbole perd sa valeur; la tradition, la routine, entretiennent les formes apparentes d'une coutume dont l'esprit a disparu depuis longtemps.

Dans beaucoup de pays, alors même que les femmes ont cessé depuis longtemps d'être communes et qu'un mariage légal a fixé le sort des enfants, plusieurs femmes peuvent être légitimement mariées avec le même homme : la *polygynie* a généralement sa raison d'être dans un excès numérique des femmes sur les hommes; sous peine de rester dans le célibat, elles doivent en effet se partager le cœur d'un même mari. Dans beaucoup de tribus guerrières, cet excès de nombre tient à ce qu'un grand nombre d'hommes sont toujours à la guerre; mais la polygynie peut reconnaître encore une autre cause, la longue durée de la lactation et l'habitude, d'ailleurs conforme à l'hygiène de l'enfant, où sont les femmes de vivre seules pendant toute cette période. Le mari prend dans ce cas plusieurs femmes, afin d'en garder toujours au moins une auprès de lui.

On comprend qu'un homme soit désireux d'avoir plusieurs femmes, lorsque, comme cela se passe, au dire de Seemann, aux îles Fidji, « les parents d'une femme regardent comme une insulte publique la naissance d'un nouvel enfant avant que trois ou quatre années se soient écoulées et considèrent comme de leur devoir de s'en venger d'une façon publique. » Enfin la variété est en toutes choses une condition souvent prisée : les Mormons disciples de Brigham Young sont convaincus que c'est le moyen « de mieux bâtir le royaume de Dieu ». Ce qui est certain, c'est que la polygynie diminue le nombre des enfants naturels ; les enfants de toutes les femmes se trouvant presque assurés d'avoir un père légal, cela augmente leurs chances de survie, avantage social toujours considérable. En outre, dans les pays polygames les veuves sont généralement épousées par le frère de leur mari, fût-il déjà marié ; ce qui diminue les inconvénients sociaux du veuvage. En un mot, si la famille sous cette forme polygame ne jouit pas de cette intimité qui est son caractère dans les pays monogames, elle gagne en étendue et son influence sociale sur l'enfant est mieux assurée.

Mais un tel état de mariage ne présente aucune des conditions qui anoblissent la femme et qui relèvent l'homme ; les avantages psychiques du mariage n'existent pas dans l'union polygyne. Elle se rencontre dans les pays guerriers et despotiques ; elle suppose enfin une division très inégale de la fortune, seule condition qui puisse permettre à certains hommes ce luxe d'entretenir plusieurs femmes ainsi que leurs enfants. L'affaiblissement génital qui résulte souvent pour l'homme de ses devoirs conjugaux trop multipliés a généralement pour conséquence de donner naissance, dans les pays polygynes, à plus de filles que de garçons. La plupart des naturalistes s'accordent en effet, avec Buffon, pour penser que la proportion des enfants mâles est en rapport avec la vigueur des parents.

Tout autre est la *polyandrie* : plusieurs hommes étant les époux légitimes d'une seule femme, la paternité est forcément incertaine. Elle a pris naissance, en beaucoup de pays, dans l'infériorité numérique des femmes par rapport aux hommes : au Tibet, au Cachemyr, dans l'Himalaya, chez certaines tribus de l'Inde et de Ceylan. Chez les Kalmouks les frères seulement possèdent une femme en commun. La polyandrie diminue forcément le nombre des naissances ; elle empêche l'accroissement de la population et, d'après Turner, une de ses causes, au Tibet, serait la nécessité de mettre obstacle à cet accroissement sur un sol infertile. Sans la polyandrie, secondée, dans ce sens, par le grand nombre des couvents de femmes, la population du Tibet cesserait rapidement d'être en rapport avec le stock de subsistances que le pays offre à ses habitants.

Le mariage *monogame* est au contraire en rapport avec une grande division de la fortune comme du sol, d'une façon générale avec une grande division de la propriété. Il résulte de ces conditions qu'il est plus que tous les autres modes d'union influencé dans la fréquence de sa production par le prix des denrées : en Europe, dès que le prix du blé baisse, la nuptialité baisse d'autant, et *vice versa*.

Il assure une plus grande fécondité et donne en général plus de mâles que de filles, parce qu'il donne moins lieu à l'abus des plaisirs conjugaux et fatigue moins les parents. Il est en rapport avec un état plus pacifique ; car la plupart des guerres de tribus ont pour but d'enlever des femmes. Enfin la situation sociale de la femme dans les pays monogames est toujours supérieure à celle qu'elle occupe dans les pays polygames : chez les Pueblos, qui sont fortement démocratisés et monogames, la femme est très heureuse.

Il agit sans aucun doute comme un modificateur salutaire du milieu social, mais à la condition d'être, comme tous les contrats, soumis dans toute sa durée à un consentement mutuel, librement conclu, comme librement rompu ; sans quoi, considéré comme un dogme immuable, il devient une source d'immoralité et ne fait que fausser les rapports sociaux. Comme tout contrat il est revisable, et le divorce est la meilleure garantie de l'action éminemment saine qu'il peut exercer sur la société. Dans bien des pays il n'est d'ailleurs que temporaire : l'engagement prend fin parfois à la naissance de l'enfant, c'est-à-dire quand il a exercé le maximum ou au moins l'essentiel de son influence sociale.

III.

L'état civil dans ses rapports avec la morbidité et la mortalité. — Démographie des célibataires, des mariés, des veufs. — Criminalité et état civil. — Le suicide. — Influence de la présence des enfants.

L'état de mariage, tant qu'il répond à un libre consentement, n'est pas moins favorable aux époux considérés individuellement qu'à la société tout entière, car la statistique nous montre, que la morbidité et la mortalité des gens mariés sont moindres que celles des célibataires du même âge : les chiffres nous enseignent qu'un célibataire de 25 ans a autant de chances de mourir qu'un homme marié de 45 ans : l'homme marié mène en effet une vie plus rangée, plus régulière ; son hygiène est meilleure à tous égards. Les conditions du célibat sont d'autant plus mauvaises pour les veufs, qu'ils ont été habitués plus longtemps à toutes les douceurs du ménage ; aussi un veuf de 25 ans a-t-il autant de chances de mourir qu'un garçon de 50 ans et qu'un homme marié de 57 ans.

Si nous prenons la phtisie comme critérium, ainsi que nous l'avons fait pour juger le degré des conditions hygiéniques dans un certain nombre de professions, les chiffres recueillis à Bruxelles déposent dans le même sens : si l'on considère 1.000 individus de 25 à 30 ans mariés, autant et du même âge célibataires, autant toujours du même âge veufs, on voit que la mortalité par phtisie est :

Chez les hommes mariés..........	84,5
— garçons................	124
— veufs..................	241

En dehors des conditions inhérentes à chacune de ces trois conditions d'état civil, il faut en outre tenir compte de plusieurs autres considérations : si les garçons présentent plus de phtisiques que les mariés, on peut dire, pour quelques-uns au moins, que c'est précisément parce qu'ils étaient phtisiques ou disposés à le devenir, qu'ils sont restés garçons ; en quoi ils ont agi sagement et honorablement : les gens mariés ont en somme été en quelque sorte triés par une sélection préalable. Pour les veufs, on peut dire que, si le chagrin d'avoir perdu leur femme les dispose à devenir phtisiques, il se peut aussi que les fatigues, les veilles auprès d'une malade y aient contribué, et plus souvent encore qu'ils subissent la contagion de la phtisie qui précisément leur a enlevé leur femme.

Si l'on examine la criminalité dans ses rapports avec l'état civil des coupables, on ne peut plus cette fois trouver la cause des modifications qu'il imprime que dans l'état civil même. Les garçons ne sont pas arrêtés sur la pente du crime autant que les gens mariés. Ces derniers y regardent à deux fois avant de compromettre la situation de leur femme ; ils ont encore plus de scrupule s'ils ont des enfants. Les veufs reprennent plus de liberté ; les bonnes habitudes contractées pendant leur vie en ménage les retiennent cependant encore un peu ; la présence d'enfants auprès d'eux les retient davantage encore. Ainsi sur 1 million d'individus de chaque catégorie, voici le nombre de criminels qu'on compte chaque année :

Célibataires..................	403
Veufs sans enfants...........	262
Veufs avec enfants...........	237
Mariés sans enfants..........	227
Mariés avec enfants..........	186

Les mêmes considérations s'appliquent au suicide, parti extrême devant lequel les gens mariés reculent plus que les célibataires et auquel leur chagrin, la rupture de leurs habitudes pousse les veufs encore bien plus que les célibataires. En Bavière, de 1857 à 71, sur un même nombre d'individus de chaque état civil, on trouve :

Chez les gens mariés.........	98	suicides.
— célibataires.........	115	—
— veufs..............	197	—

IV.

Influence des lois matrimoniales sur les enfants. — Mortalité des enfants illégitimes. — Mort-nés. — Avortements. — Recherche de la paternité. — Tours. — L'interdiction de la recherche de la paternité augmente le nombre des naissances illégitimes. — Elle diminue le nombre des naissances légitimes. — Elle augmente la mortalité des illégitimes. — Avortement. — Infanticide. — Toute législation qui facilite le mariage rend les enfants illégitimes moins nombreux. — Utilité de l'indépendance de la femme.

C'est surtout lorsque l'on considère le sort des enfants, que les conditions de milieu créées par le mariage semblent importantes : la statistique montre que les enfants illégitimes subissent à tous les âges une mortalité beaucoup plus grande que les enfants légitimes du même âge : le mariage monogame n'est bon qu'à la condition que le couple qui a produit l'enfant restera uni ; sans quoi la polygamie est préférable. Or, dans notre société si sévère sur les apparences, qui tient tant à ce qu'elle nomme les convenances, la fille-mère abandonnée par le père de son enfant ne peut soigner cet enfant convenablement. Non seulement elle ne peut le soigner lorsqu'il est né, mais sa grossesse aboutit souvent à mettre au monde un enfant mort et surtout, il faut bien le dire, la honte, le désespoir, la crainte, la poussent trop souvent au plus facile des crimes... et le nombre des enfants déclarés mort-nés se trouve accru. Sur 1.000 mort-nés, 32 sont légitimes et 64 sont illégitimes ; de même 1.000 grossesses légitimes donnent 68 avortements tandis que 1.000 grossesses illégitimes en donnent 92 !

Quel est ici le premier coupable ? c'est évidemment la société. Le jour où, moins sévère sur la forme, sur l'étiquette et sur les infractions au *qu'en dira-t-on*, elle se montrera moins sévère pour la fille-mère et moins indulgente pour le père ; le jour où elle autorisera la recherche de la paternité et où elle rétablira les tours, on verra diminuer le nombre des avortements comme celui des mort-nés ; on verra même diminuer le nombre des enfants illégitimes, lorsque les fils de famille sauront que les ouvrières qu'une mère ou une gouvernante ne peut accompagner ne sont pas faites pour servir à leurs plaisirs, sans que cela tire à conséquence.

La statistique prouve surabondamment les avantages sociaux de l'autorisation accordée à la recherche de la paternité : le Dr Lagneau a montré, en effet, combien le sort des enfants est meilleur dans les pays où l'homme qui abandonne une jeune fille après l'avoir rendue mère est astreint à payer pour l'entretien de l'enfant jusqu'à un âge qui varie, selon les pays, entre dix et seize ans, une pension de 50 à 813 francs suivant les législations. Chez nous, l'article 1382 oblige, au nom du droit commun, l'homme qui a causé un dommage à autrui à le réparer, mais les dommages-intérêts accordés dans certains cas à la mère au nom de cet article tiennent très incomplètement lieu de la pension d'entretien accordée ailleurs à l'enfant.

L'interdiction de la recherche de la paternité est du reste, même en France, une innovation malheureuse du code civil, car, ainsi que l'a rappelé devant le Sénat M. Bérenger, « aucun État avant 1803 n'avait cru pouvoir priver l'enfant issu de relations illégitimes du droit de réclamer son père ». Aussi, alors qu'en France, avant la promulgation du code civil, on comptait sur 1.000 naissances 48,8 illégitimes, depuis 1803 ce nombre s'est constamment élevé jusqu'au chiffre actuel de 76,5. En résumé, dit M. Lagneau dans le travail qu'il a communiqué à l'Académie de médecine, depuis que la recherche de la paternité a été interdite, la proportion des naissances illégitimes s'est élevée de près de moitié et celle des naissances légitimes a diminué de 1/38 ; preuve indéniable que c'est bien l'interdiction de cette recherche qui, en déchargeant le père de tout devoir envers l'enfant naturel, contribue à accroître la natalité illégitime.

Ce n'est pas tout : dans les États où la recherche de la paternité est autorisée, la mortalité des enfants illégitimes n'est pas, comme en France, beaucoup plus forte que celle des enfants légitimes : sur 1.000 enfants légitimes la mortalité en Bavière est de 317, et dans le même pays celle de 1.000 enfants illégitimes, de 385 ; tandis qu'en France, où l'interdiction de la recherche prive l'enfant naturel de la part de secours incombant au père, la mortalité des seconds est double de celle des premiers (dans le rapport de 390 à 200). Les avortements et les infanticides sont de même moins nombreux que chez nous, dans les pays où la recherche est autorisée.

Enfin, il n'est pas jusqu'au nombre des mariages qui n'augmente dans les pays où la recherche est permise et qui diminue lorsqu'elle est interdite, « car l'homme a d'autant moins de motifs de se marier, que la loi l'exonère de tous les devoirs pouvant lui incomber par le fait de ses relations extraconjugales. » Toutes les lois qui apportent des difficultés, des restrictions au mariage, produisent donc un effet désastreux sur la mortalité infantile : jadis en Bavière on exigeait, pour autoriser le mariage, des conditions de fortune déterminées ; en 1862 cette loi fut abrogée ; or les recherches de Bertillon et de Hermann ont montré qu'à partir de cette époque le nombre des naissances illégitimes diminua. Kummer et Bertillon ont constaté le même phénomène dans quelques cantons suisses, qui avaient voulu interdire le mariage aux individus trop pauvres.

On ne saurait trop insister sur ces considérations, qui sont du plus haut intérêt social, lorsque l'on considère que notre natalité étant inférieure à celle des autres pays, notre période de doublement est très inférieure à la leur. Les habitudes routinières suivies dans l'élevage des enfants, surtout des enfants mis en nourrice, nous donnent en outre une mortalité infantile considérable, à laquelle la loi Roussel arriverait à remédier, si elle était bien appliquée. Étant donné que la mortalité des illégitimes est plus considérable que celle des légitimes, tout nous porte donc à rendre par nos lois le mariage plus fréquent, plus précoce et les conditions illégales de l'union sexuelle moins fréquentes.

L'avenir réserve sans doute ce complément à notre évolution dans l'ordre de l'état civil ; ce n'est pas tout d'avoir rétabli le divorce ; nous vivons encore sur la vieille conception de la femme esclave, être inférieur. Sans demander le droit de suffrage pour la femme, qui a mieux à faire, car en faisant et élevant les citoyens de l'avenir elle prépare l'histoire au moins autant que les politiciens, il nous reste encore à l'affranchir dans l'ordre légal comme dans l'ordre intellectuel : le mariage monogame tempéré par le divorce sera alors bien près d'être l'idéal du couple humain, c'est-à-dire non seulement l'union de deux sexes, mais de deux intelligences équivalentes, ou mieux, complémentaires l'une de l'autre. Je ne saurais mieux faire que de renvoyer le lecteur partisan de cette thèse à l'excellent livre du Dr Thulié (1).

(1) *La Femme*, par le Dr Thulié; Lecrosnier, Paris, 1885.

CHAPITRE XVII.

ACTION DES LOIS SUR L'ORGANISME SOCIAL.

L'homme peut modifier artificiellement l'organisme social. — L'évolution de l'organisme social est modifiable par la culture, mais cet organisme est facilement déformé comme le sont les plantes par les floримanes. — Fort heureusement au-dessus des recettes des jardiniers sociaux, il y a les grandes lois biologiques, qui font la force de résistance de l'organisme social à leurs essais. — L'évolution de l'organisme social est fatale. — Les législateurs doivent marcher avec l'opinion publique, dans le sens de cette évolution naturelle. — Dangers de la contention orthopédique. — La liberté. — Trop de lois. — Souveraineté de l'opinion publique. — Une société n'est pas un produit fabriqué. — Jardiniers et bandagistes. — Amour de la symétrie et de la centralisation. — L'unité excessive amène la rigidité. — Le temps des gouvernements paternels est passé. — L'administration. — Buckle. — La liberté.

Nous venons d'étudier dans les chapitres précédents les variétés de structure que présente l'organisme social dans ses différentes régions, où nous avons observé les hommes, autrement dit ses éléments anatomiques. Nous avons procédé en même temps à l'étude du milieu social, comme ferait un naturaliste qui étudierait l'action du milieu atmosphérique sur les êtres vivants plongés dans l'océan gazeux. Il observerait des êtres d'espèces différentes, c'est-à-dire remplissant au milieu de la population vivant dans l'atmosphère, un rôle, une fonction, j'allais dire une profession différente ; il en observerait de solitaires, d'associés en bande plus ou moins nombreuse ; il examinerait leur reproduction, leur multiplication plus ou moins rapide, la quantité de substances alimentaires qu'ils consomment ; il tiendrait compte du niveau auquel vit l'individu observé et par conséquent de la pression qu'il subit, selon qu'il habite le sommet des montagnes ou le fond des vallées ; dans chacune de ces observations, il se préoccuperait de préciser l'influence de l'air atmosphérique sur l'espèce ou sur la fonction étudiée. C'est ce que nous avons fait en étudiant successivement l'action du *milieu social* sur les êtres en général, sur l'homme particulièrement et en analysant les modifications que présente cette action du milieu social, suivant les professions, suivant l'état de fortune, suivant que l'individu est marié, veuf ou célibataire.

Il nous reste maintenant à faire un autre ordre de recherches : l'observateur qui, après avoir étudié l'action naturelle de l'air atmosphérique, voudrait que ses renseignements fussent complets, chercherait à connaître comment les êtres vivants peuvent modifier les conditions naturelles de ce milieu atmosphérique où ils sont plongés ; il voudrait savoir si ces êtres peuvent modifier utilement pour eux la composition de l'atmosphère, sa densité, sa pression : nous devons de même nous demander quelles sont les modifications que l'homme peut faire subir artificiellement au *milieu social.*

Nous devons enfin, comme un médecin qui étudie l'action *altérante* d'un médicament sur les tissus de l'organisme, étudier par quels moyens l'homme peut changer, modifier, par la médication législative, la structure de l'organisme social, dont il fait partie à titre d'élément anatomique.

Les sociétés sont en effet des organismes ; nous avons vu que ces organismes ont une période de croissance, une période d'état et une de décroissance ; comme tous les autres organismes, ils sont soumis à une évolution physiologique, que certaines maladies peuvent venir troubler plus ou moins profondément. Abandonnés à eux-mêmes ils se développent, comme font tous les êtres dans la nature ; mais pour ces organismes sociaux, comme pour les animaux et les végétaux, il existe une science de la culture. C'est cette science dont nous devons dire un mot.

Le jardinier, qui soumet les arbustes à ses caprices, qui leur donne par la taille ou par l'attache la forme d'un vase, d'une pyramide ou quelque autre de ces aspects fantaisistes dont les arbres du parc de Versailles ont gardé l'assez vilaine tradition, s'imagine qu'il a perfectionné ses arbres : il les a en réalité déformés. Celui qui, prenant la fleur sauvage, obtient la multiplication des pétales et finit par avoir une fleur double et même plusieurs fois doublée, a produit artificiellement une fleur qui peut être fort jolie, mais qui n'est après tout qu'un monstre et un monstre stérile, puisque les pétales se sont développés aux dépens des étamines. Il en est de même des éleveurs, qui sont parvenus à produire des animaux de boucherie : nous apprécions leurs produits sur nos tables, mais le naturaliste et le philosophe ne peuvent voir dans ces méthodes que l'art de déformer les organismes.

Cela n'empêche pas que des cours sont faits sur cet art : des livres en exposent les lois, car il existe tout un code de lois, qui permettent au jardinier et à l'éleveur de déformer à leur gré les organismes : cet art est difficile, car en dépit des lois ou mieux des décrets du jardinage, l'organisme s'échappe souvent vers sa forme et sa destinée naturelles ; c'est que au-dessus du code du bon jardinier, existent des lois naturelles, celles-là aussi fatales, aussi peu modifiables, que celles en vertu desquelles se meuvent les astres; ce sont les lois biologiques que le florimane n'étudie guère, dont il ne se soucie pas et avec lesquelles cependant il a toujours à compter. Les nombreux échecs qu'il éprouve dans son art de gâter la nature en sont la preuve.

Il y a de même des jardiniers d'une espèce particulière, qui croient qu'en taillant, coupant, réglant, dirigeant, on peut jouer avec la sève d'une société et lui donner la forme rêvée. Ce sont ces législateurs empiriques, qui ignorent qu'au-dessus des recettes inscrites dans le manuel du parfait législateur, il existe des lois physiologiques qui président aux destinées des organismes sociaux. Ils oublient qu'avant de faire *des* lois, il faut connaître *les* Lois sociales ; ils oublient qu'une société ne peut s'affranchir de son passé, que tous les phénomènes qu'elle présente sont forcément liés à sa structure, à sa constitution, au nombre et à la nature des éléments anatomiques dont elle se compose; en un mot ils se bercent d'un espoir heureusement chimérique, quand ils croient qu'il dépend du législateur de donner à la société la forme qu'il a rêvée. « C'est par erreur, dit Spencer, qu'on se représente ordinairement la société comme une certaine quantité de pâte, à laquelle la cuisinière peut donner la forme qui lui plaît, celle d'une croûte de pâté, d'un chausson ou d'une tartelette. »

Cela ne veut pas dire que les lois soient inutiles et sans action. Elles peuvent faire beaucoup de bien ou beaucoup de mal : car il ne faut pas croire qu'une mauvaise loi soit un accident indifférent qu'on efface en en faisant une meilleure : la sociologie, la science politique ne doivent pas oublier que les phénomènes sociaux sont enchaînés les uns aux autres avec la fatalité qui enchaîne tout effet à sa cause. « Songez-y, dit H. Spencer en parlant des lois mauvaises, comme d'une cause, qui agit sur la vie des peuples, et vous verrez qu'elles signifient tel nombre de souffrances, tel nombre de maladies, tel nombre de décès. Une forme vicieuse de procédure, qu'elle soit prescrite ou tolérée, occasionne aux plaideurs des frais, des délais et la perte de leur procès. Quel en est le résultat? de l'argent dépensé en vain et dont on aurait besoin, une grande et longue anxiété, fréquemment suivie de maladies, le malheur d'une famille..., en un mot des misères, qui en entraînent d'autres après elles... Dire même qu'une loi a été simplement un obstacle, c'est dire qu'elle a causé des pertes de temps inutiles jointes à des ennuis et à des tracas, et, pour les gens surchargés, un surplus d'ennuis et de tracas implique une santé affaiblie avec son cortège de souffrances directes et indirectes... Voyant donc que mauvaise législation est synonyme d'atteinte portée à la vie des hommes, jugez quelle somme de détresse mentale, de douleurs physiques et de décès représentent les milliers d'actes législatifs qu'on a fini par abroger parce qu'ils étaient mauvais. » Elles peuvent évidemment beaucoup, pour le bon avenir d'un pays, mais à une condition, c'est qu'elles ne feront que pousser davantage la société au type vers lequel elle tend d'elle-même à évoluer, à la condition que l'opinion publique les aura en quelque sorte devancées. Leur utilité c'est alors de donner une précision et une puissance, seules capables de servir au bien de la société, à ce qui n'était dans les esprits qu'une aspiration vague, une tendance non encore déterminée.

Alors elles aident l'organisme social à marcher, comme une chaussure faite sur mesure et appropriée au pied qu'elle doit chausser, et à celui-là seul, aide à marcher; mais il arrive souvent que, sous prétexte de donner à la jeune société, qu'ils veulent diriger, une chaussure qu'ils croient à son pied, parce qu'elle est seulement à la convenance de leurs idées, c'est un véritable appareil orthopédique, dans lequel les législateurs emprisonnent ses jeunes membres ; plus ces rebouteurs sont frappés des inconvénients de l'appareil, plus ils le veulent modifier : ils ajoutent à chaque nouvelle tentative de réparation, une vis nouvelle, un ressort plus compliqué; heureux si, avant que les membres de la patiente soient atrophiés pour toujours et aient perdu leur souplesse, leur élasticité et leur spontanéité, survient enfin un physiologiste qui, jetant tous les mécanismes superposés que chaque bandagiste consulté a ajoutés les uns aux autres, montre enfin que l'organisme ne fonctionne bien, qu'à la condition d'avoir le moins d'entraves possible et qui consente une bonne fois à cette innovation hardie, laisser marcher une nation toute seule, avec ses propres jambes, aller là où elle veut, au lieu de la pousser de force sur des béquilles qu'on manie pour elle!

« Nous avons trop de lois, » dit Spencer. Il calcule alors que depuis Henri III d'Angleterre jusqu'à 1872 on a fait en Angleterre 18.110 lois ; les quatre cinquièmes de ces lois ont été abrogées. De 1870 à 1873 on a abrogé en Angleterre 2.759

lois et 650 de 1880 à 1882. A quoi servent toutes ces lois, qu'on est forcé d'abroger plus tard? pourquoi les abroge-t-on? sinon parce qu'on a reconnu qu'elles faisaient plus de mal que de bien.

Buckle, de son côté, reconnaît « que toutes les grandes réformes qui ont été accomplies ont consisté non à faire quelque chose de nouveau, mais à défaire quelque chose de vieux; les additions les plus précieuses faites à la législation ont été des lois qui détruisaient la législation précédente, et les meilleures lois qui ont été rendues ont été celles qui abrogeaient les lois antérieures;... » c'est « qu'aucune réforme ne peut avoir un résultat véritablement utile, si elle n'est pas l'œuvre de l'opinion publique, si le peuple lui-même ne prend pas l'initiative;... » c'est « qu'aucune grande réforme, soit exécutive soit législative, n'a jamais été dans aucun pays l'œuvre de ceux qui gouvernent... les premiers promoteurs de ces mouvements ont été invariablement des penseurs profonds et hardis, qui savent découvrir les abus, les dénoncer et désigner le remède nécessaire. Mais longtemps encore après qu'ils ont rempli cette tâche, les gouvernements même les plus éclairés continuent à donner leur appui aux abus et à rejeter les remèdes. A la fin, si les circonstances sont favorables, la force d'impulsion qui vient du dehors prend une telle intensité, que le gouvernement est forcé de céder, et, la réforme une fois accomplie, on demande au peuple d'admirer la sagesse de ses maîtres. » « La société, dit de son côté Graham Summer, n'a besoin ni de soin ni d'inspection. Si nous pouvons acquérir une science sociale fondée sur l'observation des phénomènes et sur l'étude des forces, nous pouvons espérer gagner lentement quelque terrain dans l'élimination des vieilles erreurs et dans l'établissement d'un ordre social bon et naturel. » Tout cela s'applique à la France aussi bien qu'à l'Angleterre et nos gouvernements ont toujours méconnu ce mot de Pascal Duprat : « Fermer la porte aux réformes de quelque manière que ce soit, c'est l'ouvrir en même temps aux révolutions, car l'unique moyen d'empêcher les révolutions c'est de les faire. »

Non seulement nous possédons en France une foule de jardiniers, de bandagistes et orthopédistes qui semblent croire « que la société est un produit fabriqué, tandis qu'elle est un développement », mais amateurs de taille artificielle et poussés par le même amour de la symétrie, qui porte les jardiniers à dessiner des cercles compliqués et concentriques avec les pêchers dont les branches courent en hiérogyphes compliqués sur les murs, nos législateurs se sont toujours laissés aller à un besoin de symétrie géométrique et d'orientation rayonnante autour d'un centre protecteur et dominateur. Nous ne comprenons pas d'autre groupement des molécules sociales, alors que partout cependant nous voyons les corps vivants abandonner ces formes géométriques au monde minéral et adopter pour eux une structure, qui, tout en permettant la cohésion et l'unité des parties, leur accorde l'indépendance relative, l'individualité et l'originalité. Dans un livre récent, M. Donnat a cependant montré brillamment tout le service que pourrait rendre à notre pays l'application à la sociologie de la méthode expérimentale, laissant les caractères, les tempéraments des diverses régions de la France s'accommoder pour le mieux à leur milieu secondaire. Il a montré tout ce que la concurrence et l'exemple pourraient produire, si nous prenions l'habitude de lois locales et temporaires. « A cette concurrence féconde, qui règne entre les diverses régions de leur territoire, aux libres efforts de toutes ces collectivités petites ou grandes que viennent compléter les imitations réciproques des essais heureux, les États-Unis doivent, dit-il, une puissance qui défiera le temps. L'édifice est construit de telle sorte que l'on peut, sans en compromettre la solidité, changer successivement les assises atteintes de vétusté ». La France, au contraire, est un organisme fait de telle façon, que le moindre phénomène qui se produit à la périphérie retentit immédiatement jusqu'au centre, et qu'inversement tout phénomène qui se produit dans le centre réagit immédiatement à la périphérie. Sans doute ce *consensus* entre toutes les parties d'un même organisme est une qualité physiologique et assure une sensibilité exquise, mais il y a une limite à la facilité de production des réflexes, et lorsque cette limite est dépassée, c'est le tétanisme et l'impuissance fonctionnelle qui se produisent.

Les lois doivent enfin laisser à l'individu le plus d'indépendance et le plus d'initiative possible. Ils sont passés les temps où un régime paternel pouvait être l'idéal ; un pareil système convient aux nations mineures ; mais pour une vieille nation comme pour un adulte, la plus paternelle des tyrannies n'en pas moins une tyrannie et elle ne manque pas d'atrophier tout ce qu'il y a de sève et d'énergie dans l'homme. « L'une des principales conditions de la prospérité d'un peuple, dit Buckle, que je me plais encore à citer, peut être ainsi définie : son gouvernement doit avoir peu de pouvoir ; il doit l'exercer sobrement et il ne doit en aucune façon avoir la présomption de s'ériger en juge suprême des intérêts nationaux, ou se croire autorisé à déjouer les volontés de ceux pour le bien desquels il possède la puissance qui lui est confiée. » Combien ces idées sont éloignées de celles qui ont généralement cours en France, où les uns rêvent le socialisme d'en bas, avec le partage des biens, l'égalité des salaires, la protection de l'État bienfaisant et ami du peuple, tandis que les autres, les socialistes d'État, rêvent de dominer une nation d'ilotes, se mariant, ayant des enfants, s'amusant et travaillant suivant la formule de l'État, pour la plus grande gloire de l'État. Les uns et les autres croient que l'individu est fait pour l'État, alors qu'au contraire c'est l'État qui est fait par et pour les individus, à qui il ne doit que la sécurité et la liberté. C'est ainsi que la plupart des employés des grandes administrations ont toutes les peines à s'imaginer que leur administration est faite pour le public ; ils croient toujours que le public est fait pour elle ! Le public, d'ailleurs, est toujours fasciné par les mots : Administration, État, Fonctionnaire... Buckle ne se fait pas faute de nous dire à ce propos de dures vérités, qu'il faut encore que je cite : « L'homme ne sait être libre qu'autant qu'il a été élevé par la liberté, et cette éducation, ce n'est ni l'école ni les livres qui la donnent, c'est le frein que l'on s'impose à soi-même, la confiance en soi, le gouvernement du pays par le pays. Les vieilles associations en France prennent toujours une autre direction : à la moindre difficulté, elles appellent le secours du gouvernement. Ce qui pour nous est concurrence, pour elles est monopole ; ce que nous faisons par nos sociétés privées, le Français le fait par les administrations. Il ne peut creusér un canal, construire une voie ferrée sans faire appel au gouvernement. Il lève sans cesse les yeux vers ses chefs ; nos gouvernants suivent le peuple du regard. Chez lui le pouvoir exécutif est le centre d'où rayonne la société ; chez nous la société est l'instigateur et le pouvoir n'est que son instrument. »

Graham Summer, philosophe plus sceptique, adresse ce reproche d'une manière plus générale à toutes les nations de la vieille Europe : « La mode du jour est de demander des bureaux, des commissions, des inspecteurs du gouvernement pour redresser tous les torts. Aucune expérience n'affaiblit la foi du public dans ce moyen. Chaque fois l'on voit le parti qui gouverne être pour l'intervention, et le parti qui ne gouverne pas, pour la non-intervention. Mais toujours les hommes qui attendent, pour prendre soin d'eux, les inspecteurs du gouvernement, perdent la véritable éducation de la liberté. »

En résumé, le milieu social est modifiable par l'homme ; mais ici, comme ailleurs, sa puissance ne s'exerce jamais contre les forces naturelles ; elle ne consiste que dans leur emploi. La puissance et l'utilité du législateur sont d'autant plus grandes et plus certaines, qu'il s'éloigne moins des lois de l'histoire naturelle des sociétés. La loi doit aider l'évolution, la solliciter, en provoquer simplement la spontanéité : le moins de lois possible est le mieux. Les lois doivent être le plus larges qu'il est possible, favoriser la décentralisation et l'initiative individuelle, aussi bien celle de l'unité organique qui a nom la commune, que celle de l'élément anatomique même, qui est le citoyen, car il ne faut pas oublier cet aphorisme de Spencer : « Tous les phénomènes présentés par une société ont leur origine dans les phénomènes de la vie humaine individuelle, qui, à leur tour, ont leurs racines dans les phénomènes vitaux en général ».

Par les lois nous pouvons agir sur l'unité organique de la commune, du canton, du département et de l'État, en laissant à chaque unité d'autant plus d'indépendance qu'elle est moins considérable ; par les lois nous pouvons modifier ces organes sociaux comme une saine hygiène modifie les organes d'un individu, mais nous devons également agir sur l'individu cellulaire, sur le citoyen, par un mécanisme analogue à celui qu'emploie la médecine, lorsqu'elle modifie profondément la crase des humeurs, la genèse et l'évolution même des tissus. Ce moyen, qui seul nous donne prise sur la genèse de l'individu, c'est l'éducation.

CHAPITRE XVIII.

ACTION DE L'ÉDUCATION SUR L'ORGANISME SOCIAL.

I.

La société renouvelle incessamment ses éléments par élimination des anciens et genèse des nouveaux, comme l'organisme renouvelle, par un mouvement incessant, ses éléments anatomiques. — L'hygiène cherche à conduire cette rénovation moléculaire des tissus. — L'éducation joue dans le corps social un rôle analogue. — L'éducation doit reproduire en miniature, la marche de l'évolution des sociétés, comme l'*ontogénie* reproduit, en réduction, la *phylogénie*. — L'enfant lui-même parcourt, à partir de sa naissance, les phases qu'a parcourues l'humanité. — L'éducation doit favoriser ce développement. — Le danger d'une éducation mauvaise est d'amener un arrêt de développement.

J'ai trop longuement développé, dans les précédents chapitres, cette idée en vertu de laquelle le corps social apparaît comme un organisme individuel vivant, dont les éléments anatomiques sont constitués par les citoyens, pour insister de nouveau sur cette donnée féconde. Or ces éléments anatomiques se renouvellent de génération en génération dans la vie d'une société, comme les éléments cellulaires se renouvellent plusieurs fois pendant la vie d'un individu, par un mouvement continu de naissance des tissus, de développement, de dégénérescence ou d'usure, de mort et d'élimination. Bien que les citoyens d'un pays ne soient plus les mêmes aujourd'hui qu'il y a vingt ans, bien que nous sachions qu'ils ne seront plus dans vingt ans les mêmes qu'aujourd'hui, l'individualité de la Patrie n'en subsiste pas moins : celle de notre organisme subsiste également, bien qu'aucune des molécules qui nous composaient il y a seulement quelques mois, ne soit encore partie intégrante de notre organisme.

L'hygiène bien entendue doit tendre à ce que ce renouvellement des tissus se fasse dans les conditions les plus favorables à leur développement et à leur évolution, car mieux les éléments cellulaires rempliront leur fonction personnelle, plus l'individu tout entier qu'ils composent sera fort, mieux il se portera. La fonction de l'éducation est d'élaborer, de former et d'aider dans leur développement les jeunes éléments qui sont appelés à remplir dans leur âge adulte les diverses fonctions organiques du corps social. Ces jeunes éléments, ce sont les enfants.

Quelle direction donner à cette éducation ? Pour répondre à cette question, il est bon de se souvenir que chaque individu, dans son développement personnel, qui a reçu le nom d'*ontogénie,* parcourt rapidement les mêmes phases que la série des individus issus les uns des autres et formant la série des espèces zoologiques a parcourues dans la longue série des temps, depuis la première cellule vivante jusqu'à l'homme. Ce développement de la série des êtres est désigné sous le nom de *phylogénie.* On exprime cette idée d'une façon concise en disant que l'*ontogénie* n'est que la reproduction en petit, la réduction de la *phylogénie :* un embryon humain par exemple est d'abord une cellule unique, puis, par division de la cellule primordiale, un groupe formé d'un nombre croissant de cellules ; cette colonie de cellules, qui constitue l'embryon, passe par les états anatomiques qui, lorsque nous les observons dans la nature, sont classés par les zoologistes dans les divisions diverses du règne animal : l'embryon humain est d'abord un zoophyte, puis un mollusque, puis un vertébré et, dans cette série, d'abord un vertébré à branchies comme le poisson, puis un vertébré pulmoné.

Les sociétés évoluent de même, et l'*ontogénie* ou le développement individuel de chacune d'elles n'est autre chose que la réduction de la *phylogénie* des sociétés, c'est-à-dire des phases successives par lesquelles ont passé toutes les sociétés dans la série des temps.

Chaque homme dans son éducation doit de même être considéré comme une réduction de l'humanité tout entière : il doit parcourir successivement dans sa vie individuelle les phases que l'humanité a lentement traversées dans la série du temps. Lorsqu'il naît, il n'a point encore la seule caractéristique de l'homme, le langage articulé ; il ne possède que ce langage purement automatique, par lequel les réflexes vocaux traduisent la faim, la colique ou le sentiment du froid sur sa peau nue ; puis, à mesure que ses sens s'éveillent et qu'ils acquièrent l'expérience, ils font naître dans son cerveau des idées bientôt assez nombreuses pour que, poussé par l'imitation, il les exprime par certains sons articulés. Pendant bien des années encore, son intelligence présentera toute la naïveté de celle d'un sauvage : facilement impressionné par le spectacle de la nature, inhabile à généraliser ou à abstraire, doué de curiosité, de la faculté d'imitation, mais incapable, comme le sauvage, d'une attention trop longtemps soutenue, il ne saurait acquérir que des notions simples, et on chercherait aussi vainement à faire entrer des abstractions dans sa tête que dans celle d'un sauvage. Ce n'est que petit à petit, que, son cerveau parcourant la réduction des phases de la civilisation, il abandonne la phase nutritive, pour entrer dans la phase psychique et pénétrer plus tard dans la phase intellectuelle. L'expression d'*humanités* par laquelle on désigne l'ensemble des études classiques est donc légitime, si on entend rappeler qu'elles font parcourir à l'homme le chemin parcouru par l'humanité tout entière dans la série des temps. Heureux quand ce développement, cet acheminement se fait régulièrement et que, par quelque manipulation maladroite, analogue à celles qui appliquées intentionnellement sur des œufs produisent des monstres, c'est-à-dire des individus dont l'évolution a été troublée, on n'arrive pas à éterniser pour toujours la phase inférieure et à fixer le cerveau définitivement dans un état qui ne devait être que transitoire.

Cette nécessité de faire passer l'esprit de l'enfant par le chemin qu'a suivi l'humanité tout entière dans son évolution spontanée, avait été parfaitement comprise et exprimée par Condillac : la méthode qu'il recommande « est la manière même dont les hommes se sont conduits pour créer les arts et les sciences ». Il veut que le précepteur, oubliant tout système, commence avec son élève et aille avec lui de découverte en découverte, comme s'ils les faisaient eux-mêmes, « car c'est ainsi que les peuples se sont éclairés. Pourquoi donc chercher une autre méthode pour nous éclairer nous-mêmes? »

II.

L'éducation doit d'abord développer les sens. — Importance de l'éducation physique. — Dans l'humanité, les hommes robustes précèdent les penseurs. — L'idéal de la philosophie spiritualiste c'est la fonction sans l'organe. — Prétendue inconvenance des exercices physiques pour un « homme posé ». — Entraînement physique des hommes de talent en Angleterre. — L'internat et les collèges. — Scoliose scolaire. — Myopie scolaire. — Action de la scolarité sur la croissance. — Action inverse de la gymnastique. — Le mépris des exercices physiques est une des causes des imperfections signalées par la statistique dans notre démographie.

Cette façon de comprendre l'éducation donne de suite une idée de la succession des chapitres que devrait suivre un traité d'éducation. Il s'agit d'abord de former, de perfectionner et d'entretenir en bon état les canaux qui doivent apporter la matière des idées au cerveau, les tentacules qui doivent faire connaître le monde extérieur et emmagasiner les images, de la superposition desquelles naîtront les idées : il s'agit donc d'éduquer les sens. Il s'agit surtout de laisser tous les organes prendre dans l'économie le rôle qui leur est dévolu, avec l'harmonie d'où doit résulter l'équilibre.

L'éducation physique doit primer toute autre et ne jamais

être sacrifiée. « Il est temps, dit Spencer, que les bienfaits apportés à nos moutons et à nos bœufs par les découvertes faites dans les laboratoires soient partagés par nos enfants; car la première condition du monde c'est d'être un bon animal, et la première condition de la prospérité nationale, c'est que la nation soit formée de bons animaux. » C'est le défaut d'exercice physique qui confectionne ces petits êtres nerveux, anémiques, qui, s'ils arrivent à maturité, encombrent la société d'émasculés s'imaginant racheter par une prétendue élégance de convention, surtout par une recherche prétentieuse du « convenu », la force et l'originalité qui leur manquent; or les systèmes d'éducation encore suivis chez nous ne tiennent aucun compte des organes autres que le cerveau. Il semble que quelque chose de non noble s'attache à leur fonctionnement et qu'un jeune homme « comme il faut » doive laisser aux roturiers le privilège d'une main solide, d'un bras vigoureux et d'un estomac robuste. Comme si la solidité anatomique n'était pas la première condition d'un organisme! la perfection physiologique viendra plus tard, comme l'effet succède à la cause. Avant de produire des philosophes et des abstracteurs, l'humanité s'est développée par une série d'Hercules, qui cultivaient la force et le courage et léguaient à leurs enfants des muscles habiles à manier la massue de bois, la hache de pierre ou à lancer la flèche de silex. Avant de se jeter dans les hautes conceptions de l'esprit, l'écolier doit de même développer ses organes, les assouplir et les aguerrir.

Mais la philosophie spiritualiste, qui a jusqu'ici présidé seule à la confection des programmes d'éducation, en décide tout autrement. Pourquoi? parce qu'elle a dès le principe regardé le cerveau comme un organe à part, la pensée comme un phénomène sans matérialité et distinct de la force en général. Les conséquences de ce point de départ erroné sont incalculables, et pourtant les éducateurs, qui sont les premiers à reconnaître la nécessité des exercices du corps pour assurer le fonctionnement normal de l'estomac et l'intégrité de la digestion, refusent de reconnaître la même nécessité lorsqu'il s'agit du cerveau et de la production de la pensée! On oublie cette définition donnée par la Chalotais de l'éducation : « Son objet est de procurer aux esprits le plus haut degré de justesse et de capacité qu'il est possible, aux caractères le plus haut degré de bonté et d'élévation, aux corps le plus haut degré de force et de santé ».

Nulle part ce mépris des organes autres que le cerveau n'a été poussé aussi loin qu'en France, notamment par les jésuites, qui sont encore plus qu'ils le croient les inspirateurs de nos méthodes d'enseignement. Nous sommes, en général, d'une faiblesse remarquable dans les exercices du corps, et plus d'un « homme posé » rougirait d'être pris en flagrant délit d'amusement musculaire. Quelques-uns, sur l'ordonnance de leur médecin, font parfois de la gymnastique, « pour ne pas engraisser », mais ils la font comme ils prennent médecine, comme au siècle dernier on prenait un lavement, pour conserver la fraîcheur de son teint. En Angleterre il en est tout autrement : l'éducation compte tellement avec les exercices physiques, qu'ils restent dans les habitudes de la nation et même dans celles des personnes les plus vouées à la vie cérébrale.

Il n'y a pas bien longtemps que dans ce pays les journaux flétrirent comme coupable d'une action blâmable un magistrat qui, promu à une haute fonction, avait cru devoir, par respect pour la dignité dont il venait d'être investi, donner sa démission d'un cercle de joueurs de crocket; ses collègues furent les premiers à blâmer cette fausse pudeur. En France, au contraire, un président de cour qui jouerait en public à la la paume serait regardé comme manquant de tenue!

Francis Dalton a cherché à réunir le plus grand nombre de documents biographiques sur les hommes de notre temps, qui dans la Grande-Bretagne se sont fait un nom dans les sciences, les lettres ou les arts; une sorte de statistique devait lui donner la moyenne des habitudes des hommes célèbres. Or chez presque tous il a recueilli ce renseignement : J'ai passé ma jeunesse à ramer, à monter à cheval, à faire de l'exercice forcé. En France, un homme maladroit et inhabile à tout exercice du corps est coté comme un homme sérieux. On admire combien il doit y avoir de puissance dans ce pur esprit, chez qui la pensée accapare la force dévolue aux autres organes! Malheureusement il n'y a point ici compensation; il y a simplement défaut d'équilibre : un homme complet sera toujours supérieur à celui qui croira s'hypertrophier d'un côté, à mesure qu'il s'atrophie de l'autre.

Dans nos écoles la compression, la discipline, l'immobilité, l'internat sont les seules méthodes, et il est permis de s'étonner que nous ne soyions pas tous atrophiés, quand nous sortons du collège après dix ans de réclusion. « A la vérité, disait déjà Montaigne, nous voyons encores qu'il n'est rien de si gentil que les petits enfants en France; mais ordinairement ils trompent l'espérance qu'on en a conçue; et hommes faits, on n'y void aulcune excellence : j'ay oui tenir à gents d'entendement que ces collèges, où on les envoye, de quoy ils ont foison, les abrutissent ainsi. »

Que dirait-il de nos lycées d'aujourd'hui, de ces longues heures de classe ou d'étude, de ces cours étroites et humides, où l'on se promène en cercle? Que dirait-il de nos écoliers voués dès leur enfance à toutes les incommodités qu'on ne s'attendrait à rencontrer que chez les employés vieillis sur le *rond* de cuir : migraines, constipation, hémorrhoïdes, etc...?

Comme si la vie sédentaire et confinée n'était pas déjà une anomalie pour l'enfance et quelque chose d'aussi barbare que de tenir dans une cage étroite et obscure, sous prétexte de lui apprendre à chanter, un oiseau fait pour remuer et pour lancer sa note gaie, à chaque saccade de son vol fantaisiste; comme si le supplice n'était pas encore suffisant on le perfectionne par la dislocation : le Dr Dally a montré que l'habitude où sont les maîtres d'écriture de forcer les enfants à l'écriture couchée dite anglaise, en tenant leur papier droit, a pour effet de faire porter le poids du corps sur le coude gauche, ainsi que sur l'ischion gauche et de courber la colonne vertébrale en arc de cercle à convexité à gauche et à concavité à droite, de façon à produire la *scoliose* latérale gauche. Le Dr Dujardin-Beaumetz dans différentes écoles a constaté également que cette déviation de la colonne vertébrale se produisait chez 17, 19 et même 20 enfants sur 20. Le Dr Thorens, dans les écoles communales d'un arrondissement de Paris, a observé cette déviation chez toutes les filles et chez la moitié des garçons. A Stuttgard, parmi 707 enfants elle a été constatée chez 640. Il y a donc un intérêt majeur à réformer cette méthode d'écriture, qui fausse la colonne vertébrale des enfants ; il serait utile de substituer l'écriture droite sur papier placé obliquement à l'écriture couchée sur papier tenu droit, car « Si quelque chose doit être de travers, c'est plutôt le papier que le corps des écoliers, » dit avec raison le Dr Dally.

Si l'écriture déforme la taille, on s'arrange de telle sorte, que la lecture déforme les yeux : elle atteint ce résultat par plusieurs moyens : parce qu'elle est trop prolongée, qu'on ne tient pas suffisamment à ce que l'éclairage soit bon, qu'il vienne du côté gauche ; enfin parce qu'on se soucie fort peu, que les livres d'école soient bien imprimés, que leurs caractères soient d'une lecture facile. Tout cela aboutit à une déformation des milieux de l'œil, à un changement dans le rayon de courbure, qui amène la myopie. Aussi, tandis que le nombre des myopes en Allemagne est dans les campagnes de 1 habitant sur 100, il est dans les villes de 20, de 30 et même de 40. Le nombre des myopes est, en réalité, chez les écoliers proportionnel à l'assiduité à l'école. Ce nombre est chez les écoliers allemands de 24 % ; il est de 19 % en Amérique et de 14 % en Angleterre.

Rien ne démontre mieux l'influence néfaste de notre système d'éducation que la gêne qu'elle apporte à la croissance. De mesures nombreuses de ce qu'on pourrait nommer la vitesse d'accroissement de la taille chez les enfants de dix ans il résulte que, si l'enfant gagne dans son année 6 centimètres, il ne les gagne pas par une croissance continue ; il en gagne 2 seulement pendant les dix mois de scolarité, tandis qu'il en prend 4 pendant les deux mois de vacance ! Quel est l'horticulteur qui voudrait placer une plante pendant dix mois sur douze dans des conditions ainsi démontrées désavantageuses !

Pour évaluer l'influence de nos modes d'éducation sur le développement physique, M. le docteur Lagneau a recherché quelle était l'aptitude militaire des jeunes gens instruits comparée à celle des jeunes gens en général. Or, sur 1.000 jeunes gens en général, 540 sont admis dans l'armée, dans le service actif, ou dans le service auxiliaire, et 460 sont exemptés, dispensés ou ajournés ; tandis que sur 1.000 jeunes gens instruits ayant passé les baccalauréats, 425 seulement sont admis dans l'armée, comme engagés conditionnels ou comme propres au service actif et auxiliaire, et 575 sont exemptés, dispensés ou ajournés.

Cette proportion est moins fâcheuse que celle de 800 exemptés sur 1.000 constatée par M. le docteur Finkelburg sur les jeunes gens se présentant au volontariat en Prusse ; on voit cependant que les hommes reconnus impropres à servir dans l'armée sont d'un quart plus nombreux chez nous parmi les jeunes gens instruits que parmi les jeunes gens en général. Telle est la conséquence de la vie sédentaire, à laquelle on astreint nos écoliers pour leur donner prématurément une instruction encyclopédique, plus intensive que profitable au développement de leur intelligence.

On se demande en vérité pourquoi la loi, qui protège les enfants contre l'abus de travail dans les manufactures, ferme les yeux devant ces usines cérébrales où les enfants sont aussi déformés que dans celles de l'industrie véritable.

Les Drs Chassagne et Dally ont de leur côté cherché à se rendre compte des modifications que la gymnastique pouvait au contraire faire subir à l'organisme ; or ils ont constaté que l'entraînement par la gymnastique, chez les jeunes hommes de l'école de Joinville-le-Pont, avait, dans l'espace de cinq mois, accru le périmètre thoracique de 2m,51 chez 76 % d'entre eux. On sait que l'étroitesse du périmètre thoracique est reconnue par tous les médecins comme le signe d'une grande prédisposition à contracter la tuberculose pulmonaire. Le Dr Rouhet a constaté ailleurs que la gymnastique augmentait également la hauteur verticale de la cage thoracique. Cette augmentation de diamètre dans tous les sens est donc une conséquence capitale, et ne ferait-on, par l'éducation physique, que de diminuer les chances de mort par phtisie, que cela seul justifierait l'expression dont on se sert pour désigner les *bienfaits* de l'éducation. D'ailleurs l'accroissement organique ne porte pas uniquement sur la cage thoracique : dans les expériences de Chassagne et de Dally à Joinville-le-Pont, les cinq mois de gymnastique avaient, chez 82 % des élèves, augmenté le périmètre du bras au niveau du biceps de 1 centimètre 28 ; celui de la cuisse avait crû, chez 63 %, de 1 centimètre 38 ; enfin la force de soulèvement avait augmenté, chez 86 %, de 28 kilog.

C'est donc un milieu social bien important que celui de l'école, puisqu'il peut déformer et amoindrir avant que la lutte de la vie soit commencée, puisqu'il peut, si l'éducation est mal comprise, désarmer le futur combattant et le mettre dans des conditions désavantageuses ! Nous voilà bien loin de la fonction opposée que doit remplir l'école, c'est-à-dire la préparation du citoyen, l'élaboration de l'élément humain constituant de l'organisme social, la fabrication d'un individu fort, vigoureux et capable de bien remplir toutes ses fonctions, au plus grand profit et pour le plus grand bien de lui-même comme de l'organisme collectif auquel il appartient, le pays !

Que les statisticiens cessent de s'étonner de la dégénérescence des individus, du petit nombre des naissances, du grand nombre des avortements, du nombre plus grand encore des produits avortés ! R. Frary leur dit avec raison « qu'il est peu de phénomènes dans la vie d'une nation où l'on ne sente le contre-coup d'une erreur pédagogique. »

III.

A la déformation du crâne pratiquée jadis avec des planches a succédé la déformation directe du cerveau par des syllogismes. — Exercice prématuré du cerveau. — Il a pour conséquence une déformation anatomique de la cellule cérébrale. — L'esprit faussé. — Perte de l'originalité. — Culte exclusif du passé. — Insouciance de l'avenir. — Le grec et le latin. — Nul respect des aptitudes individuelles. — On ne développe pas assez chez les enfants le sentiment de la responsabilité individuelle. — On développe l'esprit d'obéissance, l'habitude d'une tutelle, non l'esprit d'indépendance et d'initiative individuelle. — On oublie que le premier but de l'éducation doit être de former des citoyens. — L'enseignement doit être laïque.

Si au moins cette déchéance des organes avait pour compensation le développement du cerveau ! Il s'est rencontré des peuples qui, pour préparer les enfants à devenir un jour les membres actifs d'une classe dirigeante, employaient des leviers, des bandages et des planchettes, qui appliquées sur le front et sur l'occiput parvenaient à déformer la tête. Les prêtres se recrutaient parmi ces jeunes gens au crâne déformé, et cette déformation du crâne n'était pas sans influence sur le cerveau lui-même : les circonvolutions correspondant à la région du crâne qui avait été comprimée s'atrophiaient, sans que l'hypertrophie seulement apparente des régions non comprimées fût compensatrice. Bien que ces déformations crâniennes ne soient plus en usage chez nous, nous n'avons pas renoncé à déformer le cerveau ; seulement nous ne le faisons pas directement : au lieu de bandages appliqués sur le crâne nous nous servons de syllogismes appliqués sur la cellule cérébrale même. « J'entends par esclavage de l'esprit, écrivait Voltaire, cet usage où l'on est de plier l'esprit de nos enfants, comme les femmes caraïbes pétrissent la tête des leurs ; d'apprendre d'abord à leur bouche à balbutier des sottises dont nous nous moquons nous-mêmes; de leur faire croire ces sottises, dès qu'ils peuvent commencer à croire; de prendre tous les soins possibles pour rendre une nation idiote, pusillanime et barbare. »

Nous demandons en outre au cerveau des enfants d'emmagasiner le bagage qu'il ne peut contenir; nous lui demandons un exercice que son organisation ne comporte pas encore! Nous agissons avec le cerveau comme nous nous gardons bien de le faire avec nos jeunes chevaux : nous ne les montons pas trop tôt, et nous ne chargeons pas leur colonne vertébrale avant qu'elle ait atteint une solidité et une résistance suffisantes, parce que nous savons que cela amènerait cette déformation que les gens du métier nomment *ensellure*.

Cette déformation du cerveau est d'autant plus importante qu'elle est plus profonde, qu'elle porte sur les cellules grises de la substance corticale.

Dans l'état encore insuffisant de nos connaissances anatomiques, nous ne pouvons exprimer ce résultat réel et sans aucun doute anatomique, qui succède au *surmenage* et à la *prématuration,* qu'en disant que ce système d'éducation fausse l'esprit. C'est là une image, mais elle représente, il n'en faut pas douter, une altération anatomique parfaitement réelle.

Je n'ai pas besoin d'insister pour démontrer que le résultat de toute éducation est anatomique : la culture de l'esprit a pour résultat de grossir la masse cérébrale, comme la gymnastique musculaire grossit les muscles. Les recherches de Parchappe et surtout de Broca ont en effet montré que le crâne des gens qui ont reçu une certaine instruction est plus volumineux que celui des individus complètement illettrés. La différence est en moyenne de 16^{mm},06.

La conséquence anatomique d'une éducation mal comprise peut d'ailleurs être irréparable. Un nombre considérable d'écoliers et non des moins bons, notamment parmi ceux qui ont abordé avant d'être formés les programmes si lourds des écoles du gouvernement, restent fourbus pour leur vie entière! Brillants vainqueurs du turf scolaire, ils semblent devenus incapables de s'atteler méthodiquement à un travail original. « Leur cerveau menace d'éclater, sous la pression de toutes les connaissances qu'on y a versées, comme avec un entonnoir. » (Frary.) Suivant un ancien directeur de l'École polytechnique, les maladies dues à l'excès de travail empêchent parfois les élèves de passer leurs examens. Selon M. Ern. Martin, ancien médecin de cette École, beaucoup de ces laborieux jeunes gens mourraient de 25 à 35 ans, particulièrement de phtisie contractée lors de la préparation des concours d'admission. M. Beard (des États-Unis), M. Charcot, M. Henrot ont insisté sur la fréquence de l'épuisement nerveux, du ramollissement cérébral précoce et de la phtisie chez nos plus brillants élèves des écoles. Un grand nombre, malgré leurs succès, sont souvent dans leur vie loin de se montrer supérieurs à leurs anciens condisciples. L'aliénation mentale est beaucoup plus fréquente chez les anciens élèves de l'École polytechnique que sur tout autre groupe d'hommes comparable.

Quant aux plus favorisés, ce qu'ils emportent surtout du collège, c'est un dégoût profond pour les matières qu'on leur a enseignées, défaut qui souvent a été substitué par les mauvais procédés d'éducation à de réelles aptitudes naturelles. Tous les chiens aiment la chasse; mais un dresseur maladroit les en dégoûte parfois pour toujours. Tous les enfants endossent en outre, avec l'uniforme pseudo-militaire du lycéen, une uniformité d'esprit qui fait rapidement disparaître l'originalité, la saveur personnelle de chacun. Entre eux et la nature a été interposée, pour longtemps, la banalité classique, que quelques privilégiés auront seuls plus tard le courage et la chance de briser, naïvement surpris de pouvoir enfin, pour la première fois, après la vingtième année, embrasser la nature à nu et dans sa palpitante réalité : ceux qui, en sortant du collège, ne se font pas eux-mêmes leur éducation sont perdus.

Frary, dans ce petit chef-d'œuvre qui a nom la *Question du latin*, a décrit en maître universitaire, qui n'a pas oublié les sensations douloureusement éprouvées par l'élève, quelles conséquences désastreuses pour le pays tout entier entraîne cette fabrication de bacheliers par le latin et le grec, et il a confirmé ce reproche déjà adressé par Michel Chevalier à « ces hommes dits bien élevés, qui, en France, ont très peu vu. Ils savent Rome et la Grèce, ils ignorent l'Europe actuelle et, à plus forte raison, le monde actuel. Ils sont étrangers aux faits présents et positifs de la France elle-même. »

Est-il rien de plus absurde que cette attitude continuelle où l'on tient les écoliers, la tête tournée en arrière et les yeux fixés sur un passé qui s'éloigne de plus en plus? comment voulez-vous qu'ils ne tombent pas ou ne soient pas étourdis, lorsque, pour la première fois, ils regarderont devant eux et autour d'eux, au moment où le tourbillon de la vie les saisit à la porte du collège? « Parmi les différents sujets, dit Buckle, qui ont servi à l'imagination pour fausser la vérité, aucun n'a fait autant de mal que le respect exagéré pour les temps passés. Cette révérence de l'antiquité est antipathique à toutes les maximes de la raison et n'est absolument qu'un sentiment poétique, auquel on se laisse aller en faveur de ce qui est lointain et inconnu. Il est naturel qu'à des époques où l'intelligence était, comparativement parlant, inerte, ce sentiment ait été plus fort qu'aujourd'hui et il est probable qu'il continuera à devenir de plus en plus faible, et que le terrain qu'il perdra sera gagné par le sentiment du progrès; de sorte que la vénération du passé sera remplacée par l'espérance en l'avenir. » Nous ne faisons rien en France pour affranchir l'éducation et même nos lois des souvenirs du passé; ainsi que le dit Frary, « nous avons aboli l'esclavage, changé une ou deux fois de constitution. Nous avons remplacé l'adoration servile des empereurs par le culte de la liberté. Nous honorons le travail, que les anciens tenaient pour méprisable. Nous différons d'eux par notre état économique plus encore que par notre état politique et nos idées morales... et nous sommes toujours les écoliers de Gaïus et d'Alpien! »

Encore, si on tenait compte des dispositions et des aptitudes diverses, si l'éducation avait pour but de *tailler* pour un but déterminé les aptitudes de chacun! mais il n'en est rien. Tous les esprits sont condamnés à la même alimentation, quel que soit leur appétit spécial. Les familles sont généralement les premières à méconnaître ces aptitudes. Un jeune homme a-t-il une aptitude marquée pour les lettres et les choses de l'imagination? Sa famille verra les lacunes que présente son esprit peu disposé aux mathématiques et, afin de les combler, elle le bourrera de mathématiques. Les lacunes ne seront pas comblées, mais les dispositions saillantes qu'il avait et qu'on aurait pu augmenter par la culture s'abaisseront, s'atrophieront. On oublie qu'il faut être maçon quand on a de l'aptitude pour le métier de maçon!

Cette discipline automatique, qui condamne l'enfant, comme le dit Frary, « à faire l'exercice avec son cerveau, » ne laisse aucune liberté, aucune indépendance; l'esprit ne s'habitue pas au sentiment de la responsabilité individuelle et le jeune homme entre dans la vie, dressé à l'obéissance, habitué d'avance à quémander la tutelle de ce nouveau *pion* qui a nom l'État, tout disposé d'ailleurs à fronder, à taquiner à son tour ce successeur du maître d'études, mais nullement armé pour la lutte, ni dirigé vers les aspirations généreuses qu'on serait en droit d'attendre d'une nature vigoureuse et encore vierge du collier.

Ce sont pourtant là des qualités plus précieuses que celle que confère l'étude du latin et du grec. Ce serait l'enseignement vraiment professionnel, que celui qui chercherait à préparer des hommes pour la fonction que nous exerçons tous, celle de citoyen. « L'éducation, disait d'Holbach, est l'art de modifier, de façonner et d'instruire les enfants de manière à devenir des hommes utiles et agréables à leur famille, à leur patrie et capables de se procurer du boheur à eux-mêmes. »

Les programmes sont, après tout, secondaires : c'est l'esprit de l'enseignement qu'il faut considérer. Il importe de ne pas verser dans la tête des enfants, pour ainsi dire en même temps, les notions de la physique, de la chimie, la notion générale que tout dans la nature obéit comme à des lois immuables, et en même temps les contes à dormir debout dont l'ensemble est pompeusement décoré du nom de religion. Ce qu'il faut inculquer aux enfants, c'est l'idée de la responsabilité, de la justice et du droit et non le nom de la grâce, de la faveur, de la prière et du rachat des fautes par je ne sais quelle jonglerie. Il faut que l'éducation soit laïque : nous avons mis du temps à obtenir cette réforme demandée depuis longtemps par tous les penseurs : il y a longtemps que la Chalotais demandait qu'on ne confiât plus l'éducation des enfants à des hommes « nécessairement ennemis de nos lois », auxquels nous devons « les notions monastiques qui nous gouvernent sans que nous le sachions et sans qu'on s'en aperçoive » ; il voulait, « pour échapper à l'esclavage du pédantisme, » qu'on « sécularisât » l'éducation et « qu'avoir des enfants ne soit pas une exclusion pour pouvoir en élever ». Qu'il soit donné par les jésuites ou par leurs ennemis apparents, tout enseignement qui ne sera pas franchement laïque sera mauvais : « On s'est rabattu, dit Condorcet dans une lettre à Voltaire, à former une congrégation d'éducation, dont les jésuites seraient exclus, mais ce seront toujours des fanatiques et des moines. C'est comme si les Caraïbes changeaient l'habitude d'aplatir en large la tête de leurs enfants en celle de l'aplatir en long : ils n'en resteraient pas moins imbéciles... Dalila n'est-elle pas plus coupable que les Philistins? c'est l'emblème des prêtres. Ils traitent le genre humain comme elle traita Samson : ils lui ôtent sa force, l'aveuglent et le livrent à ses tyrans. »

Du reste, malgré tant de penseurs et de libres esprits qui ont écrit sur l'éducation, la routine, il faut en convenir, est encore la plus forte : telle affirmation, qui devrait être devenue un lieu commun, une banalité, est encore une hardiesse, et la science de la pédagogie, j'entends celle qui, digne de ce nom, est décidée à rompre avec le passé et à ne se baser que sur les sciences et sur le développement organique du cerveau, est encore à faire. Un livre hardi, même pour cette fin du dix-neuvième siècle, celui d'Issaurat (1), vient enfin de nous sortir de l'ornière et j'en recommande la lecture à tous ceux qui s'occupent de science sociale.

IV.

Éducation professionnelle.

Quant à l'éducation professionnelle proprement dite, c'est bien à tort qu'on la regarde comme destinée à préparer seulement à certains métiers manuels. Elle devrait jouer dans l'éducation du plus grand nombre un rôle beaucoup plus considérable que celui qui lui est actuellement réservé, et sans préparer spécialement à telle ou à telle profession, ce serait déjà un avantage qu'elle apprît aux futurs hommes de cabinet ce que c'est qu'une profession manuelle. « L'éducation du peuple, avait dit Michel Chevalier, doit être une éducation industrielle, une éducation de travail. Il faut développer l'intelligence du peuple à coup sûr, puisque c'est elle qui règle le mouvement de ses bras et le jeu de ses muscles; mais il faut le diriger vers le travail et non vers la littérature, la philosophie et la politique. Ce peuple est travailleur de son état et non littérateur, philosophe ou publiciste. Quand les enfants du riche auront travaillé de leurs mains avec les enfants du pauvre, les professions manuelles que la bourgeoisie considère comme dégradantes seront, par cela seul, réhabilitées et les mœurs industrielles s'en ressentiront heureusement. »

(1) *La Pédagogie*, par C. d'Issaurat (t. XIV *de la Bibliothèque des sciences contemporaines*); Paris, Reinwald, 1886.

Il existe en effet, même encore aujourd'hui, des gens qui pensent que « si aucuns desdits nobles ou annoblis usent d'arts méchaniques, et contreviennent à l'estat de noblesse par pauvreté, ils seront privez de la franchise de leur noblesse pour le temps qu'ils auront méchanizé; mais, en quittant ledit estat méchanique, ils pourront rentrer en leur pristine noblesse. » (*Nouveau Coutumier général.*) Il faut reconnaître au moins que ces gens-là sont une minorité; ce n'est pas en vain que d'Alembert a plaidé si noblement dans l'*Encyclopédie* la cause des arts mécaniques; ce n'est pas en vain que la Convention, par l'organe de Grégoire, son rapporteur, a déclaré : « Il est temps que les arts utiles soient honorés et que, comme tous les autres arts, ils deviennent dans un musée un sujet d'études et la cause d'améliorations dont tous doivent profiter; dans un pays libre tous les arts sont libéraux! » — « Il est beau, » disait Grégoire à propos de la création par la Convention du Conservatoire des arts et métiers, « au milieu des tourmentes révolutionnaires, d'ouvrir des asiles à l'industrie et d'assembler tous les éléments dont se compose la félicité nationale. Cette marche est vraiment digne du législateur; car entre les peuples comme parmi les individus, le plus industrieux sera toujours le plus libre. »

Cet enseignement conviendrait à tous les jeunes citoyens, quelle que soit la profession à laquelle ils se destinent. « Je pense, disait Diderot, qu'on devrait donner dans les écoles une idée de toutes les connaissances nécessaires à un citoyen, depuis la législation jusqu'aux arts mécaniques qui ont tant contribué aux avantages et aux agréments de la société; et dans ces arts mécaniques je comprendrais les professions de la dernière classe des citoyens. Le spectacle de l'industrie humaine est, en lui-même, grand et satisfaisant : il est bon de connaître les différents rapports par lesquels chacun contribue aux avantages de la société; ces connaissances ont un attrait naturel pour les enfants, dont la curiosité est la première qualité. D'ailleurs il y a dans les arts mécaniques les plus communs un raisonnement si juste, si compliqué et cependant si lumineux, qu'on ne peut assez admirer la profondeur de la raison et du génie de l'homme lorsque tant de sciences plus élevées ne servent qu'à nous démontrer l'absurdité de l'esprit humain. »

On fait d'ailleurs un étrange abus de l'instruction de luxe. Combien d'écoliers sont appelés à faire du commerce, des affaires, à vivre même de la simple bureaucratie? combien feront de l'agriculture, qui se trouveraient fort heureux d'avoir appris la géographie, les sciences naturelles, l'économie politique et de ne pas avoir séché sur les racines grecques ou sur le *De viris illustribus!* Mais il semble chez nous que l'enseignement soit d'autant plus noble qu'il est plus inutile, et un enfant, à qui ses parents feraient donner des leçons de sanscrit ou d'hébreu pour en faire un employé de ministère, regarderait avec dédain celui qui apprendrait simplement l'anglais ou l'allemand. L'installation de bons musées cantonaux vaudrait mieux que tous les manuels du monde, car chaque profession y trouverait les éléments scientifiques qui lui conviennent. Ainsi l'esprit d'empirisme et de crédulité disparaîtrait petit à petit. Combien de déclassés de moins! combien de bons et habiles artisans de plus, si le travail manuel, guidé par une saine et méthodique instruction, enlevait à l'abrutissement et à ce qu'on a justement nommé la misère en habit noir tous les fruits secs de l'éducation dite libérale! Plus d'un qui végète dans les bas-fonds de ce qu'il croit être de la bourgeoisie, parce qu'il croit devoir en accepter toutes les obligations convenues, eût été un ouvrier habile, heureux, aisé, utile à son pays. Mais en France, le rêve de tout artisan, dont le fils est quelque peu instruit, est d'en faire une manière de bourgeois, comme si l'instruction était incompatible avec la scie ou le rabot. Les enfants eux-mêmes héritent de ce funeste prejugé : il y a quelques années on fit faire, au même moment, la même lettre par les enfants des écoles primaires de Paris et de celles de New-York. L'enfant devait écrire à un parent supposé quelle était la profession qu'il désirait embrasser [illegible] motiver son choix. Les petits Américains voulaient être marin, grand commerçant, explorateur, colon, aventurier; les jeunes Français voulaient tous être employés de bureau. Motif : on est chauffé, on est payé régulièrement et on a une retraite assurée!

L'école professionnelle aurait l'avantage de faire apprécier aux enfants tout ce que le travail manuel a d'intellectuel; elle aurait surtout pour effet de faire cesser l'apprentissage, période en général plus profitable au patron qu'à l'apprenti, qui n'apprend rien ou que peu de chose, qui fait les courses et les corvées et n'est initié souvent dans le métier qu'à l'argot et aux mauvaises manières.

V.

L'éducation de la femme.

Mais si l'on veut que l'éducation influence d'une manière décisive et complète les destinées d'un pays; si l'on veut qu'elle soit vraiment le *milieu social* par excellence, celui où grandiront les citoyens de l'avenir, c'est l'éducation de la femme qui importe le plus. « Si l'on me demandait à quoi je pense qu'il faille attribuer principalement la prospérité immense et la force toujours croissante du peuple américain, je répondrais, sans hésiter, que c'est à la supériorité de ses femmes, » a dit de Tocqueville.

Leur éducation aura pour effet de débarrasser la route du progrès des barrières que le clergé fait élever par les mains inconscientes des femmes, car elles ne lui livrent leur esprit que parce que nous ne les habituons pas à le confier à la science. Nous méconnaissons quel appoint considérable sont les femmes dans nos sociétés modernes et quel élan elles donneraient au progrès, si toute l'énergie qu'elles déploient aujourd'hui pour nous empêcher d'avancer, et cela parce que l'Église les pousse, elles la dépensaient au profit des idées modernes. Il importe donc de les attirer à la science. « Chassez l'ignorance et vous ouvrez la porte à la religion. » Cette parole de Buckle doit nous guider dans l'éducation des femmes, car Pascal Duprat a écrit, avec raison, que « si nos révolutions les plus généreuses ont tristement échoué, même en ébranlant le monde, c'est que nos mères, nos sœurs et nos filles, nos compagnes surtout étaient restées étrangères aux sentiments et aux idées qui avaient provoqué ces grands mouvements. Voilà la cause, la cause principale, de tant d'avortements politiques : nous avons laissé les femmes dans la superstition et l'ignorance. Cette ignorance et cette superstition se dressent contre nous, chaque fois que nous faisons la guerre au despotisme, et ce sont elles qui causent presque toujours notre déroute. Insensés que nous sommes, nous lançons au dehors le char de la Révolution et nous ne songeons pas que des liens invisibles partant de chaque famille l'empêchent de rouler. »

C'est encore à la grande époque de la Révolution qu'il faut remonter pour trouver le programme de l'enseignement des femmes, et Paul Bert n'a fait que répéter ce qu'avaient dit Condorcet et Lakanal lorsqu'il s'écria : « Une chose m'étonne, c'est la différence qu'on fait encore dans l'éducation entre les filles et les garçons. La nation ne devrait pas agir en ceci autrement qu'une mère de famille, qui ne fait pas ces distinctions. Je répéterais volontiers le mot connu : Quand on instruit un garçon, on ne fait qu'un homme instruit; mais quand on instruit une femme, on instruit toute une famille. » « L'instruction, avait lui-même dit Condorcet dans son rapport, doit être la même pour les femmes et pour les hommes... elles ont les mêmes droits... Toute instruction se bornant à exposer des vérités, à en développer les preuves, on ne voit pas comment la différence des sexes en exigerait une dans le choix de ces vérités, ou dans la manière de les prouver. Le défaut d'instruction des femmes introduirait dans les familles une inégalité contraire à leur bonheur... Les hommes qui auront profité de l'instruction publique en conserveront plus aisément les avantages, s'ils trouvent dans leurs femmes une instruction à peu près égale. »

Malgré tout ce qui a été fait de nos jours pour l'instruction de la femme, on ne s'inspire pas encore suffisamment de ces préceptes, et ce que Diderot nommait la superstition « de la feuille de figuier » est encore la cause de pruderies inexplicables. Il serait bon cependant de songer à faire non pas tant des citoyennes que des femmes et des mères. Tout en admettant l'égalité d'instruction recommandée par Condorcet, il ne faut pas oublier cependant que le rôle de la femme n'est pas dans nos sociétés le même que celui de l'homme; ce sont deux rôles complémentaires, qu'il ne faut pas confondre, sans quoi on s'exposerait à voir l'homme bercer l'enfant ou raccommoder ses chaussettes, pendant que la femme irait voter, ou bien à produire ce résultat que l'enfant ne fût pas soigné du tout et que les chaussettes ne fussent pas raccommodées. La profession de la femme est de tenir la maison et d'élever les enfants; son éducation doit être professionnelle et la préparer à ce rôle qui lui appartient.

Il importe surtout de ne pas réaliser pour elle les condition du *surmenage* qui seront plus désastreuses encore que pour les hommes. Une foule de jeunes filles, précisément dans l'âge où elles ont besoin de soins spéciaux, sont surmenées par les programmes des examens. En toutes choses il faut éviter l'excès.

Certes un symptôme particulièrement heureux, c'est l'enthousiasme avec lequel les jeunes filles se sont précipitées vers cette porte de l'instruction, que la troisième République leur a enfin ouverte, comme le demandait la première : la mode, et une mode excellente, s'en est mêlée, et les jeunes filles passent maintenant leurs examens comme leurs frères. C'est là un excellent signe!

Mais si j'approuve les jeunes filles, les riches comme les pauvres, de chercher dans la culture de leur esprit une préparation au rôle de femme et de mère qui est le leur, il faut reconnaître que plus souvent qu'il ne serait à souhaiter les jeunes filles pauvres cherchent dans cette instruction les éléments d'une profession. Toutes veulent être institutrices : 12.741 jeunes filles se sont présentées l'an dernier pour le brevet d'institutrice; or toutes ne peuvent être placées : sur 4.000 postulantes, à Paris, on en place 100 ! cela fait des déclassées.

A coup sûr ces jeunes filles intelligentes ne sont pas coupables; elles sont victimes des errements de notre société, qui n'admettent pas qu'une femme puisse gagner sa vie autrement qu'en se faisant institutrice. Beaucoup de médecins voient à tort d'un œil jaloux les femmes entrer dans leur compagnie; il me semble cependant que la place d'une femme auprès d'un malade et surtout d'une malade est tout indiquée. Pourquoi d'ailleurs les femmes n'entreraient-elles pas dans les bureaux? Leurs habitudes d'ordre, de minutie et de vie sédentaire s'en trouveraient à merveille. Pourquoi ne prennent-elles pas dans les magasins la situation de tant de jeunes gens qui ne sont pas à leur place? « Quel est le citoyen qui ne souffre, disait Grégoire, en voyant des hommes bien constitués être coiffeurs de dames, tailleurs d'habits pour femmes, valets de chambre, garçons cafetiers, tandis qu'ils devraient refluer dans les ateliers et dans les campagnes? »

VI.

L'éducation doit mettre le cerveau en harmonie avec le milieu social. — La loi des organismes est de s'accommoder au milieu ou de tomber en décadence.

Notre éducation doit tendre en somme à préparer non des mannequins vivants, suivant un idéal convenu depuis des siècles, mais des hommes utilement armés pour la vie et dont l'armement soit modifié au fur et à mesure des besoins du progrès. « Il est temps de glorifier, dit encore Frary, le travail fécond, d'apprendre à la jeunesse que l'aristocratie des arts libéraux n'est plus de notre siècle. Nous avons assez pris pour modèles les Grecs et les Romains, essayons d'étudier les Anglais et les Américains. Nous avons assez médité sur les ruines de l'antiquité classique, ouvrons enfin les yeux à la lumière du monde moderne. »

C'est la condition *sine qua non* de notre vitalité. Il faut que le cerveau des citoyens soit en harmonie avec le *milieu social* nouveau, dans lequel ils sont appelés à vivre. Cette vue n'avait pas échappé à Condorcet, qui dans son rapport sur l'éducation disait : « Les nations qui s'avancent à travers les siècles ont besoin d'une instruction qui, se renouvelant et se corrigeant sans cesse, suive la marche du temps, la prévienne quelquefois et ne la contrarie jamais. Par la culture des générations présentes, on prépare les générations suivantes, et celles-ci naissent avec une facilité plus grande à recevoir l'instruction et plus d'aptitude à en profiter. De même, on peut découvrir dans nos opinions, dans nos habitudes les restes des préjugés de vingt peuples oubliés. » S'accommoder un milieu nouveau, c'est la loi inéluctable qui régit tous les organismes et tous les organes. Or tout a changé autour de nous et nous sommes, au point de vue du cerveau, dans la condition où se trouvent la flore et la faune, lorsque le climat d'un pays vient à changer. Alors les individus qui naissent modelés sur le type de leurs ancêtres et qui s'y maintiennent fidèlement, *ne varietur*, disparaissent ; ils restent, comme des documents fossilisés, pour apprendre aux générations futures comment on disparaît quand on n'est plus de son temps. Ceux-là seuls subsistent, qui ont su évoluer, s'accommoder à un milieu nouveau.

C'est là le secret de l'élévation ou de la décadence : s'accommoder au milieu ou dégénérer ! Dans une page par laquelle je terminerai ce livre, Quinet a donné magistralement la formule de cette loi : « Supposez une classe d'hommes que son intérêt immédiat pousse à rejeter toute vérité, cette classe ne s'attachera qu'à des idées mortes. Elle se fera une atmosphère de sophismes, qui ne fournira aucun aliment vital à son cerveau. Les têtes devenues vides, elle comblera ce vide par des déclamations auxquelles elle n'ajoutera pas foi; elle se rendra incapable de faire autre chose que de déclamer.

« Je rencontre des hommes qui depuis plus d'un demi-siècle n'ont pas acquis une idée, une notion. Comment la faculté de comprendre ne s'oblitérerait-elle pas dans cette désuétude de la pensée? Nous accusons leurs intentions peut-être à tort. C'est l'organe même qui, chez eux, s'engourdit. Il y a des fossiles vivants, des pétrifications qui parlent et gesticulent. Vous me demandez en quoi consiste la *décadence? Je viens de le dire.* »

FIN.

TABLE DES MATIÈRES.

CHAPITRE IV.

LA DOMESTICATION.

CHAPITRE V.

LA CIVILISATION.

CHAPITRE VI.

ÉVOLUTION DE L'ORGANISME SOCIAL.

CHAPITRE VII.

LE CERVEAU COLLECTIF DU CORPS SOCIAL.

CHAPITRE VIII.

LES MALADIES AUX DIVERS AGES DU CORPS SOCIAL.

CHAPITRE IX.

ACTION DE L'IMITATION SUR LE MILIEU SOCIAL.

CHAPITRE X.

ROLE DE LA SUGGESTION DANS LE MILIEU SOCIAL.

CHAPITRE XI.

DENSITÉ DE L'ORGANISME SOCIAL.

CHAPITRE XII.

LE MILIEU SOCIAL DES VILLES.

CHAPITRE XIII.

LE MILIEU SOCIAL DES CAMPAGNES.

CHAPITRE XIV.

INFLUENCE DE LA RICHESSE SUR L'ORGANISME SOCIAL.

CHAPITRE XV.

INFLUENCE DU TRAVAIL SUR L'ORGANISME SOCIAL.

CHAPITRE XVII.

ACTION DES LOIS SUR L'ORGANISME SOCIAL.

CHAPITRE XVIII.

ACTION DE L'ÉDUCATION SUR L'ORGANISME SOCIAL.

FIN DE LA TABLE DES MATIÈRES.

www.ingramcontent.com/pod-product-compliance
Lightning Source LLC
Chambersburg PA
CBHW071620270326
41928CB00010B/1705

* 9 7 8 2 0 1 2 6 8 4 9 1 1 *